AF665670

Björn Bischoff

Worpswede

Ein Handbuch von A bis Z

Mit 177 Abbildungen

Edition Falkenberg

Inhalt

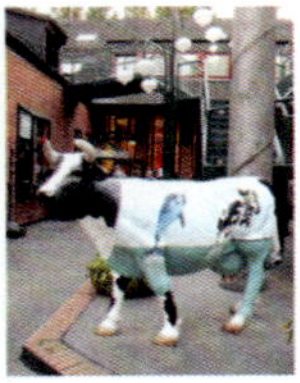

Teil 1 {Worpswede von A-Z}

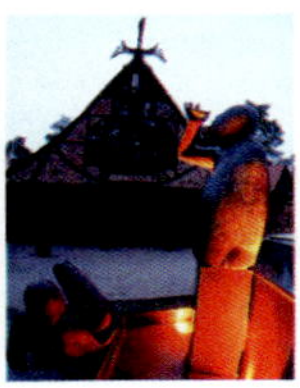

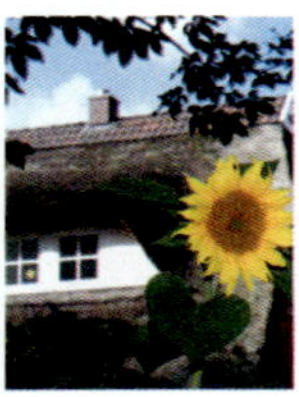

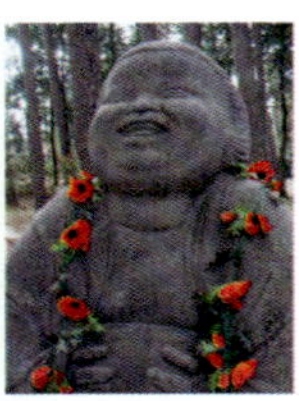

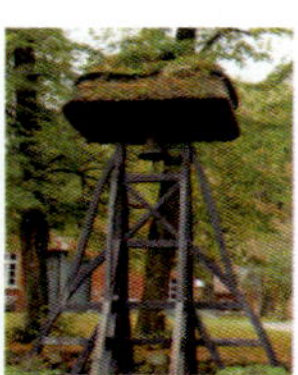

Inhalt

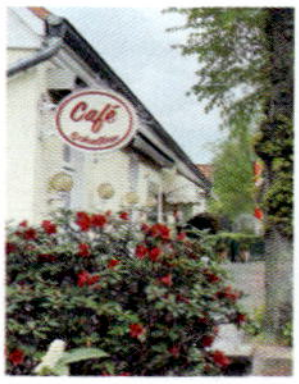

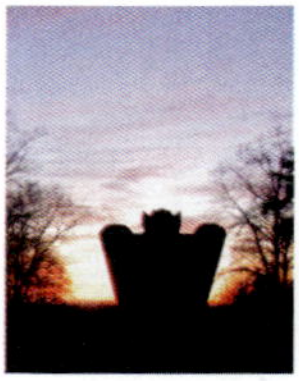

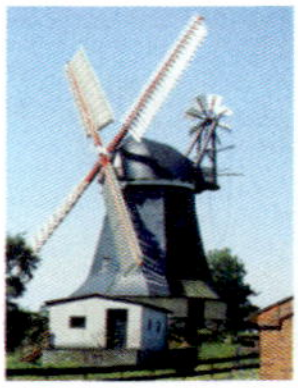

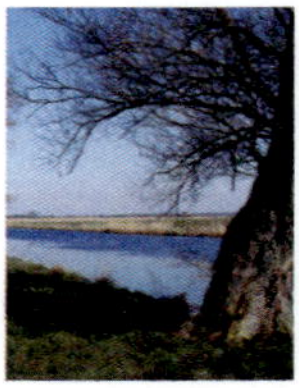

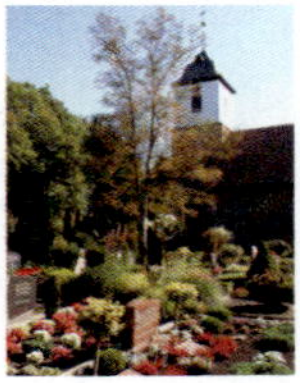

Inhalt

Teil 2 {Künstlerinnen, Künstler und wichtige Persönlichkeiten}

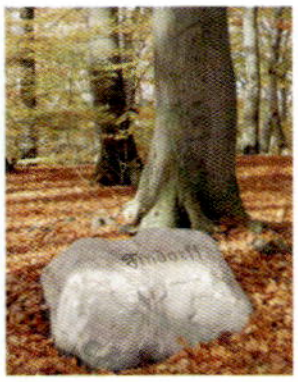

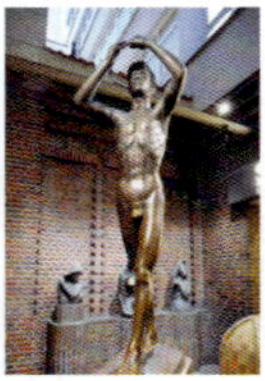

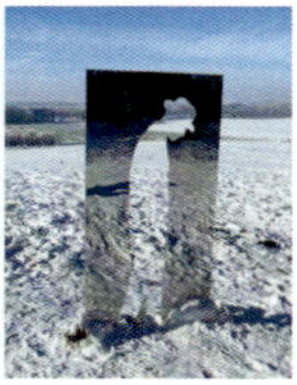

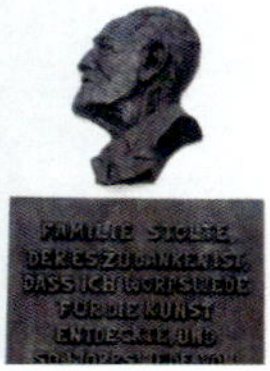

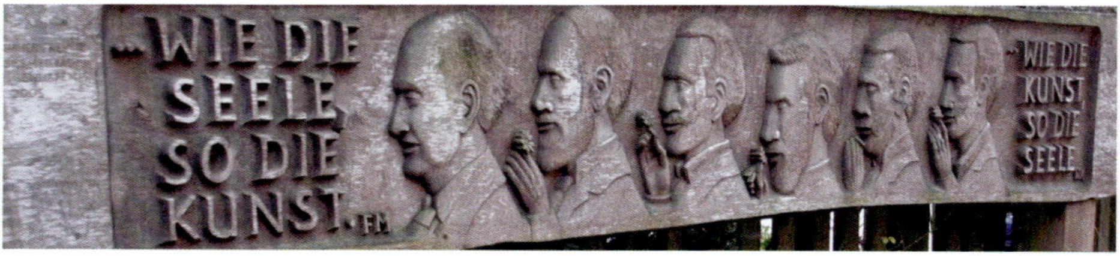

Inhalt

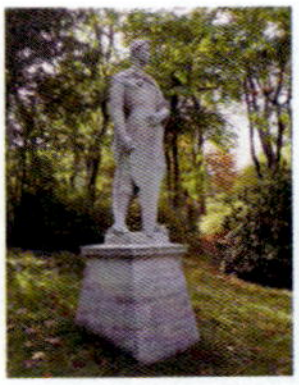

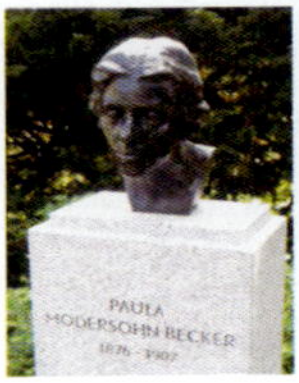

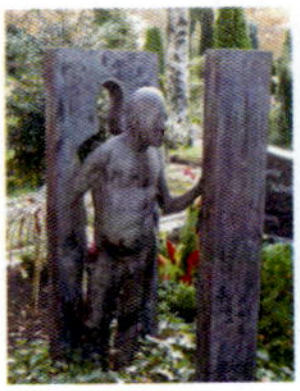

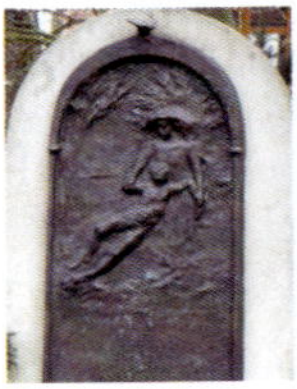

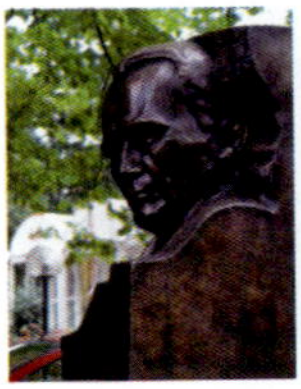

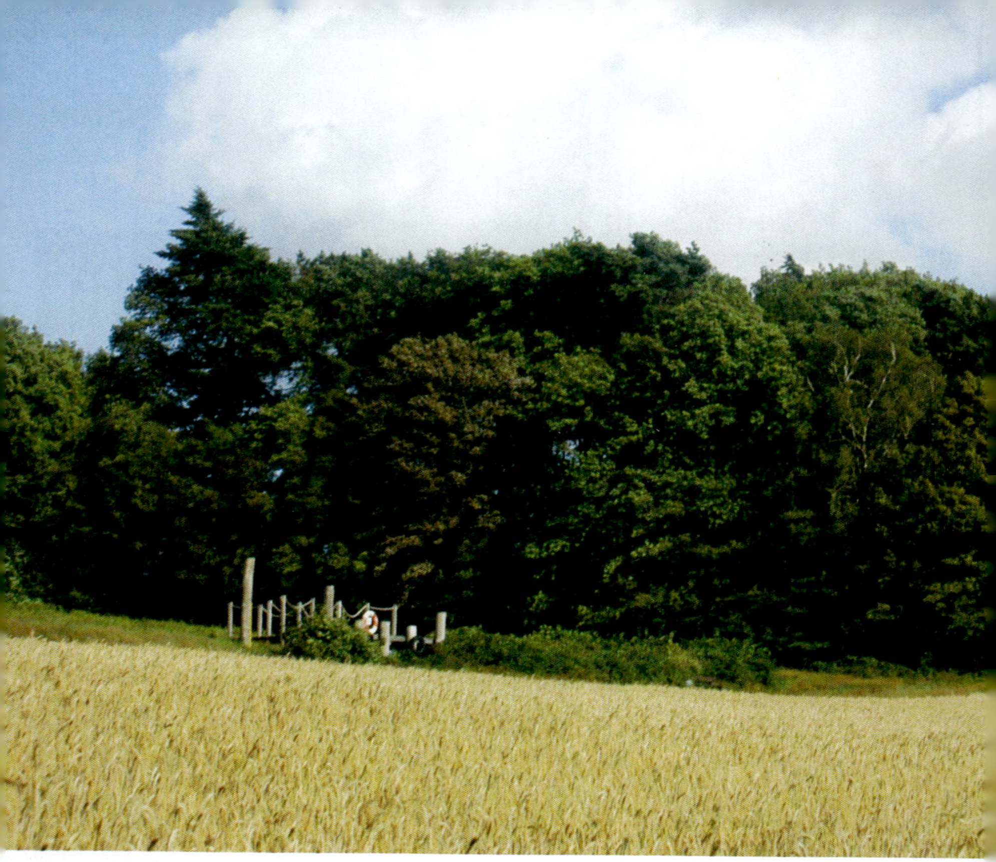

Steg am Weyerberg mit Blick über die Felder

{ Liebe Leserinnen und Leser, liebe Gäste Worpswedes, }

als Bürgermeister begrüße ich Sie sehr herzlich in Worpswede! Mit diesem Reiseführer von Björn Bischoff, der selbst in Worpswede wohnt, halten Sie einen Guide in den Händen, der Ihre Urlaubsplanung sehr erleichtert.

Worpswede von A wie Alte Molkerei, das Kunstcentrum bis Z wie Zionskirche – das Buch ist eine hilfreiche Unterstützung bei der Erkundung des Künstlerdorfes.

Aber nicht nur die vielen Sehenswürdigkeiten in Worpswede sind beschrieben, sondern auch Persönlichkeiten, insbesondere Künstler. Und von denen leben und arbeiten ca. 150 in und um Worpswede, das wohl das bedeutendste Künstlerdorf Deutschlands ist.

»Worpswede, Worpswede, Worpswede ... es ist ein Wunderland«, schrieb die Malerin Paula Modersohn Becker begeistert in ihr Tagebuch. Der Dichter Rainer Maria Rilke schwärmte von einem »Himmel von

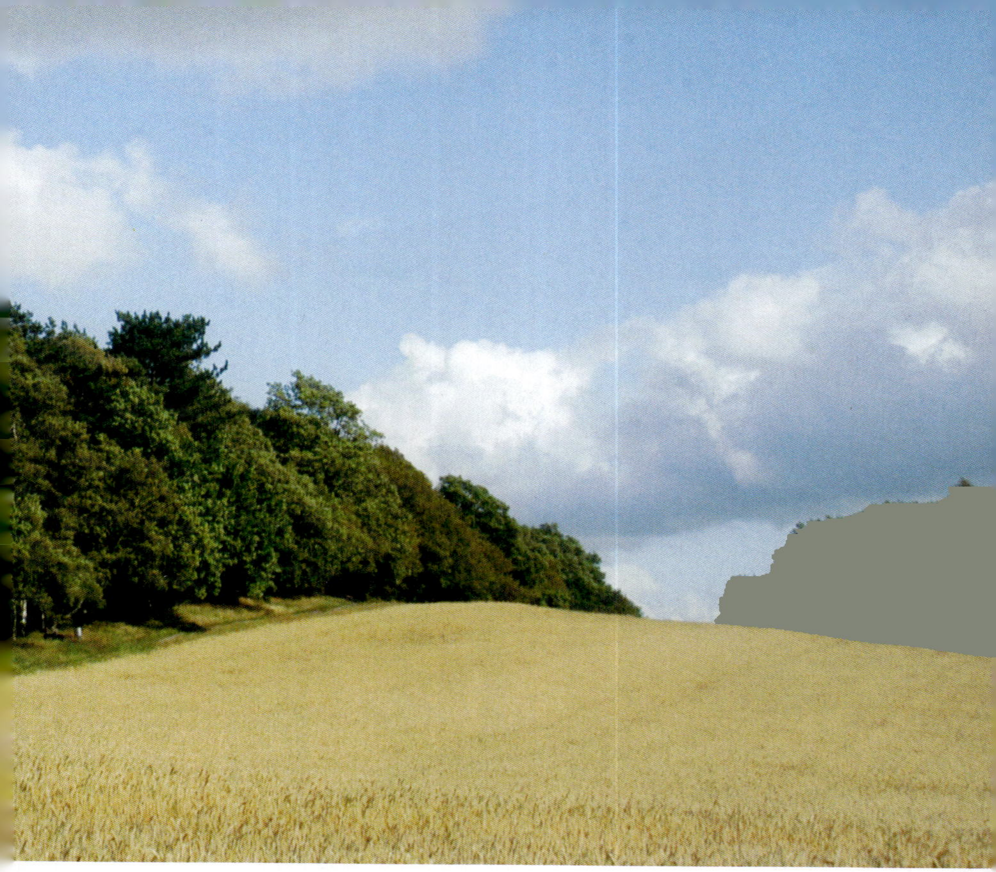

unbeschreiblicher Veränderlichkeit und Größe.« Beides gilt noch heute. Die Verbindung von Kunst, Kultur und Landschaft sowie der Lebensort – genau das macht Worpswede zu einem ganz besonderen Erlebnis. Doch Worpswede erschließt sich nicht von selbst, sondern möchte in seiner Vielfältigkeit entdeckt werden! Wenn Sie Worpswede besuchen, finden Sie Kunst und Kultur in einer urwüchsigen, einzigartigen Landschaft. Der reizvolle Künstler- und Erholungsort inmitten des Teufelsmoores lädt nicht nur zum Verweilen und Flanieren ein, sondern auch zum Fahrradfahren, Wandern oder zum Paddeln auf dem idyllischen Fluss Hamme. Anschließend lassen Sie sich von unserer hervorragenden Gastronomie verwöhnen!
Ich wünsche Ihnen einen schönen Aufenthalt in Worpswede.

Herzlichst
Ihr Stefan Schwenke
Bürgermeister der Gemeinde Worpswede

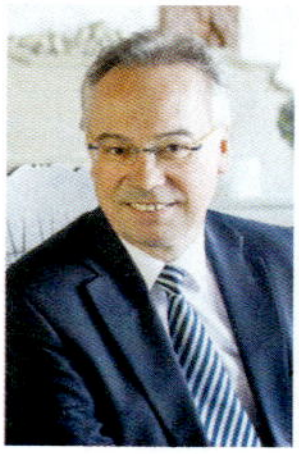

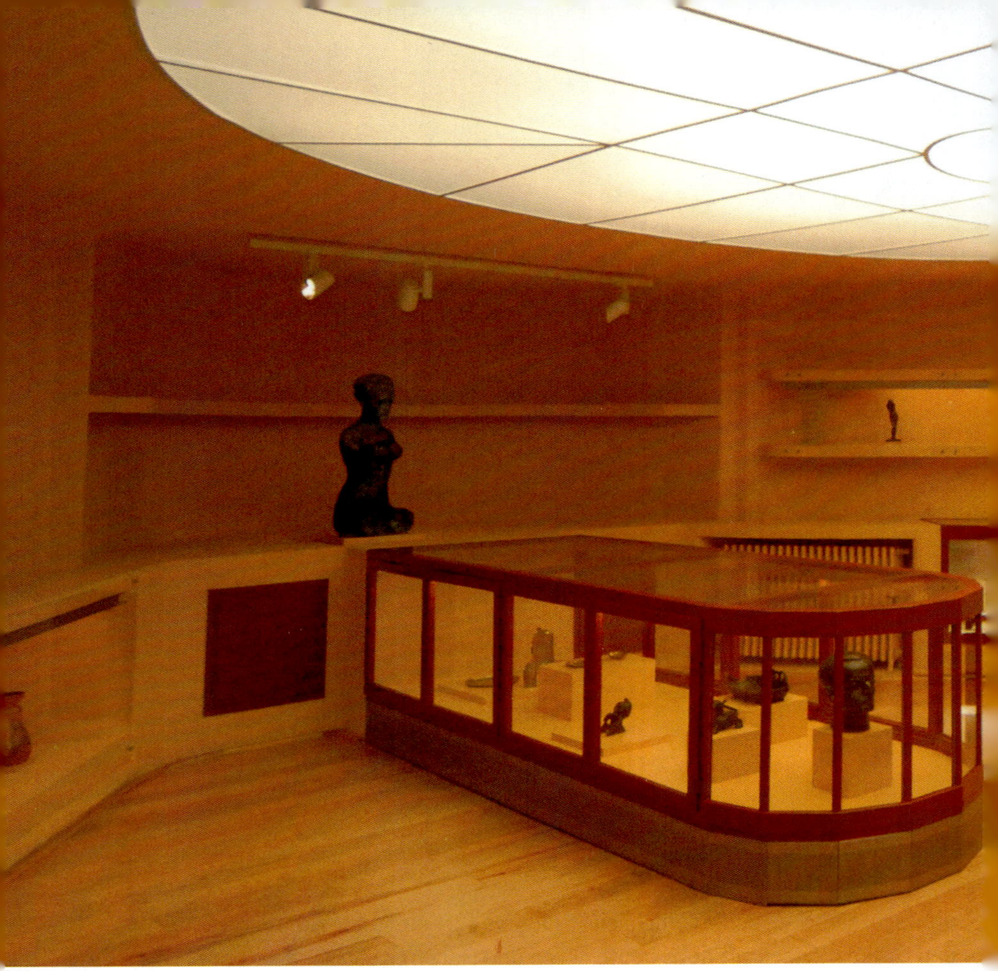

{Einleitung}

Das Künstlerdorf im Teufelsmoor ist weltbekannt für seine Alten Meister. Doch Worpswede samt der einzigartigen Landschaft umzu hat auch im 21. Jahrhundert nichts von seiner faszinierenden Anziehungskraft verloren. Seit über 125 Jahren gibt es hier eine aktive Kunst- und Kulturszene, in der sich Künstlerinnen und Künstler, Kunsthandwerkerinnen und Kunsthandwerker niederlassen, um in diesem besonderen Umfeld schöpferisch tätig zu sein.

Im ersten Teil dieses Reiseführers erhält der Leser von A bis Z allgemeine Informationen über Worpswede, das wegen seiner geografischen Lage auch als das »Dorf in der Mitte Europas« bezeichnet wird. In komplexerer Form ist dieser

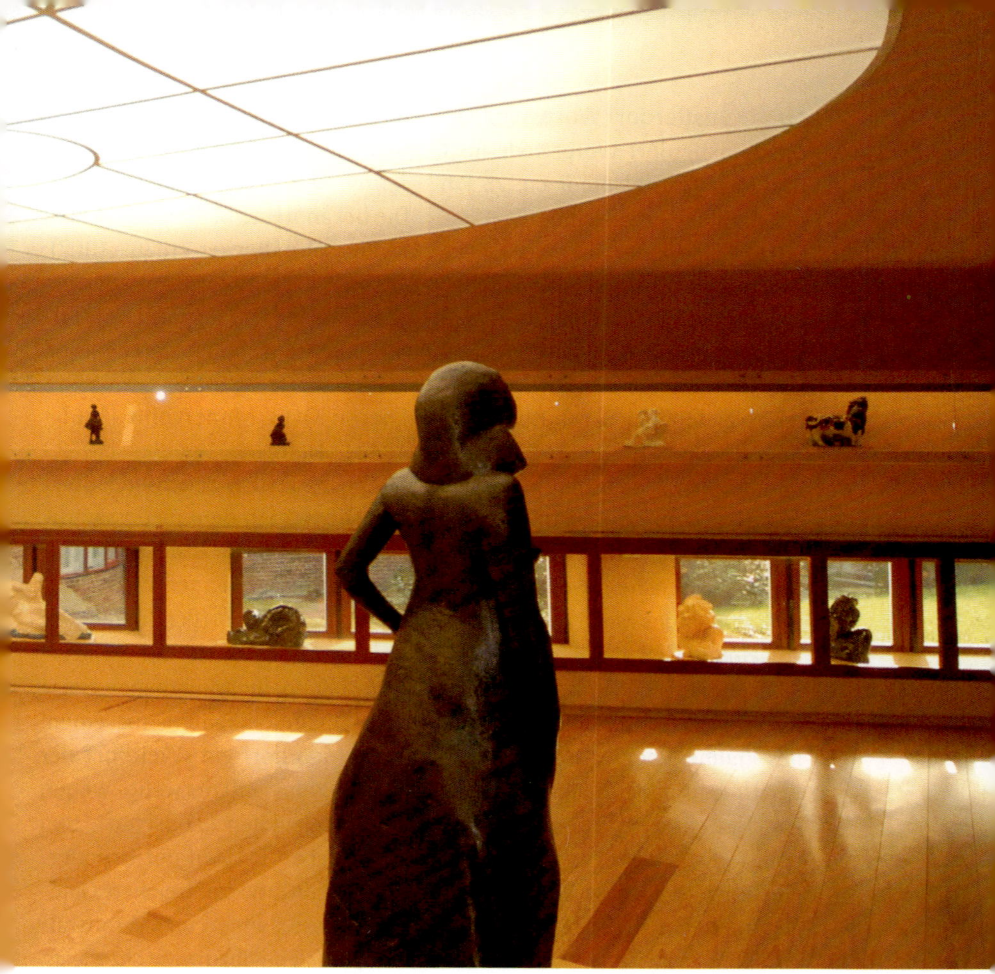

Inhalt auch auf der Homepage (www.worpswede24.de) sowie in der kostenlosen Worpswede24-App (Infos: www.worpswede-app.de) abrufbar und nachzulesen.

Im zweiten Teil des Buches erhalten Sie neben den Porträts der Alten Worpsweder Meister umfassende Informationen zur aktuellen Kunstszene mit den entsprechenden Kontaktmöglichkeiten (Rufnummern, E-Mails, Homepages etc.) zu zahlreichen zeitgenössischen Künstlern.

Sollten Sie Worpswede nicht nur für einen Tag besuchen sondern über Nacht bleiben wollen, so finden Sie auf www.worpswede24.de auch eine Liste der Worpsweder Hotels sowie Ferienhäuser und -wohnungen.

Ausstellungsraum in der Großen Kunstschau

Das Künstlerdorf Worpswede

Das Künstlerdorf Worpswede liegt mitten im **Teufelsmoor** ca. 25 km nordöstlich von Bremen, hat ca. 10.000 Einwohner auf einer Fläche von 7.638 ha und neben zahlreichen Galerien und Museen, in denen häufig Ausstellungen zu sehen sind, auch viele andere Sehenswürdigkeiten zu bieten (u.a. Bacchusbrunnen, Alter Bahnhof, Barkenhoff, Bertelsmann-Haus, Buddha, Haus im Schluh, Käseglocke, Große Kunstschau, Mackensen-Eiche, Mühle, Niedersachsenstein, Weyerberg).

Im Rahmen des Masterplans wurde vor einiger Zeit die **Bergstraße** in eine **Flaniermeile mit Kunst und Kultur** umgestaltet und der Ausbau des **Philine-Vogeler-Hauses** sowie der Umbau des Roselius-Museums zum Haus für zeitgenössische Kunst realisiert. Sehenswert ist auch die alljährlich im August stattfindende **Hammenacht**, bei der historische **Torfkähne** zwischen ausgewählten kulinarischen Zielen entlang der Routen kreuzen.

Alle drei Jahre findet im April die **Torfkahnarmada** statt, bei der gut 20 Torfkähne von Worpswede vom Anleger Neu Helgoland nach Bremen-Findorff und zurück ins **Teufelsmoor** fahren.

Worpswede – erstmalig im Jahr 1218 urkundlich erwähnt und seit 1976 staatlich anerkannter **Erholungsort** – ist das kreative Dorf Deutschlands, in das vor über 100 Jahren die ersten Maler kamen. Die bekannteste Malerin war **Paula Modersohn-Becker** (1876 – 1907), die ihre letzte Ruhestätte auf dem Worpsweder Friedhof in unmittelbarer Nähe der Zionskirche fand (150. Geburtstag 2026).

Ebenso **Otto Modersohn** (1865 - 1943), **Heinrich Vogeler** (1872 - 1942) und **Fritz Mackensen** (1866 - 1953) brachten dem niedersächsischen Ort, in dem Landschaft und Kunst in einzigartiger Weise verbunden sind, Ruhm (der Durchbruch gelang 1895 bei der Bilder-Ausstellung im Münchener Glaspalast), und machten aus einem alten Moordorf ein **»Weltdorf der Kunst«**, das mittlerweile wegen seiner reizvollen Landschaft, den historischen Stätten der Gründergeneration und zahlreichen Galerien, Ausstellungen und Veranstaltungen (siehe dazu www.ohz-events.de) zu einem beliebten Ausflugs- und Erholungsort geworden ist.

Weitere bekannte **Künstler** waren (ohne Rangfolge): Hans am Ende (1864 - 1918), Fritz Overbeck (1869 – 1909), der Schriftsteller Rainer Maria Rilke (1875 – 1926), die Bildhauerin Clara Rilke-Westhoff (1878 – 1954), Walter Bertelsmann (1877 – 1963), Udo Peters (1884 – 1964), Albert Schiestl-

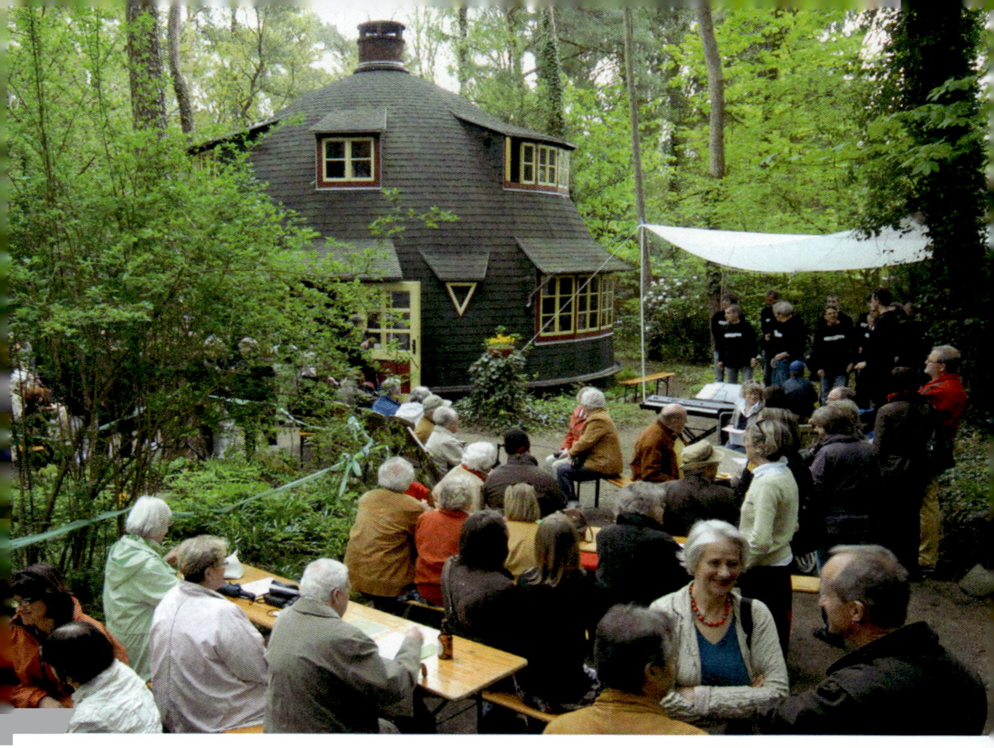

Das Maisingen an der Käseglocke findet alljährlich am 1. Mai statt

Arding (1883 – 1937), Karl Krummacher (1867 – 1955) u.a.

Genannt werden muss auch der Architekt **Bernhard Hoetger** (1874 – 1949). Er schuf in Bremen die Böttcherstraße, in der heute das Paula Modersohn-Becker Museum beheimatet ist. In Worpswede erbaute Hoetger (150. Geburtstag 2024) u.a. das **Kaffee Worpswede**, das im Volksmund Kaffee Verrückt genannt wird, das **Hoetger-Wohnhaus** Hinterm Berg (heute **Das Kreative Haus**) und den Niedersachsenstein auf dem Weyerberg.

Die **Postleitzahl** für den Künstlerort ist 27726 – die **Ortsvorwahl** ist 04792. Zur seit 1974 bestehenden Einheitsgemeinde Worpswede gehören neben der Ortschaft Worpswede Hüttenbusch, Neu St. Jürgen, Ostersode, Schlußdorf, Mevenstedt, Überhamm und Waakhausen. Für weitere Informationen kontakten Sie bitte die Worpsweder Tourist-Information.

Tourist-Information
Bergstr. 13, Tel. 04792/935820,
info@worpswede-touristik.de,
www.worpswede-touristik.de

Gemeinde Worpswede
Bauernreihe 1, Tel. 04792/3120,
rathaus@gemeinde-worpswede.de,
www.gemeinde-worpswede.de

Teil 1
{Worpswede von A-Z}

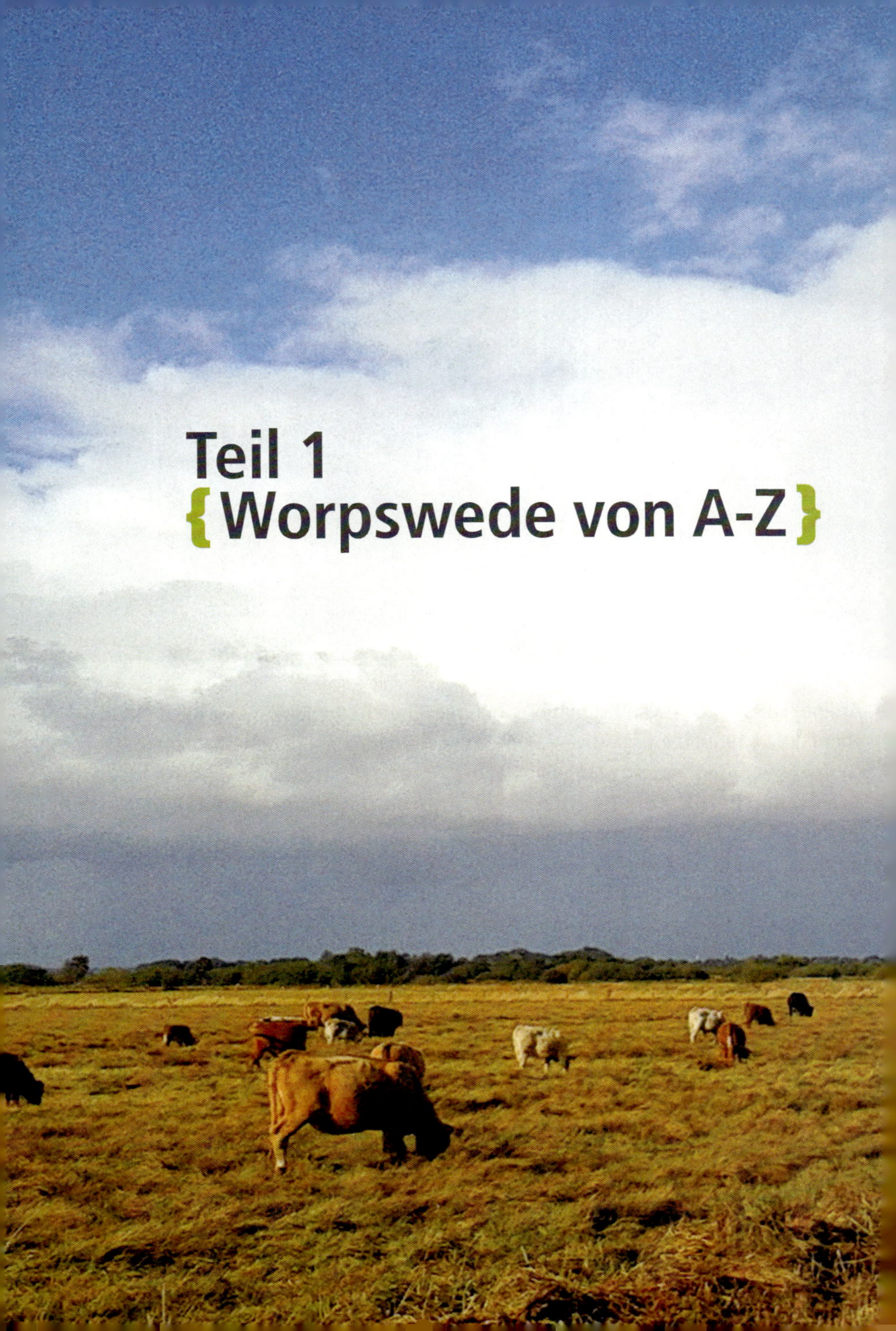

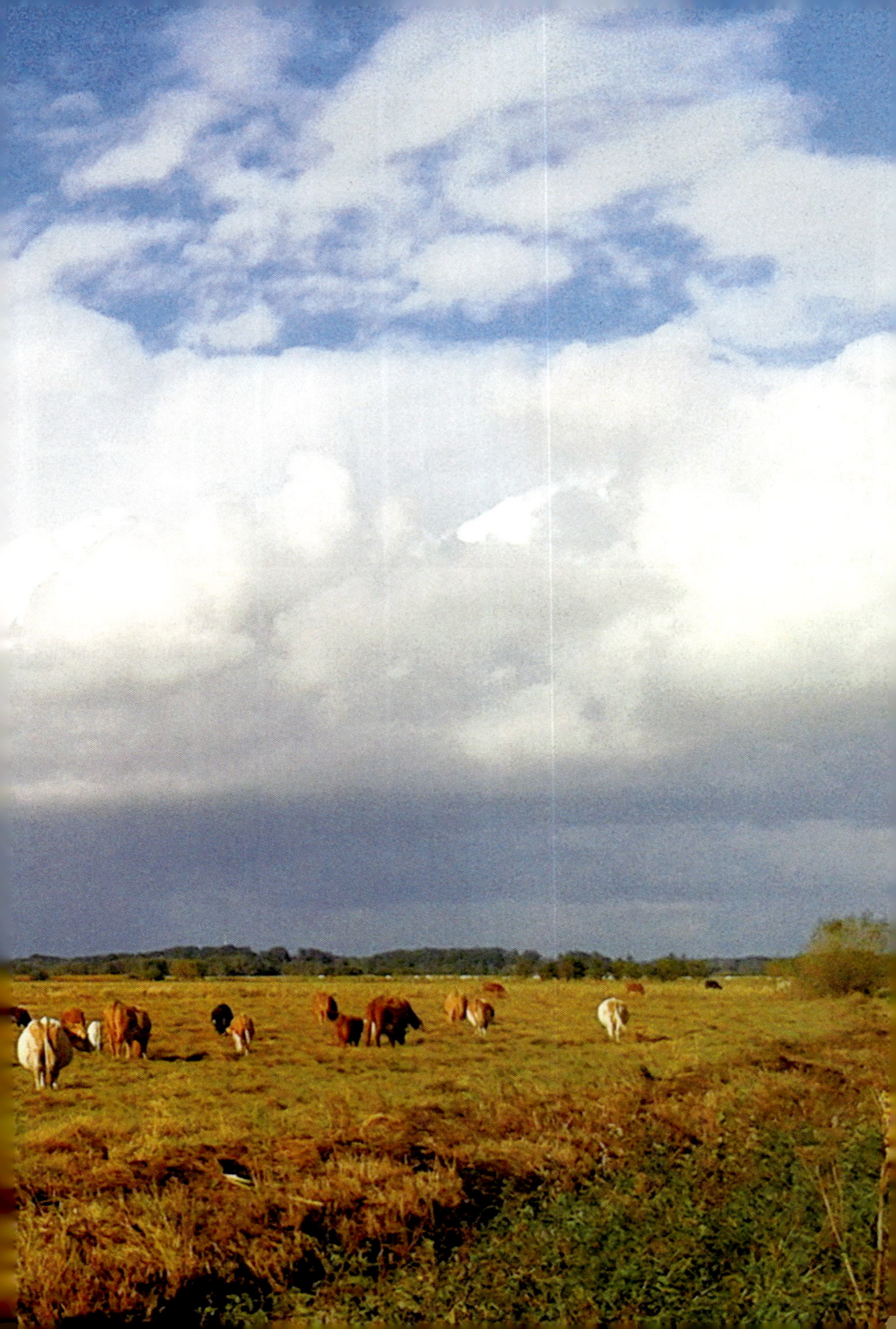

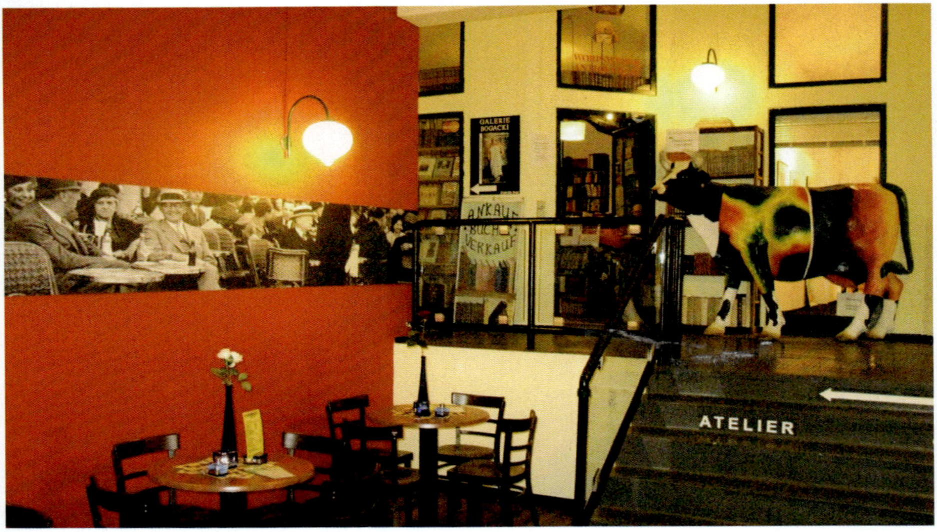

Gastronomie in der Alten Molkerei

{A}lte Molkerei (Kunstcentrum)
Im **Kunstcentrum Alte Molkerei** haben sich mehrere **Kunsthandwerksbetriebe, Ateliers** und **Galerien** (u.a. Surreal) angesiedelt.

Alte Molkerei Kunstcentrum
Osterweder Str. 21, Tel. 04792/5297936, kontakt@alte-molkerei-worpswede.de, www.alte-molkerei-worpswede.de

Surreal, Frank Bergund – Surreale und reale Malerei, Mobil 0174/3117478, frank@bergund.de, www.bergund.de

Zeitgenössische Worpsweder Künstler präsentieren hier ihre Werke, dabei haben Besucher die Möglichkeit, den Kreativen über die Schulter zu schauen. Es werden Gemälde, Werke der Bildhauerei und Schmuck produziert, ausgestellt und verkauft. In Zusammenarbeit mit den Galeristen wird die **Alte Molkerei** mit Schauspielerei, Lesungen und Theateraufführungen bereichert. Die Veranstaltungen werden durch die angeschlossene Gastronomie abgerundet.

Restaurant Pella
Griechische Spezialitäten, Tel. 04792/4296, d.ypsilandis@gmx.de, www.restaurant-pella.de

Tipp: Besuchen Sie nach einem leckeren griechischen Essen bei Dimitrios im gemütlichen **Restaurant Pella** doch noch einmal die benachbarte Raucher-Kneipe **Schweinis Bar** – beim gesprächsfreudigen Wirt Jens Reinecke (Spitzname »Schweini«) lassen sich nicht nur alle Fussball-Spiele (1. u. 2. Bundesliga, UEFA

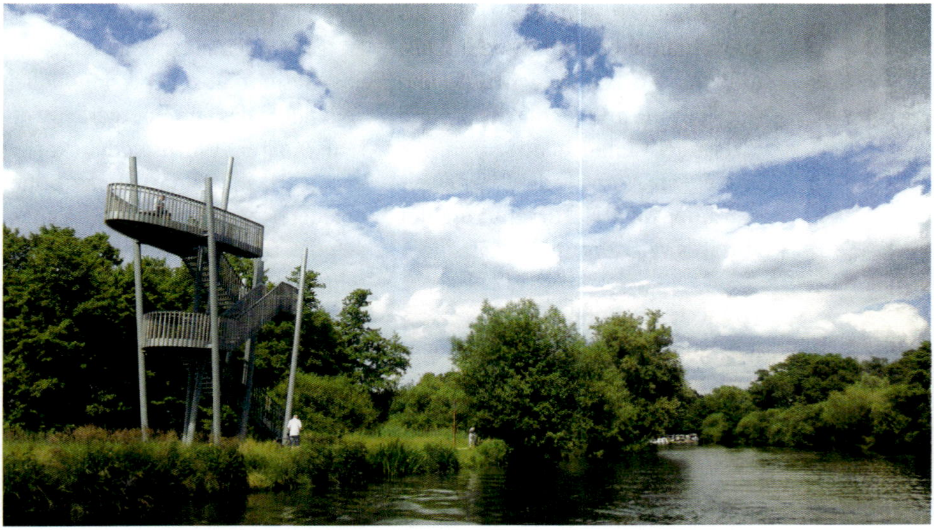

Champions League) auf dem TV-Bildschirm verfolgen sondern neben frisch gezapftem Bier, verschiedenen Longdrinks auch exotische Cocktails in netter Atmosphäre genießen.

Schweinis Bar
Tel. 0176/57795127, schweinireinecke@gmail.com, www.schweinis-bar.de

In der Alten Molkerei befindet sich außerdem das **Worpsweder Antiquariat** mit 50.000 Büchern zum Stöbern und Schmökern, darunter hunderte Titel über Worpswede.

Worpsweder Antiquariat
Ian Bild & Uta Migge, Tel. 04792/7072, ian.bild@t-online.de, www.worpsweder-antiquariat.de

{A}teliers – siehe Galerien

{A}ussichtsturm bei Neu Helgoland

Der von einem Erlenwäldchen umgebene **Aussichtsturm** bei Neu Helgoland am nördlichen Hamme-Ufer wurde Ende 2014 fertiggestellt. Von ihm aus lässt sich die Natur und Landschaft Worpswedes im Bereich des GR-Gebietes (Naturschutzgroßprojekt in der unteren Hammeniederung auf einer Fläche von 27,8 km² von gesamtstaatlich repräsentativer Bedeutung) wunderbar beobachten.

Mit einer Höhe von 9 m wird dem Besucher ein Blick in die **Hammeniederung**, auf **Worpswede** und den **Weyerberg** ermöglicht. Die andere Perspektive macht

Der Aussichtsturm an der Hamme bei Neu Helgoland bietet einen atemberaubenden Ausblick in die Hammeniederung

eine Beobachtung der Tiere aus dem Teufelsmoor besonders gut möglich. So lassen sich von dem Aussichtsturm z.B. die Rast- und Brutvögel genau beobachten, die im Bereich Worpsweder Pferdeweiden oder dem **Naturschutzgebiet »Breites Wasser«** unterwegs sind.

{B}acchusbrunnen

Im Kunstpark am Hoetger-Ensemble steht ein von dem Bildhauer Prof. **Waldemar Otto** (1929 – 2020) gestalteter Brunnen, der durch Spenden die Bauwerke des Malers, Architekten, Bildhauers und Kunsthandwerkers Bernhard Hoetger erhalten soll.

Bei dem am 2.10.2010 im Beisein zahlreicher Spender (Baustein-Erwerber) offiziell eingeweihten Brunnen hält die bronzene **Bacchusfigur** eine Schale in der Hand, aus der Wasser direkt in seinen geöffneten Mund fließt. Davor liegt die ebenfalls aus Bronze bestehende Bacchantin. Die beiden Figuren sind Teil einer sich über zwei Ebenen erstreckenden Brunnenanlage, die das Gesamtkunstwerk sinnbildlich verbinden: das von Hoetger entworfene **Kaffee Worpswede** (Kaffee Verrückt) sowie das etwas höher gelegene Museum **Große Kunstschau**. Das Wasser als spielerisches Element verbindet die beiden Ebenen in Form eines Wasserfalls.

Für 250 Euro konnten Interessierte damals einen Baustein erwerben und darin ihren Namen oder Hochzeits- und Geburtsdaten sowie die Namen von Kindern und Enkelkindern verewigen lassen.

Bronzene Bacchusfigur mit Schale, Detail des Bacchusbrunnens vor dem Kaffee Worpswede

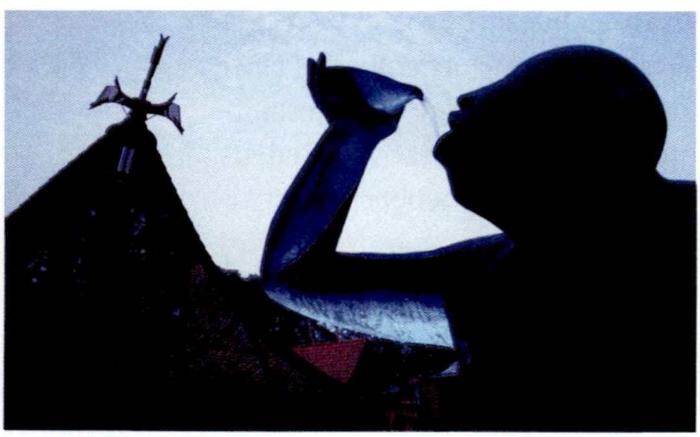

{B}ahnhof

Der 1910 erbaute und heute unter Denkmalschutz stehende **Worpsweder Bahnhof** an der Eisenbahnstrecke Bremervörde – Osterholz-Scharmbeck (Moorexpress) bietet die unverfälschte Atmosphäre des **Jugendstils** von **Heinrich Vogeler**. Der Architekt und Künstler entwarf nicht nur den Bau, sondern auch die komplette Inneneinrichtung (Möbel, Kunstwerke und Malereien). 1978 wurde der Bahnhof Worpswede von Grund auf renoviert und in seinen früheren Zustand zurückversetzt. Nach über 30 Jahren war eine erneute Restaurierung erforderlich, die im Jahr 2010 realisiert wurde.

Heute beherbergt der Worpsweder Bahnhof ein **Restaurant**. Die Räume der Ersten, Zweiten und

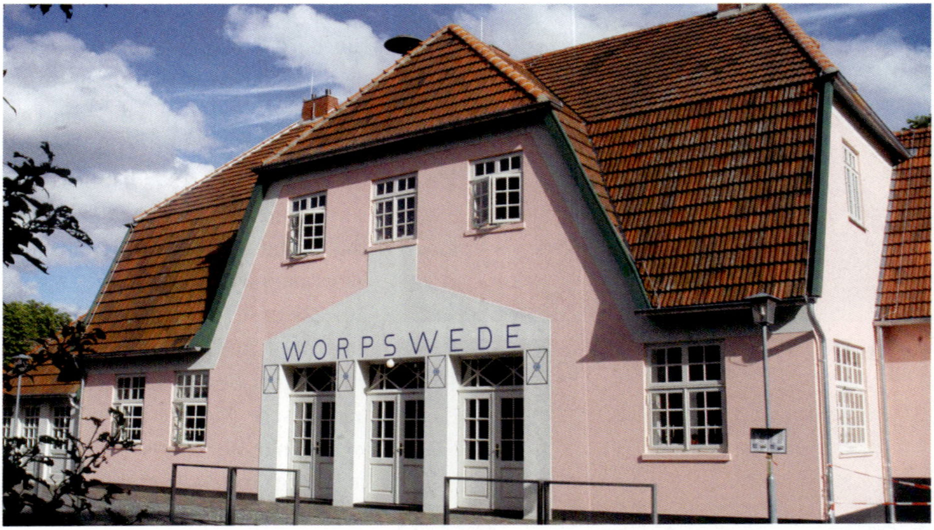

Dritten Klasse spiegeln von der urigen Kneipe über das Kaminzimmer bis hin zur lichtdurchfluteten Veranda alle Facetten der damaligen Epoche wider.

Restaurant Bahnhof Worpswede
Bahnhofstr. 17, Tel. 04792/9878333,
worpsweder-bahnhof@freenet.de,
www.bahnhof-worpswede.de

{B}arkenhoff – siehe Museumsverbund

{B}auernhäuser

Im Künstlerdorf Worpswede gibt es Dutzende alter, zum Teil liebevoll restaurierter **Bauernhäuser** zu entdecken, die seit vielen Jahren zu den Lieblingsmotiven zahlreicher Maler zählen. Viele stehen in der historischen **Bauernreihe**, wo auch das heutige Rathaus beheimatet ist; sie wurden erstmals 1218 urkundlich erwähnt. Ebenso genannt werden müssen natürlich der **Barkenhoff** – ursprünglich auch ein Worpsweder Bauernhof – der 1895 vom Künstler Heinrich Vogeler gekauft und innerhalb weniger Jahre zu einem beeindruckenden Gebäude des Jugendstils umgebaut

Worpsweder Bahnhof

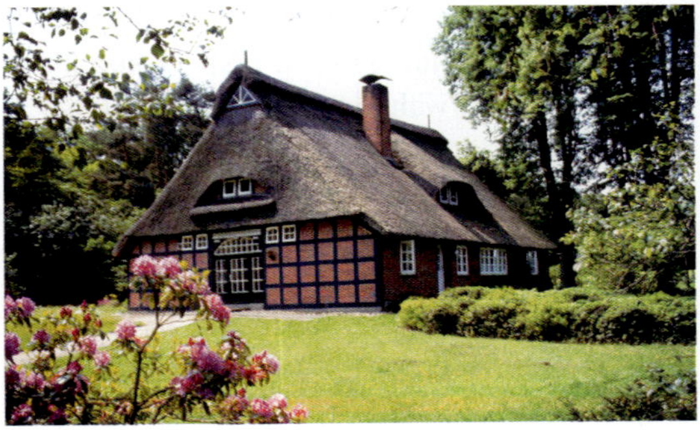

Historisches Bauernhaus

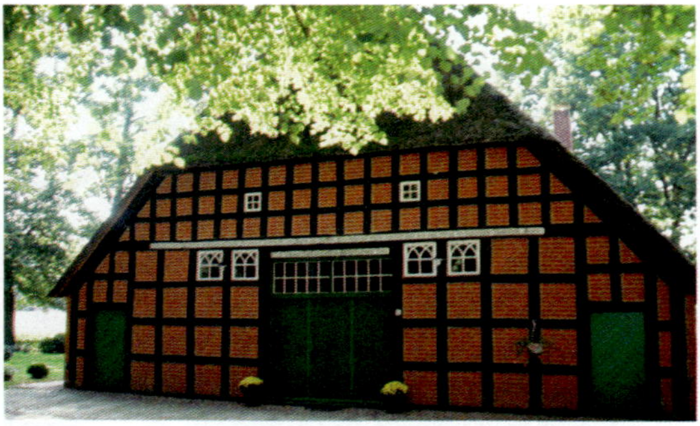

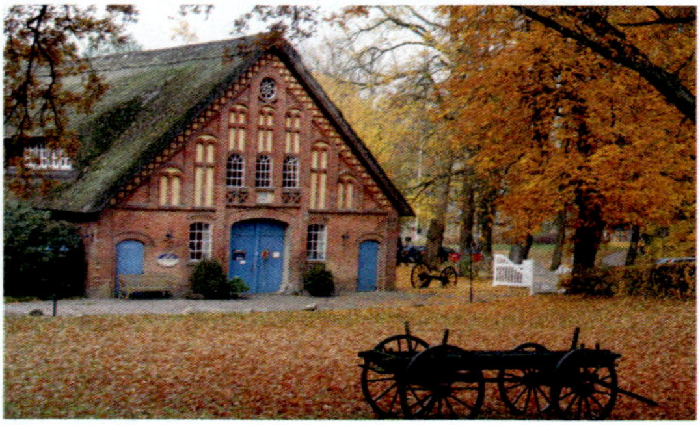

Altes Bauernhaus in der Bauernreihe (oben), casa di mobili (unten)

wurde, das **Haus im Schluh**, das blaue **Bertelsmann-Haus** sowie das heutige casa di mobili.

{B}auernreihe

Die Bauernreihe, in der auch das heutige **Rathaus** steht, führt ein in die Geschichte Worpswedes. Dort fand 1218 die **erste urkundliche Erwähnung** des heutigen Künstlerdorfes statt. Von den ursprünglich acht Höfen sind heute noch sieben in ihrer einstigen Pracht erhalten. Sehenswert sind die **Bötjersche Scheune**, die dank der Stiftung Worpswede vor einiger Zeit restauriert wurde, und der Monseeshof.

{B}ergstraße

Die **Bergstraße** in Worpswede, in der sich auch die Tourist-Information befindet, ist die zentrale Straße des Künstlerdorfes. Diverse **Galerien** und **Cafés** laden Besucher zum Flanieren ein und jeden Samstag findet auf dem Dorfplatz der **Wochenmarkt** statt.

2021 wurde der **Skulpturenpfad** eröffnet: Auf den fünf Sockeln entlang der Bergstraße stellen zeitgenössische Künstlerinnen jährlich wechselnde Werke aus. Der Skulpturenpfad ist mit der Ausrufung Worpswedes zum **frauenORT** verbunden.

{B}ertelsmann-Haus

Das reetgedeckte Bauernhaus (Im Rusch 8) mit seinem blau gestrichenen Ständerwerk stammt aus dem Jahr 1785. Es zählt zu den ältesten **Bauernhäusern** in Worpswede und ist nahezu unverändert erhalten geblieben. Ab 1918 war es im Besitz des Malers **Walter Bertelsmann** (1877 – 1963).

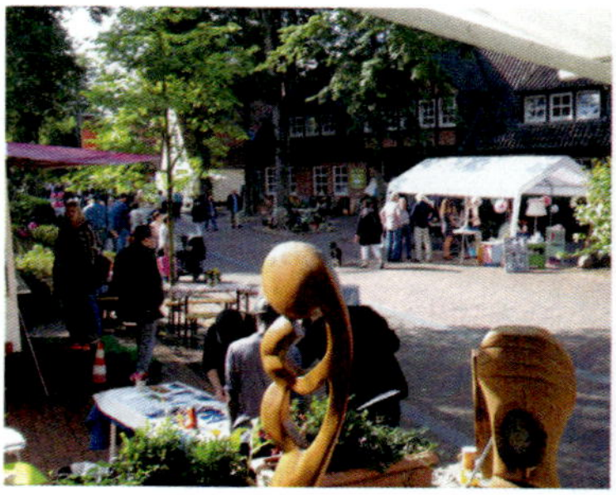

Rechts: Trubel in der Bergstraße

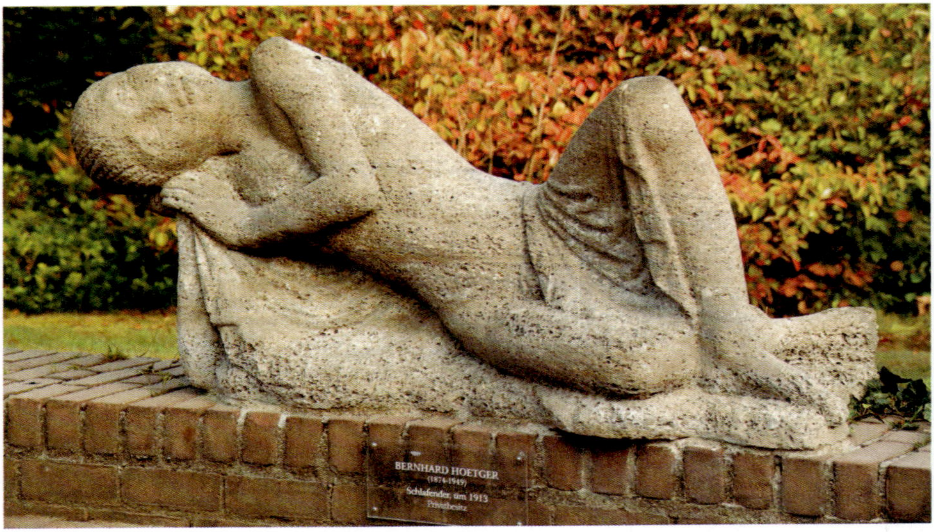

»Schlafender«, Skulptur von Bernhard Hoetger, um 1913

{B}ildhauer

Altenstein, Prof. Bernd
Bauernreihe 8b, Tel. 04792/ 4647, info@altenstein.com, www.altenstein.com

Atelier B
Annette Bußfeld, Otto-Modersohn-Weg 6a, Tel. 04792/9569770, 0174/6598214, info@atelierbussfeld.de, www.skulpturpur.de

Eufe, Gisela
Bauernreihe 8b, Tel. 04792/4647, info@skulptur-gisela-eufe.de, www.skulptur-gisela-eufe.de

Fischer, Christoph
Bauernreihe 8b, Tel. 04792/3648, info@fischer-worpswede.de, www.fischer-worpswede.de

Fuchs, Hans-Jürgen
Hüttenbuscher Str. 14, Worpswede-Hüttenbusch, Tel. 04794/1345, fuchsbremen@web.de – bitte Terminvereinbarung

Les Landes, Alice
Tel. 04792/954080, 0162/8945400 – telefonische Anmeldung, alice@les-landes.de, www.les-landes.de

Eine aktuelle Übersicht finden Sie hier:

{B}ötjersche Scheune

Die **Bötjersche Scheune** steht in der Bauernreihe gegenüber dem Rathaus – sie bildet einen wichtigen Teil des historischen Bauensembles in der **Bauernreihe**. Mit dem Rathaus, den Höfen Brunet und G. Bötjer zeigt sie ein vertrautes Bild für Worpsweder wie Besucher. Die Bötjersche Scheune, die letzte **Drei-Ständerscheune** im gesam-

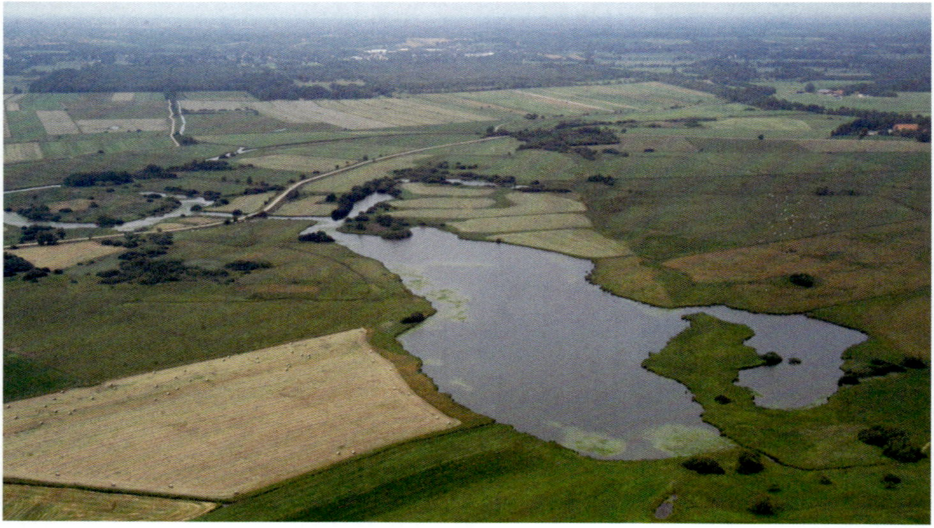

Luftbild vom Breiten Wasser mit der Hammeniederung

ten Landkreis, war in einem sehr baufälligen Zustand. Die Stiftung Worpswede hat sie erhalten, wieder instand gesetzt und anschließend einer sinnvollen Nutzung, z.B. für Veranstaltungen etc., zur Verfügung gestellt.

Infos zur Stiftung Worpswede
www.stiftung-worpswede.de

{B}öttcherstraße

Eine etwa 100 m lange Straße in Bremen, in der die meisten Gebäude in der Zeit von 1922 – 31 von **Bernhard Hoetger** im Auftrag des Kaffeekaufmanns und Kunstmäzens Ludwig Roselius (1874 – 1943) geschaffen wurden. Die Straße und ihre Gebäude sind ein seltenes Beispiel für die Architektur des **Expressionismus**.

{B}onze des Humors – siehe Buddha

B}ootssteganlage – siehe Steg am Weyerberg

{B}reites Wasser

Das Breite Wasser ist ein See im Stadtgebiet von Osterholz-Scharmbeck im gleichnamigen **Naturschutzgebiet** zwischen Worpswede und der Ortschaft Teufelsmoor. Es liegt am Zusammenfluss der **Beek** und der **Hamme** etwa 2 km flussaufwärts der Beek. Die zahlreichen Altarme der Bäche und kleine unregelmäßige Teiche mit moorigen Ufern, den sogenannten Blänken, bilden hier ein feuchtes Dreieck, das durch die wechselnden Wasserstände ständig sein Gesicht verändert. In diesem Gebiet brüten zahl-

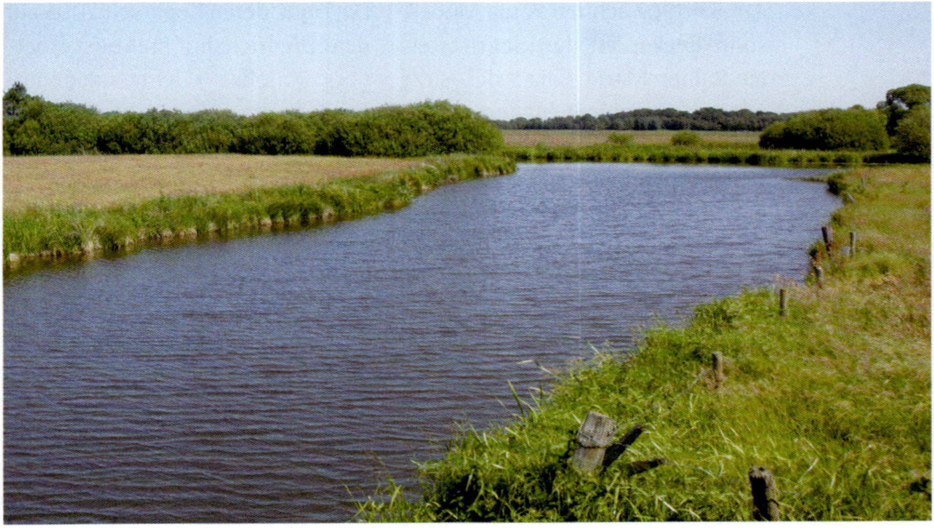

reiche seltene Vögel, auch gibt es eine Möwenkolonie. Im Herbst und Frühling rasten hier viele **Zugvögel**. Für Spaziergänger sind vor einiger Zeit zahlreiche Wege (u.a. ab Neu Helgoland) angelegt worden.

{B}rünjeshof

Im ehemaligen Atelier der weltberühmten Malerin **Paula Modersohn-Becker** im denkmalgeschützten Brünjeshof befindet sich heute die Ferienwohnung »Paulas Atelier«, die nach historischem Vorbild restauriert und eingerichtet wurde. Bei der Restaurierung des **Ateliers** ließ man sich von der Farbgebung des historischen Anstrichs zur Zeit Paula Modersohn-Beckers leiten. Ausgewählte antike Möbel sind kombiniert mit modernem Wohnkomfort, der sich dezent in das Atelier einfügt. An den Wänden hängen zahlreiche Originalgemälde und Zeichnungen von Carl Emil Uphoff, der 60 Jahre lang im Brünjeshof wohnte. Sie betonen den künstlerischen Anspruch, mit dem die Räume heute für Gäste bereitstehen.

Idylle am Breiten Wasser

Ehemaliges Atelier von Paula Modersohn-Becker auf dem Brünjeshof

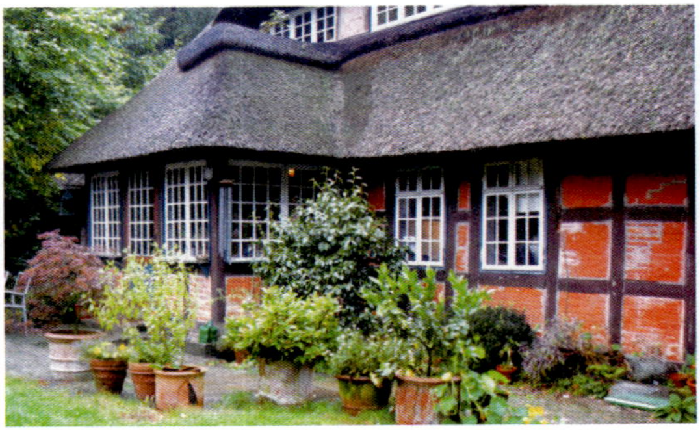

Am 5.4.1907 schrieb Paula Modersohn-Becker an den Schriftsteller Rainer Maria Rilke: »Ich sitze wieder in meinem blauen Atelier bei Brünjes mit den grünen Wänden und unten hellblau. Ich gehe den selben Weg hierher wie in alten Zeiten und mir ist wunderlich zumute. Dies ist für mich die liebste Stube aus meinem ganzen Leben ...«

Der parkähnliche **Künstlergarten** – 1914 von **Carl Emil Uphoff** angelegt – lädt zum Verweilen und Genießen ein. Der **Brünjeshof** und sein Garten sind durch den Einsatz der Familie Uphoff erhalten geblieben, die Freude am Garten und eine persönliche Bindung zu ihm hat, ihn nutzt und viel Arbeit investiert.

Uphoff, Garten- u. Landschaftsbau
Brünjeshof, Ostendorfer Str. 25,
Tel. 04792/1420, www.uphoff-gaerten.de

{B}runnenhof – siehe Museumsverbund

{B}uddha

Die **Buddha-Statue** (Bonze des Humors) mit ihrem ansteckenden Lachen auf dem Gelände beim zentralen Parkplatz um das **Kaffee Worpswede** (Kaffee Verrückt) wurde von dem Architekten Bernhard Hoetger entworfen, der auch die Große Kunstschau und die Böttcherstraße in Bremen schuf.

Die Figur, deren Kopie seit 2005 auf dem **Diedrichshof** steht, ist Hoetgers Majolika »Licht« nachempfunden. Das Original ist Bestandteil des einzigartigen 15-teiligen **Zyklus »Licht- und Schattenseiten«**, den Hoetger unmittelbar vor seiner Übersiedlung nach Worpswede in den Jahren 1911 – 13 schuf. Einige Figuren wurden später vergrößert und im Garten seines ersten Wohnhauses und ab 1970 im Park der **Großen Kunstschau** aufgestellt.

Die Gestalt zeigt einen mit angewinkelten Beinen auf einem Sockel sitzenden rundlichen Mönch. Sein kimonoartiges Gewand lässt Brust und Bauch frei. Der Kopf mit dem lachenden Gesicht ist weit in den Nacken gelegt, beide Hände halten

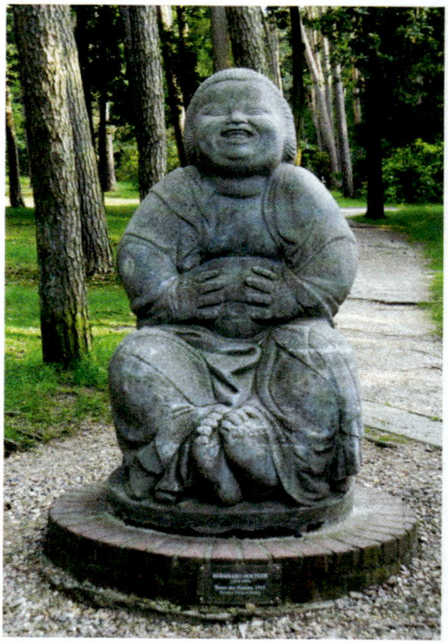

Rechts: Die Buddha-Statue von Bernhard Hoetger

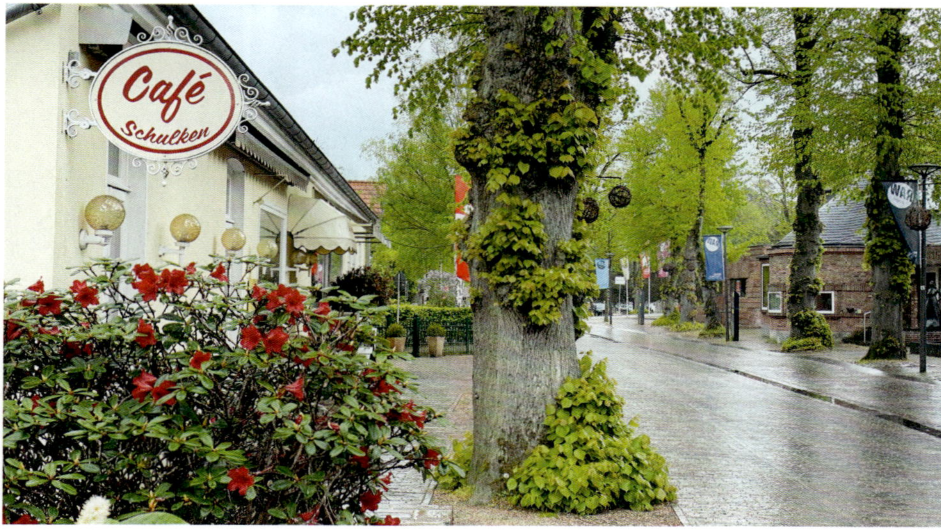

Café in der Bergstraße

mit gespreizten Fingern den prallen Bauch. Vermutlich hat die Figur des **Buddhas** dem Künstler vor Augen gestanden, denn Hoetger war nachweislich dem Buddhismus verbunden. In den Wintermonaten wird die Figur zum Schutz vor der Witterung »eingehaust«.

{C}afés

Worpswede-Besucher, die den kulinarischen Besonderheiten in Worpswede und dem Teufelsmoor auf die Spur kommen möchten, dürfen sich auf einen erlebnisreichen Genuss freuen. Viele traditionelle Gerichte auf den Speisekarten der Restaurants lassen sich besonders gut mit ausgedehnten Spaziergängen und Radtouren verbinden. In den gemütlichen Cafés (z.B. **Café Scheibner, Café Schulken, Dorfcafé Worpswede** und **Fietscafé22** am Torfschiffswerft-Museum in Schlußdorf), wo Kaffee und eine leckere Auswahl an Kuchen und Torten auf Gäste warten, ist charmante Gastlichkeit das Gebot. Im Sommer können Besucher entspannt am Wasser sitzen (z.B. auf der Sonnenterrasse der **Hamme Hütte** in Neu Helgoland oder am Hammehafen), im Schatten alter Laubbäume oder umgeben von historischer Architektur auf schönen Terrassen weilen. Im Herbst und Winter locken die hübschen Häuser mit wärmenden Refugien, von denen manche durch Künstlerhand eingerichtet und gestaltet wurden (z.B. das 1925 vom Künstler Bern-

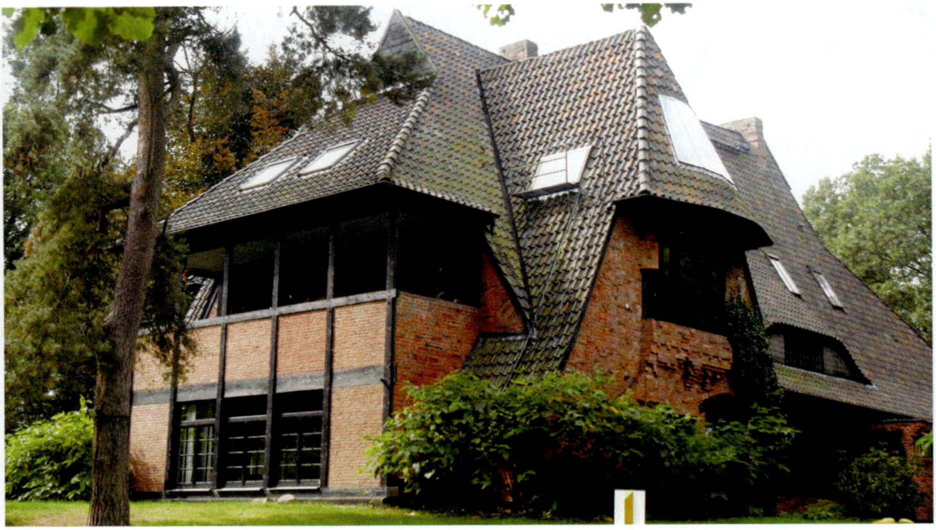

Das Kreative Haus im Hoetgerhof

hard Hoetger gebaute **Kaffee Worpswede** (Kaffee Verrückt) in der Lindenallee direkt neben der Großen Kunstschau).

Eine aktuelle Übersicht finden Sie hier:

{D}as Kreative Haus im Hoetger-Hof

Das **Kreative Haus im Hoetger-Hof** ist ein Veranstaltungshaus, spezialisiert auf Seminare, Firmen- und Familienfeiern. **Eine Besichtigung ist nur mit Anmeldung möglich, damit Gäste in Ruhe arbeiten können und um die Privatsphäre der Bewohner zu schützen!** Das Haus wurde 1921/22 von dem Bildhauer und Künstler Bernhard Hoetger erbaut, ohne dass er wusste, wem das Grundstück gehört, ohne die Klärung der Finanzierung und ohne einen Bauplan. Es ist der **expressionistischen Stilrichtung** zuzuordnen mit nordischen, asiatischen und afrikanischen Einflüssen; damit hat es einen besonderen und ungewöhnlichen Charakter. Umgeben von einem Park mit alten Rhododendren liegt es versteckt auf dem Weyerberg. »Die Arbeitsweise, mit der ich das neue Haus baue, ist ganz verschieden von allen Lehrweisen ... Die erste praktische Möglichkeit, weil ich dieses Haus ganz frei ohne Zwang arbeiten kann.« *Bernhard Hoetger*
Nach mehrfachem Wechsel und umfangreichen Renovierungsarbeiten steht es Gästen heute wieder zur Verfügung, sogar das Eulenhaus im Giebel des Daches

ist wieder bewohnt. Firmen mieten die besonderen Räumlichkeiten für Schulungen und Firmenfeiern. Es finden Vorträge oder Lesungen statt, Privatpersonen können sich hier bei einer Familienfeier verwöhnen lassen, und in der vorhandenen Ferienwohnung können bis zu 4 Personen übernachten. Bei Anmeldung zur Führung werden Geschichten rund um das Haus und seinen Erbauer erzählt. Bei Frühstück oder Kaffee und Kuchen kann man dabei einen unvergesslichen Eindruck dieser begehbaren Plastik gewinnen.

Das Kreative Haus im Hoetger-Hof
Seminar – Training – Event. Kontakt: Andrea Kitzmann, Hinterm Berg 14, 27726 Worpswede, Tel. 04792/5299680 (bitte hinterlassen Sie eine Nachricht, da das Büro nicht immer besetzt ist!), www.hoetger-hof.de (QR-Code oben)
Anfrage und Reservierung nur unter seidel@hoetger-hof.de

{D}enkmäler

Im Künstlerdorf Worpswede finden Sie diverse Denkmäler u.a. den **Niedersachsenstein**, das **Findorff-Denkmal**, die **Heinrich-Vogeler-Büste** in der Bergstraße, den **Roseliusstein**, den **Obelisk**, der 1883 anlässlich des 400. Geburtstages des Reformators Martin Luther aufgestellt wurde, das **St. Georg-Denkmal** und die **Zugbrücke** an der Hamme in Neu Helgoland (besitzt seit 1986 den Status eines Kulturdenkmals). Nicht zu vergessen ist die **Mackensen-Eiche** auf dem Weyerberg, heute ein Natur-Denkmal. Die Beschreibungen finden Sie unter den entsprechenden Stichworten.

{D}iedrichshof

Der Künstler Bernhard Hoetger erwarb das alte **Bauernhaus** 1914. Nach dem Ausbau des strohgedeckten Bauernhauses errichtete er quer an der hinteren Stirnseite ein zweigeschossiges monumentales Gebäude mit zwei Ecktürmen und einer umfangreichen Gartenanlage.

Worpswede hat einige Denkmäler zu bieten, darunter das St. Georg-Denkmal bei der Zionskirche (oben) und den Niedersachsenstein (unten)

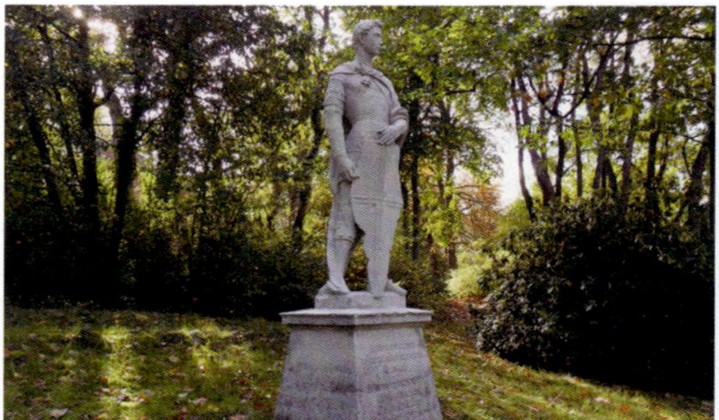

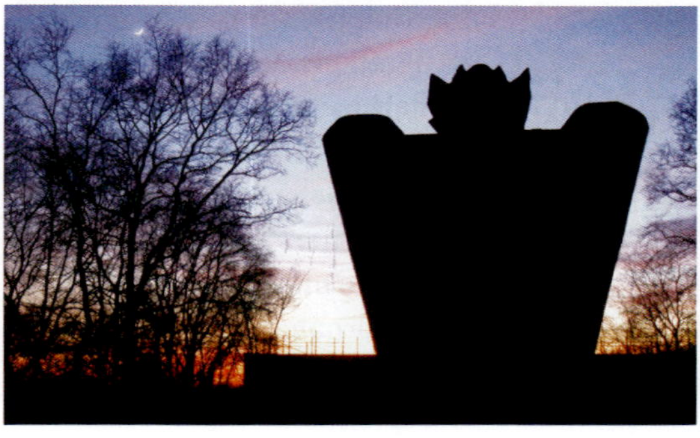

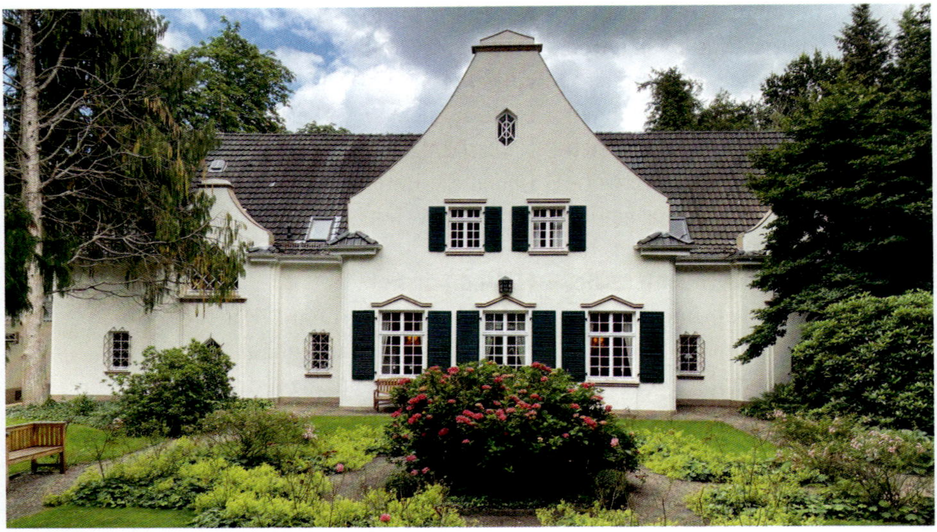

Diedrichshof, ehemaliges Wohnhaus von Bernhard Hoetger

1921 verkaufte er das Anwesen, das danach mehrfach den Besitzer wechselte.

Im Mai 1923 brannte das Gebäude ab, das damals noch Brunnenhof hieß. Durch den Brand wurde das ehemalige Bauernhaus völlig vernichtet. Vom Neubau blieben nur Teile der Außenwände und des Erdgeschosses sowie die Gartenanlage (siehe **Hoetger-Garten**) mit den Skulpturen erhalten.

Im Dezember 1924 erwarb Helene Schnurbusch das Anwesen. Die Gattin eines Bremer Fabrikdirektors ließ das Gebäude in dem heute vorhandenen Umfang wieder aufbauen und benannte es nach dem Vornamen ihres Mannes. 1941 ging der **Diedrichshof** an die Stadtgemeinde Bremen, die das Haus 1953 der Bremer Heimstiftung übertrug. Heute ist der Diedrichshof Tagungshotel der gemeinnützigen Stiftung Maribondo da Floresta, die in Bremen und Niedersachsen zahlreiche Inklusionsbetriebe mit schwerbehinderten Frauen und Männern führt. Die Bremer Heimstiftung hat Maribondo die Nutzungsrechte für den Diedrichshof übertragen.

Diedrichshof
Ostendorfer Str. 27, Tel. 04792/ 93310, info@diedrichshof.de, www.diedrichshof.de

{D}orfglocke

Die alte **Dorfglocke**, erstmals 1699 erwähnt und 1982 wieder errichtet, steht vor dem **Rathaus**.

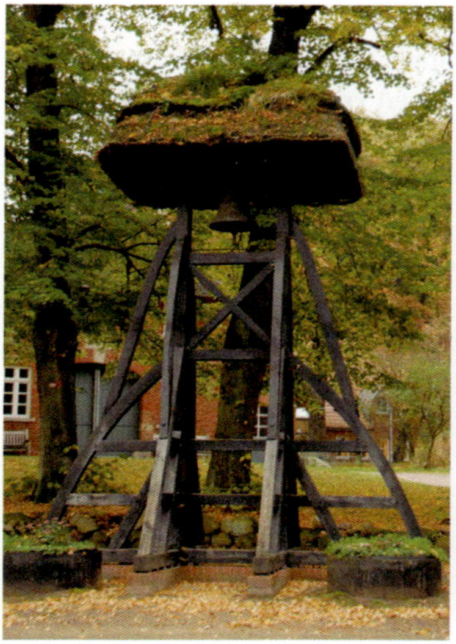

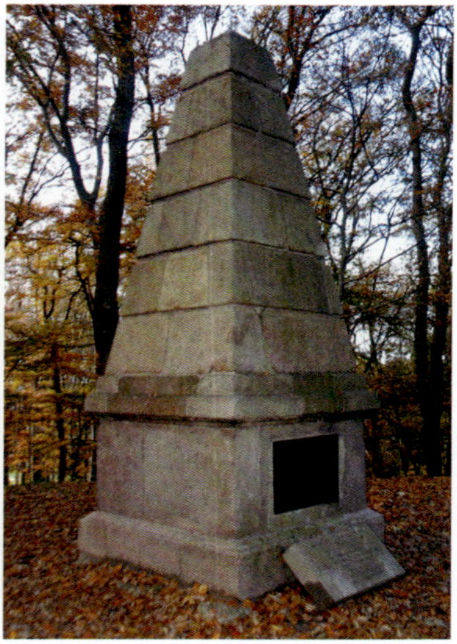

Dorfglocke vor dem Rathaus in der Bauernreihe (links), Findorff-Denkmal (rechts)

Rathaus Worpswede
Bauernreihe 1, Tel. 04792/3120,
rathaus@gemeinde-worpswede.de,
www.gemeinde-worpswede.de

Vor dem Bau der **Zionskirche** (1757–1759) rief der Glockenstuhl mit seiner Glocke zum Kirchgang in das entfernte Scharmbeck. Auch bei freudigen und traurigen Ereignissen (Hochzeiten, Taufen, Beerdigungen) war ihr Klang weithin zu hören.

{E}iche – siehe Mackensen-Eiche

{E}ntschleunigung
In Worpswede gibt es viele Möglichkeiten zu entschleunigen u.a. bei einem Spaziergang auf dem **Weyerbarger Sliekpadd**, s. QR-Code rechts.

{E}rdholländer – siehe Mühle

{F}erienwohnungen
In Worpswede gibt es zahlreiche Unterkünfte.

Eine aktuelle Übersicht finden Sie hier:

{F}indorff-Denkmal
Das Findorff-Denkmal zu Ehren des früheren **Moorkommissars Jürgen Christian Findorff** (1720–1792) befindet sich auf einem Hügel, der schräg gegenüber vom Parkplatz bei Rossmann über eine Treppe bestiegen werden kann – erreichbar ist das Denkmal auch über den **Weyerberg**. In Worpswede, wo es auch eine **Findorffstraße** gibt, setzte man dem »Vater aller Moorbauern«, 1799 auf diesem Berg ein Denkmal. In der Hansestadt Bremen wurde ihm zu

Ehren ein ganzer Stadtteil (Bremen-Findorff) benannt und der dortige kleine Hafen am Torfkanal heißt »Findorff-Hafen«, wo alle 3 Jahre die Torfkahnarmada endet.

{F}reunde Worpswede e.V.

Der gemeinnützige Verein Freunde Worpswedes ist die älteste Organisation für Landschafts- und Denkmalschutz in Deutschland.

Freunde Worpswede e.V.
Bergstr. 17, Tel. 04792/1277, verein@freunde-worpswedes.de, www.freunde-worpswedes.de

Zu den von den Freunden Worpswedes betreuten **Baudenkmälern** zählen der **Bahnhof**, die **Käseglocke** sowie die **Mühle**. Die Eigenart der Worpsweder Landschaft wie des Dorfes zu bewahren und zu pflegen, hat sich der 1903 als »Verschönerungsverein« gegründete Club auf die Fahne geschrieben. Die Anfang des 20. Jahrhunderts in der Satzung festgeschriebenen und noch heute bestehenden Aufgaben des der künstlerischen Tradition verpflichteten Vereins haben sich seit den 1970er Jahren – und verstärkt in den vergangenen Jahren – erheblich verändert und erschwert, da die innerörtliche Entwicklung Worpswedes durch die Ausweitung des Tourismusgeschäftes, eine rege Bautätigkeit und dem damit verbundenen Verlust historischer Bausubstanz und den für Worpswede typischen **Freiflächen** mit Wiesen und Feldern gekennzeichnet ist.

Das Gesicht Worpswedes wäre ohne den Einsatz dieser aktiven Bürgerinitiative ein völlig anderes: Schon in den Anfangsjahren hatte sich der Verein unter dem damaligen Vorsitzenden Heinrich Vogeler intensiv in die Planung der Bremervörde – Osterholzer Eisenbahn eingebracht, wobei Vogeler u.a. auch den Worpsweder Bahnhof entwarf. Nach dem Zweiten Weltkrieg konnte der mitten im Ort gelegene **Weyerberg**, eine 54,4 m hohe Geestinsel, durch die von den Freunden Worpswedes erzwungene Einstellung des industriellen Sandabbaus gerettet werden. In unmittelbarer Nähe zu Worpswede wurde mit Erfolg für die Errichtung des Naturschutzgebietes **Breites Wasser** gekämpft, auch die Umwandlung des Teufelsmoors in einen Bombenabwurfplatz der NATO konnte abgewendet werden. Als der **Barkenhoff**, das ehemalige Wohnhaus Vogelers, zugunsten mehrerer Einfamilienhäuser abgerissen werden sollte, konnte dies genauso verhindert werden, wie der Abriss der Worpsweder **Windmühle** sowie der **Käseglocke**, ein rundes Wohnhaus aus dem Jahr 1926.

{F}riedhof – siehe Zionskirche

{F}ührungen

Es lohnt sich, das Dorf Worpswede und das Teufelsmoor gemeinsam mit den Gästeführerinnen und Gästeführern zu erkunden. Die **Ortsführungen** vermitteln einen Einblick in die **Worpsweder Geschichte** und die **Lebensgeschichten Heinrich Vogelers, Paula Modersohn-Beckers, Bernhard Hoetgers** und anderer Künstlerinnen und Künstler, die sich seit 1889 hier aufhielten.

Der **Verein der Gästeführer Worpswede-Teufelsmoor e.V.** bietet in allen sechs Museen Worpswedes Führungen durch die Sammlungen und durch die jährlich wechselnden Sonderausstellungen an.

Jedes der Häuser bildet dabei eine andere Facette der Orts- und Kunstgeschichte ab.

Das **Haus im Schluh** und der **Barkenhoff** widmen sich ganz Heinrich Vogeler, der mit seinen Werken im Jugendstil ein Liebling des Bremer Großbürgertums war. Nach dem Ersten Weltkrieg entwickelte er sich zum stärksten Gegner eben dieser Kapitalisten und propagierte eine Demokratie von unten. Auf einigen seiner späteren Werke ist die radikale Veränderung seiner Bildsprache abzulesen. In der Führung gehen die Gästeführer der Frage nach, ob Vogelers Vision vom Neuen Menschen gescheitert oder heute noch aktuell ist.

Eine große Zahl an Gemälden **Paula Modersohn-Beckers**, der bekanntesten Worpsweder Künstlerin, befindet sich im **Museum am Modersohn-Haus.** Sie entwickelte sich in nur zehn Schaffensjahren zu einer Wegbereiterin der Moderne. Darüber hinaus besitzt das Museum eine umfangreiche Sammlung von Werken der **Gründergeneration der Künstlerkolonie** und nachfolgenden Malerinnen und Malern, mit der ein repräsentativer Überblick über die Entwicklung der Künstlerkolonie möglich ist.

Die **Große Kunstschau** ist nicht nur das größte Museum im Ort, sie befindet sich auch in einem außergewöhnlichen, expressionistischen Gebäude, das vom Bildhauer Bernhard Hoetger geschaffen wurde. Seine Intention, jungen Künstlerinnen und Künstlern ein Forum zu bieten, wird hier auch heute noch weiterverfolgt. Aktuelle Kunst und die Sammlung gehen dabei in einen Dialog, der einen frischen Blick auf die Kunst der Gründergeneration ermöglicht.

Seit der Gründung der **Worpsweder Kunsthalle** ist das Haus der zeitgenössischen Kunst verpflichtet. Ausstellungen gegenwärtiger Kunst wechseln mit bemerkenswerten Präsentationen der hauseigenen Sammlung in Worpswede entstandener Kunstwerke von 1889 bis heute.

Ob Kunst oder Geschichte, Architektur oder Literatur, ein Spaziergang

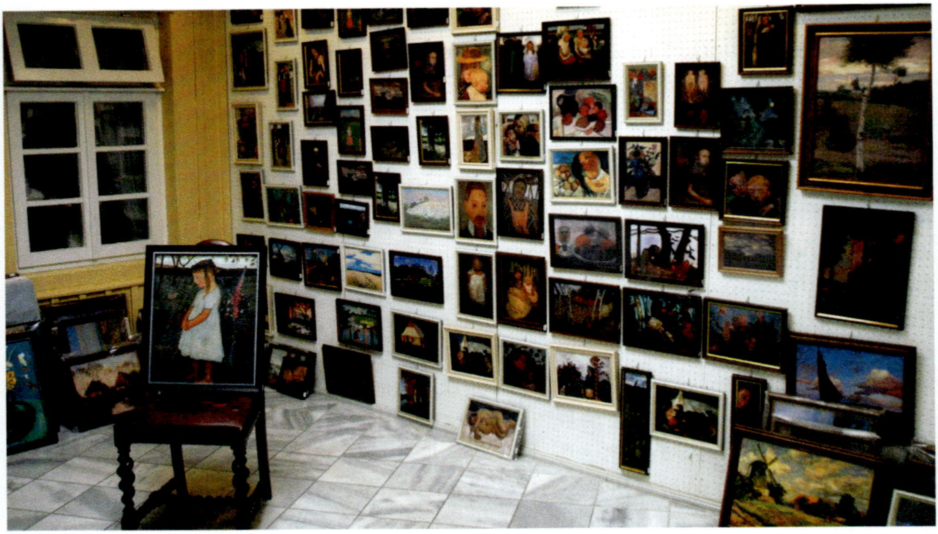

In vielen Galerien sind Nachdrucke der alten Meister erhältlich

durch den Ort oder eine Radtour ins Teufelsmoor, ob für Familien, Schüler, Studenten, Berufstätige oder Senioren - die Führungen werden den jeweiligen Bedürfnissen der Gäste angepasst. Der Besuch in Worpswede wird so garantiert zu einem nachhaltigen Erlebnis.

Gästeführer WORPSWEDE-TEUFELSMOOR e.V.
Tel. 04792/9878773, info@worpswede-fuehrung.de, www.worpswede-fuehrung.de

{G}ästeinformation – siehe Tourist-Information Worpswede

{G}alerien

In Worpswede gibt es mehr als 50 **Galerien**, die gerade am Wochenende häufig von Touristen aus aller Welt besucht werden und in denen zahlreiche Ausstellungen zu sehen sind. Ob der Besucher nach einer Originalradierung eines Alten Worpsweders sucht oder zeitgenössische Druckgrafik sammelt, sich für Farbfeldmalerei oder Fotorealismus interessiert – in den Worpsweder Ateliers und Galerien bleiben keine Wünsche offen. Galeristen präsentieren in wechselnden **Ausstellungen** Werke von Kunstschaffenden aus Worpswede, der Region und international angesehenen Künstlern. Jede Galerie ist anders – alle zusammen spiegeln sie die außergewöhnliche Breite von Kunst und Kunsthandwerk von gestern und heute wider:

Atelier Eva Brexendorf (Malerei)
– der Künstlerin über die Schulter schauen und erleben, wie eine Worpsweder Landschaft entsteht. Vorführungen nach Absprache – Öffnungszeiten tgl. 11 – 18 Uhr / Eintritt frei. Straßentor 1, Tel. 04792/ 955944, Mobil 0170/2824777, mail@atelier-eva-brexendorf.de, www.atelier-eva-brexendorf.de

Atelier Josef Hartmann
– Bilder des Malers Josef Hartmann in Öl und Aquarell. Stillleben, Blumen, Worpsweder Landschaft und zeitgenössische Moderne. Bergstr. 16a, Tel. 04792/ 951376

Galerie Cohrs-Zirus
– weiße städtische, klassizistische Monsees-Villa, die 1875 von einem aus den Vereinigten Staaten zurückgekehrten Worpsweder Bauernsohn erbaut wurde und heute die Galerie Cohrs-Zirus beherbergt. Bergstr. 33, Tel. 04792/1748 u. 2320, galerie.cohrs-zirus@t-online.de, www.galerie-cohrs-zirus-worpswede.de

Galerie Girschner
– Galerie mit ständiger Verkaufsausstellung von Worpsweder Malern aller Künstlergenerationen. Bergstr. 32, Tel. 04792/ 7738, galeriegirschner@web.de, www.galerie-girschner.de

Galerie Hubert
– wechselnde Ausstellungen von Ölgemälden der Alten Worpsweder Meister, der Zweiten Generation wie Udo Peters und Lisel Oppel, permanente Ausstellung von Ölgemälden von Feodor Szerbakow und Werke der Klassischen Moderne. Hembergstr. 11, Tel. 04792/1030, galeriehubert@yahoo.de, www.galeriehubert.de

Weitere Worpsweder Galerien, die einen Besuch lohnen, in alphabetischer Auflistung:

Atelier Alt (Inh. Wolfgang Alt)
– Besuch nach tel. Vereinbarung. Richard-Oelze-Ring 9, Mobil 0160/4237788, info@wolfgangalt.de, www.ralt.de

Atelier Alte Dorfschule
Renate Anding, Schlußdorfer Str. 60, Tel. 04792/4244, Mobil 0170/5859177, anding@atelier-alte-dorfschule.de, www.atelier-alte-dorfschule.de

Atelier Christoph Fischer
Bauernreihe 8b, Tel. 04792/3648, info@fischer-worpswede.de, www.fischer-worpswede.de

In der Galerie Altes Rathaus finden wechselnde Ausstellungen statt (oben),Eingang der Worpsweder Kunsthalle (unten)

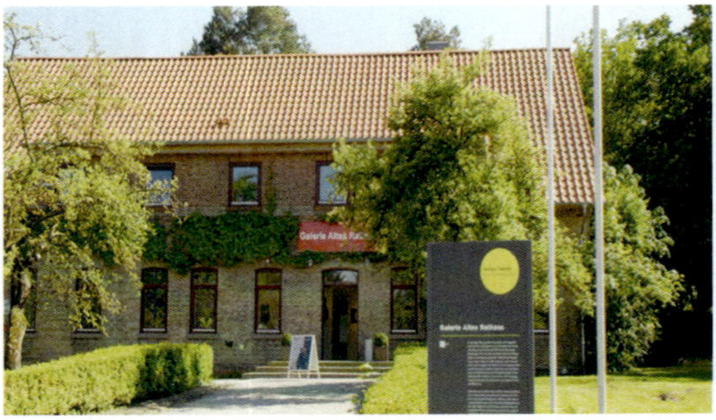

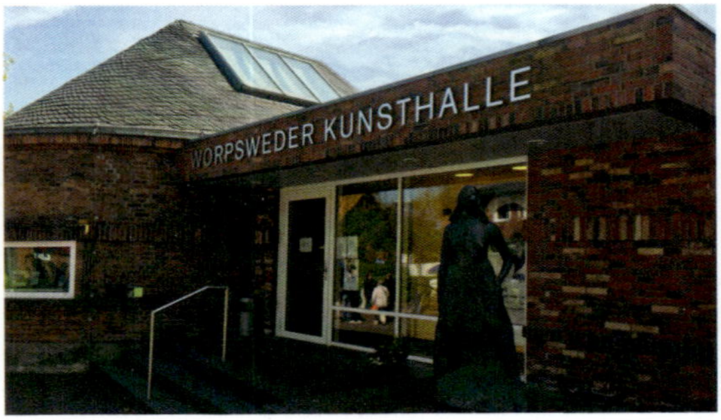

Atelier Helga Friedrichs
Auf den Bergen 23, Tel. 04794/891, mail@helga-friedrichs.de, www.helga-friedrichs.de – Termine nach Absprache

Atelier Ringeling
Stefan Ringeling – Ölgemälde, Radierungen, Linoldrucke, Straßentor 1, Tel. 04792/9878945, mail@stefanringeling.org, www.stefanringeling.org

Böhme, Sabine (Atelier)
Rabienstr. 75, Tel. 04792/7039, sabine.boehme@worpswede.de, www.sabine-boehme.de

Das Kleine Atelier
Barbara Heine-Vollberg – mit ständiger Atelierausstellung und u.a. Radierworkshops. Westerweder Losdamm 3, Tel. 04792/2393, b.heine-vollberg@gmx.de, www.babadesign.de

Galerie Cohrs-Zirus in der Bergstraße (oben), Galerien in der Bauernreihe 8b: Hier stellen Prof. Bernd Altenstein, Gisela Eufe und Christoph Fischer aus

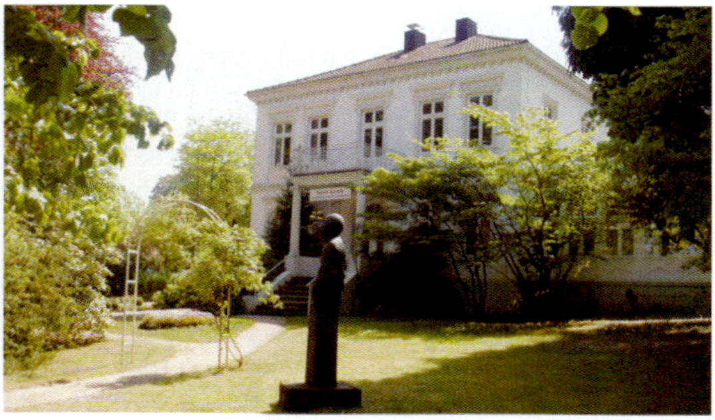

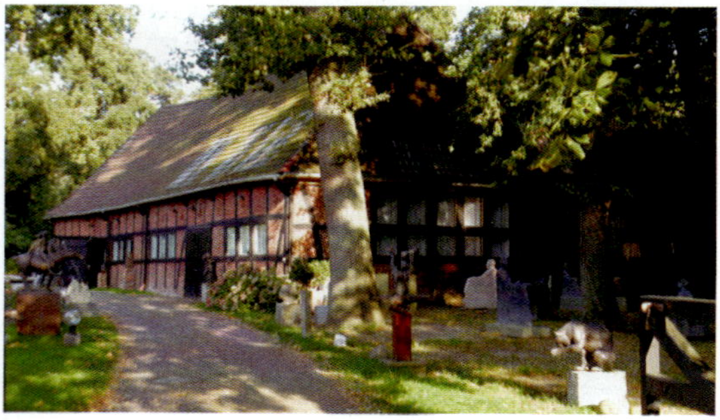

Galerie Altes Rathaus
– Einrichtung der Gemeinde Worpswede. Hier werden Künstler aus Worpswede und der Region ebenso präsentiert wie die internationalen Gäste der Worpsweder Künstlerhäuser. Bergstr. 1, Tel. 04792/9878919, www.galerie-altes-rathaus-worpswede.de

Galerie im Hotel Village
wechselnde Ausstellungen, Bergstr. 22, Tel. 04792/93500, info@village-worpswede.de

Galerie Ruländer
Lindnerstr. 2, Tel. 04792/2688, info@galerie-rulaender.de, www.galerie-rulaender.de + www.mäxxbag.de

Gute Werke
wechselnde Bilderausstellungen, Osterweder Str. 2, Tel. 04792/951812, gutewerke.weberei.jh@leben-arbeiten.de, www.leben-arbeiten.de

Mimis Erbe (im Stolte-Haus)
Findorffstr. 10, mail@mimis-erbe.com, www.mimis-erbe.com

Traumpfade
Bergstr. 10, Tel. 04792/952102, traumpfade.worpswede@t-online.de, www.traumpfade.eu

Jedes Jahr findet im Sommer in der Bergstraße (und umzu) in Worpswede das **Open-Air-Galerien-Fest** statt, bei dem zahlreiche Künstler ihre Werke präsentieren – traditionell findet seit 1989 im November eines jeden Jahres im Worpsweder Rathaus der **Kunsthandwerkermarkt** statt (wurde im Jahr 2021 zum ersten Mal von der Gemeinde

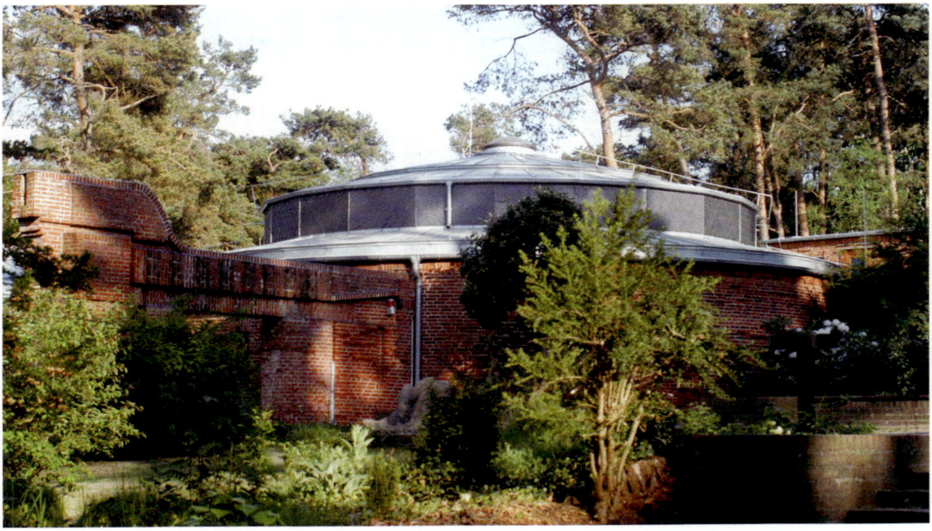

Worpswede veranstaltet), bei dem mehr als 40 Anbieter aus ganz Deutschland (Kunsthandwerker und Designer, die sich mit der zeitgenössischen Gestaltung und Herstellung von Gebrauchsgütern und angewandter Kunst im Bereich Unikat oder Kleinserie beschäftigen) ihre Hüte, handgeschöpftes Papier, kaltgerührte Seifen, extravaganten Schmuck, gewebte oder gestrickte Pullover, Porzellanmalerei, Keramiken oder Arbeiten aus Glas und Metall ausstellen und dabei Tausende von Besuchern aus nah und fern anziehen.

Kunsthandwerkermarkt
www.worpsweder-kunsthandwerk.de

Kunsthandwerkermarkt im Rathaus

Weitere Infos zu Galerien und Kunst in Worpswede finden Sie im Internet:

Rotunde der Großen Kunstschau

{G}astronomie
Eine aktuelle Übersicht finden Sie hier:

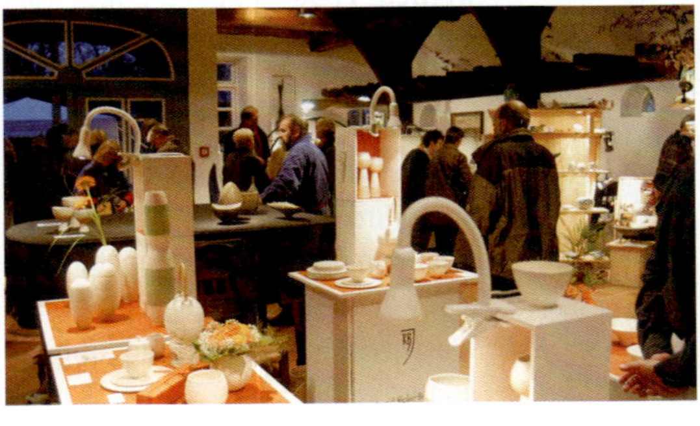

{G}raue Männer – siehe Skulpturengruppe

{G}roße Kunstschau – siehe Museumsverbund

{G}ründergeneration

Als Student der Düsseldorfer Kunstakademie kam der junge **Fritz Mackensen** ab 1884 auf Einladung der Kaufmannstochter Mimi Stolte regelmäßig in den Sommermonaten zum Malen ins Moordorf Worpswede. Bald gefolgt von seinem Studienkollegen **Otto Modersohn** (und **Hans am Ende**) entschlossen sich die Künstler, die begeistert waren von der rauen, kargen Schönheit der Moorlandschaft, von dem weiten Himmel mit seinen dramatischen Wolkenstimmungen, von dem magischen Licht, das Landschaft, Tiere und Menschen so intensiv leuchten ließ, nicht mehr an die Akademie zurückzukehren (»Wie wäre es, wenn wir überhaupt hier blieben, zunächst mal sicher bis zum letzten Tage des Herbst, ja, den ganzen Winter. Wir werden Feuer und Flamme, fort mit den Akademien, nieder mit den Professoren und Lehrern, die Natur ist unsere Lehrerin und danach müssen wir handeln. Ja, das war ein denkwürdiger Tag«, so Otto Modersohn damals in seinem Tagebuch) – dies war der Grundstein für die erste Worpsweder Malervereinigung im August 1889.

Was in den darauffolgenden Jahren geschah, lässt sich als eine unglaubliche Erfolgsgeschichte erzählen. Der kühne Entschluss der drei Künstler, sich in **Worpswede** niederzulassen, lockte weitere Künstler an: 1893 folgten **Fritz Overbeck** und 1894 **Heinrich Vogeler**, **Carl Vinnen** aus Beverstedt schloss sich der Gruppe lose an. **Paula Becker**, die 1901 Otto Modersohn heiraten sollte und heute als Paula Modersohn-Becker Weltruhm genießt, kam ab 1898 zur Gruppe, um Malunterricht bei Fritz Mackensen zu nehmen. 1895 erwarb Heinrich Vogeler den Barkenhoff, den er im Jugendstil umbaute. Der **Barkenhoff** wurde Mittelpunkt der Worpsweder Künstlerbewegung. Das schlichte Leben auf dem Land und die norddeutsche Landschaft inspirierten auch Schriftsteller wie Rainer Maria Rilke, dessen spätere Ehefrau, die Bildhauerin Clara Westhoff, und Manfred Hausmann. Zu den **Alten Worpswedern** (Erste Generation) zählen Bernhard Hoetger (Architekt, Bildhauer, Maler und Kunsthandwerker), Karl Krummacher (Maler und Schriftsteller), Paula Modersohn-Becker (Malerin), Fritz Overbeck (Maler), Ottilie Reylaender-Böhme (Malerin), Rainer Maria Rilke (Schriftsteller und Dichter), Clara Rilke-Westhoff (Malerin und Bildhauerin), Wilhelm Scharrelmann (Lehrer und Schrift-

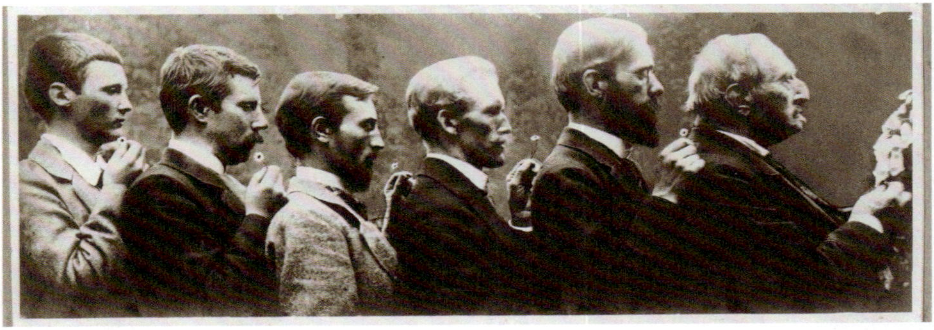

»Gänseblümchenparade« (fotografiert von Hans am Ende) – Aufmarsch der Worpsweder Künstler zu Ehren Hermann Allmers bei seinem Besuch 1895 in Worpswede. Voran mit Fingerhut-Blüte Hermann Allmers, dahinter folgen Otto Modersohn, Fritz Mackensen, Hans Müller Brauel (Fotograf, damals Sekretär von Hermann Allmers), Fritz Overbeck und Heinrich Vogeler, alle mit Gänseblümchen

steller), Carl Vinnen (Maler), Heinrich Vogeler (Maler) u.a.

Zu den Künstlern der **Zweiten Generation** zählen u.a. Karl Arste (Maler), Wilhelm Bartsch (Maler), Walter Bertelsmann (Maler), Sophie Bötjer-Mallet (Malerin), Willy Dammasch (Maler), Heinz Dodenhoff (Maler und Lyriker), Bernhard Huys (Maler), Alfred Kollmar (Maler), Walter Müller (Maler), Richard Oelze (Maler), Willi Ohler (Keramiker und Maler), Lisel Oppel (Malerin), Udo Peters (Maler), Agnes Sander-Plump (Malerin), Albert Schiestl-Arding (Maler), Lore Schill (Malerin), Feodor Szerbakow (Maler, Schüler von Otto Modersohn), Georg Tappert (Maler), Otto Tetjus Tügel (Maler und Lyriker), Carl Emil Uphoff (Maler), Fritz Uphoff (Maler), Bram van Velde (Maler), Sophie Wencke (Malerin) und Paul Ernst Wilke (Maler).

{H}allenbad

Neben Kunst, Kultur und der einzigartigen Naturlandschaft bietet Worpswede auch Möglichkeiten zu Sport und Spiel, z.B. im Worpsweder Hallenbad.

Das Bad, das zu Fuß in 5 Minuten vom Ortskern erreichbar ist, aber auch ausreichende kostenlose Parkmöglichkeiten für motorisierte Schwimmer anbietet, verfügt über ein 12,5 x 25 m langes Wasserbecken. Die Wassertiefe lässt sich über den integrierten Hubboden in einem Bereich des Beckens von 0,30 m bis zu einer Tiefe von 1,80 m verstellen. Die Wassertemperatur beträgt angenehme 29° C. Für die Kleinsten gibt es ein extra Baby-Becken.

Neben den üblichen Umkleidekabinen verfügt der Umkleidebereich über Mutter-Kind-Kabinen mit Wickeltischen sowie Kabinen

Die Torfkahnarmada findet alle drei Jahre statt – hier bei Tietjens Hütte

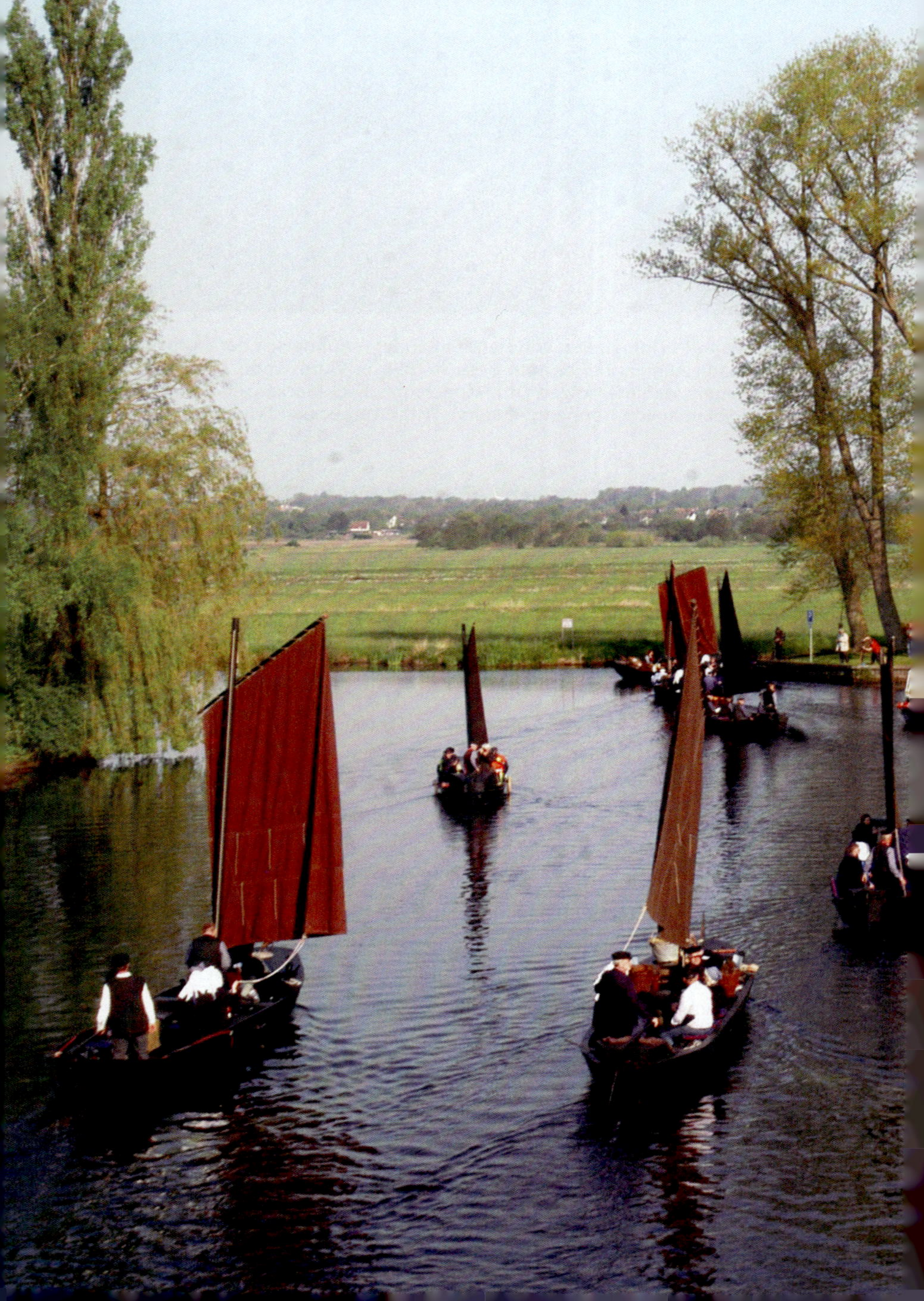

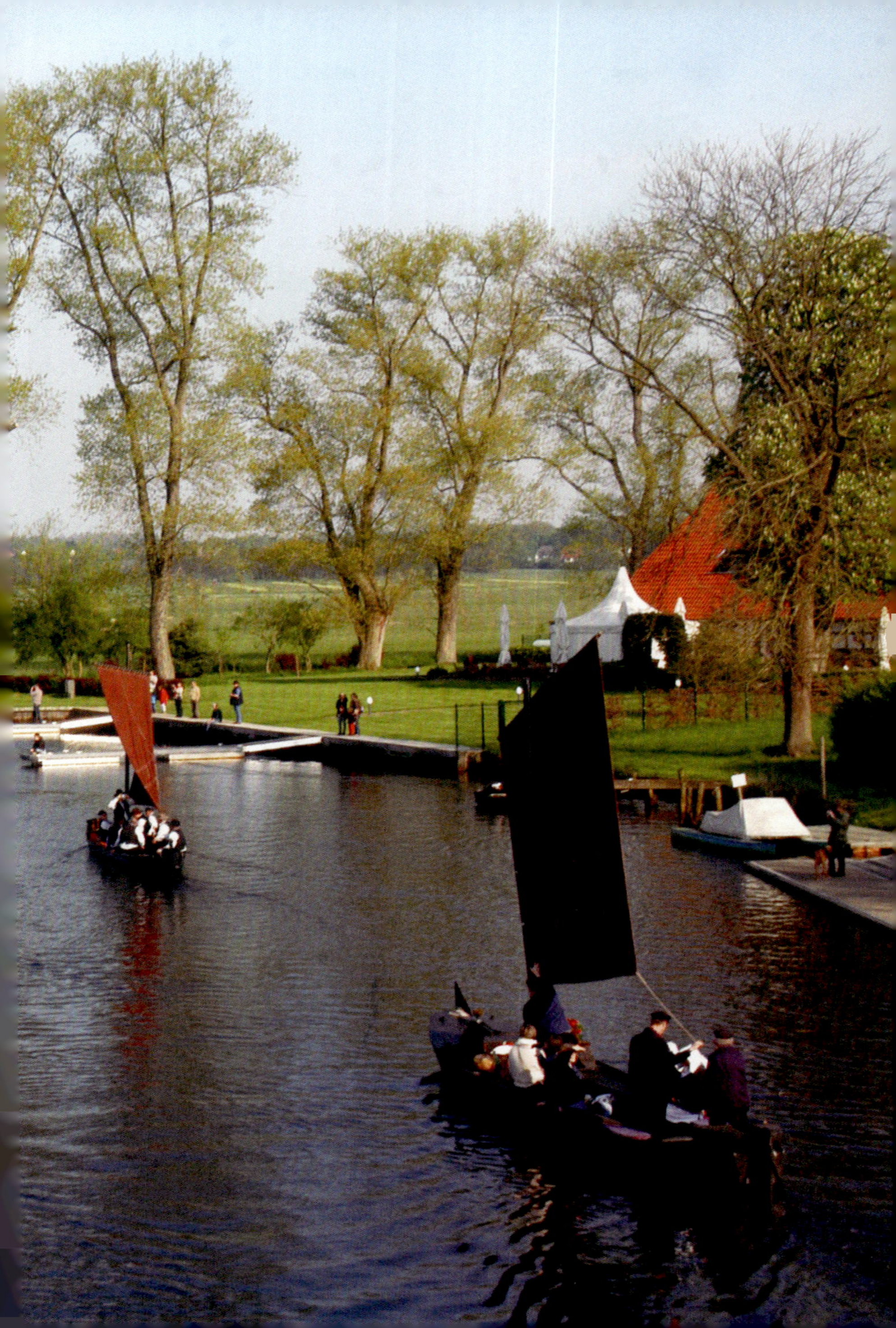

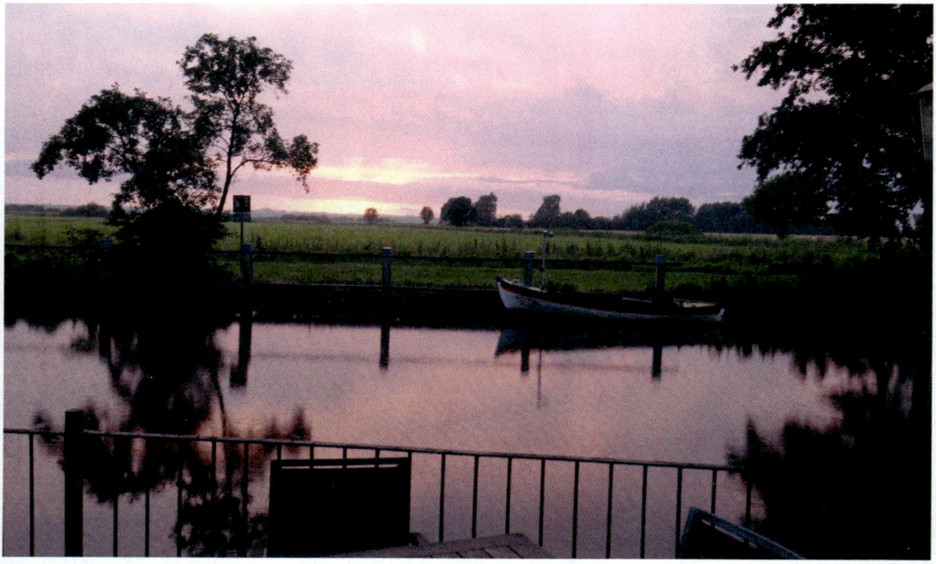

Malerischer Sonnenuntergang an der Hamme Hütte in Neu Helgoland

für Menschen mit körperlichen Einschränkungen. Die Benutzung der Haartrockner ist im Eintrittspreis enthalten.

Während der Sommermonate punktet der Außenbereich mit einer großzügigen Liegewiese und dem Beachvolleyballfeld. Für den sonnenhungrigen Gast stehen das ganze Jahr über Sonnenbänke bereit.

Nach dem Schwimmen lädt die Cafeteria in gemütlicher Atmosphäre mit reichhaltigem Speisenangebot und direktem Blick auf das Geschehen im Hallenbad zum Verweilen ein. Auf Wunsch ist ein Clubzimmer, das bis zu 60 Personen Platz bietet, vorhanden.

Zusätzlich zum allgemeinen Badebetrieb werden Kurse wie Aqua-Fitness, Schwimmtraining oder Mutter und Kind-Schwimmen sowie das Ausrichten von Kindergeburtstagen angeboten.

Hallenbad Worpswede
In de Wischen 11, Tel. 04792/1014,
Infos und Öffnungszeiten unter
www.worpswede.dlrg.de oder
über den Schwimmbadförderverein
Worpswede

{H}amme

Die Hamme ist der rechte bzw. nördliche Quellfluss der Lesum, einem Nebenfluss der Weser bei Bremen. Auf ihren 48 km Länge überwindet sie einen Höhenunterschied von 45 m. Die **Hamme** entwässert das Teufelsmoor zwischen Worps-

wede und der Kreisstadt Osterholz-Scharmbeck und fließt bei Ritterhude mit der Wümme zusammen als Lesum weiter zur Weser. Der Hamme-Oste-Kanal verbindet den Fluss im Nordosten bei Bremervörde mit der Oste.
Lohnenswert ist auf jeden Fall eine **Torfkahnfahrt** (z.B. mit den Adolphsdorfer Torfschiffern).

Adolphsdorfer Torfschiffer
Tel. 04792/951200, info@torfschiffe.de
www.torfschiffe.de (QR-Code rechts)

Gut essen kann man übrigens in der direkt an der Hamme gelegenen **Hamme Hütte** in Neu Helgoland, einem beliebten Ausflugslokal, das am Abend an vielen Tagen einen traumhaften Sonnenuntergang bietet.

Hamme Hütte in Neu Helgoland
Hammeweg 19, Tel. 04792/7606, info@hammehuette.de, www.hammehuette.de

{H}ammebrücke – siehe Zugbrücke

{H}ammestrand

Direkt an der Hamme (neben der Zugbrücke) liegt der **Hammestrand**, der seit 2006 wieder für die Öffentlichkeit zugänglich und besonders bei Familien mit Kindern sehr beliebt ist.

Hammestrandinitiative e.V.
kontakt@hammestrand.de,
www.hammestrand.de

{H}aus im Schluh – s. Museumsverbund

{H}immelsliegen

Für Wanderer zum Entspannen bieten sich die Himmelsliegen auf dem Weyerberg an. Lassen Sie dort doch einfach die Seele baumeln und genießen die tolle Aussicht über das weite Teufelsmoor.

{H}örenbergwiese

Zum Verweilen lädt die ca. 1 ha große, gegenüber der Marcusheide gelegene und an den Schluh angrenzende **Hörenbergwiese** ein. Das Gelände war über viele Jahre Streitpunkt der politischen Gremien

Badespaß am Hammestrand (oben), die Hörenbergwiese der Stiftung Worpswede soll als Streuobst- und Bienenwiese zum Verweilen einladen (unten)

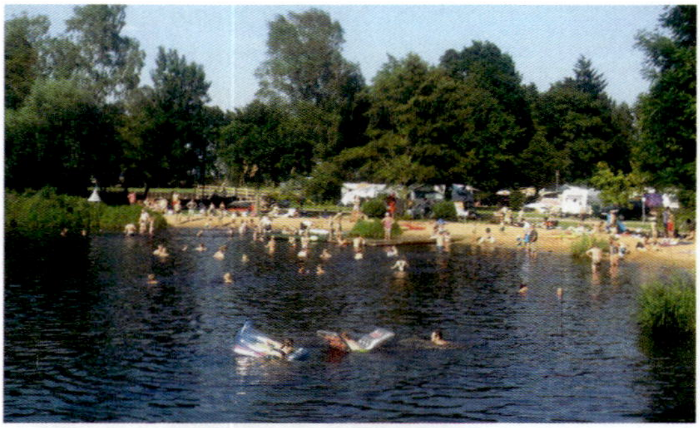

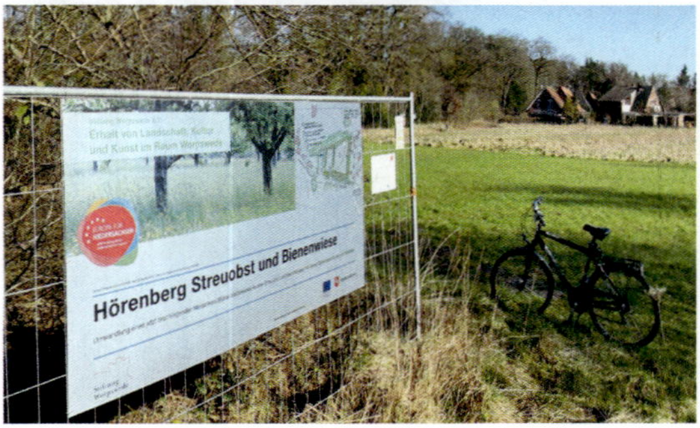

in der Gemeinde Worpswede. Das Gebiet sollte als Sondergebiet ausgewiesen werden, um Platz für einen Supermarkt zu schaffen.

Die Stiftung Worpswede, die von Beginn an gegen eine Bebauung war, um die dörflichen Strukturen Worpswedes zu erhalten, kaufte im Jahre 2015 das Gelände, das zukünftig als **Streuobst- und Bienenwiese** mit einer kleinen Spielwiesenfläche zum Verweilen für Bürger und Gäste Worpswedes dienen soll.

{H}oetger-Garten

(am Diedrichshof) – siehe Museumsverbund

{H}otels (und Ferienhäuser-/wohnungen)

Sollten Sie Worpswede nicht nur für einen Tag besuchen und über Nacht im Künstlerdorf bleiben wollen, so können Sie Ihr Hotel teilweise online buchen über die **Worpsweder Tourist-Information.**

Tourist-Information
Bergstr. 13, Tel. 04792/935820,
info@worpswede-touristik.de,
www.worpswede-touristik.de

Eine aktuelle Übersicht finden Sie hier:

Eine alphabetische Liste aller Hotels und Ferienhäuser finden Sie hier:

{I}nsektenhotel

Ein großes (und kleines) **Insektenhotel** - künstlich geschaffene Unterschlupf-, Nist- und Überwinterungshilfe für Insekten - begegnet naturverbundenen Spaziergängern auf dem Weyerberg.

{J}an von Moor

Bei einem Spaziergang durch Worpswede, auf den Spuren des Goldenden Dreiecks, begegnen Sie möglicherweise einem freundlichen älteren Mann mit Mütze, Bart und Spaten. Als Skulptur steht **Jan von**

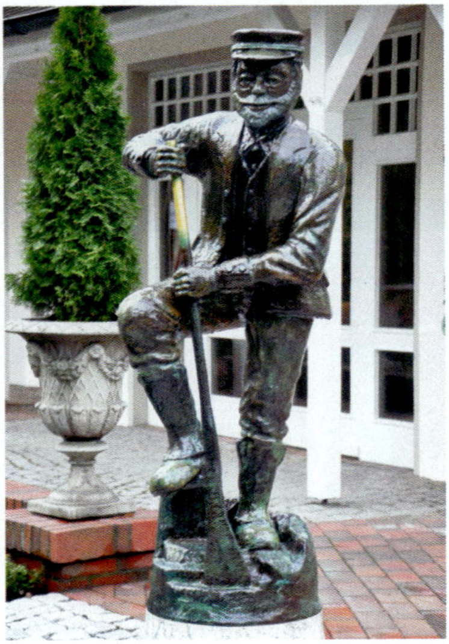

Die Skulptur Jan von Moor steht direkt vor dem Worpsweder Schlösschen

Moor seit 2016 vor dem Worpsweder Schlösschen, einem Ort der schönen Dinge im Künstlerdorf. Sein Schöpfer ist der Bildhauer Michael-Thomas Henze. Jan von Moor symbolisiert die vielen Torfstecher und Moorbauern, die das Moor mit harter Arbeit in über 200 Jahren kultiviert haben. Sie hatten ihre Ziele fest vor Augen und der niederdeutsche Spruch **»Den Eersten sien Dod, den Tweeten sien Not, den Drütten sien Brod«** (Des Ersten Tod, des Zweiten Not und des Dritten Brot) beschreibt die Situation der Moorbauern rund um Worpswede zutreffend.

Der Legende nach hat eine Wollgrasfee den oberen Teil des Spatens golden gefärbt. Sie wollte Jan damit einen Hinweis auf seinen Weg zum Glück geben. Das Gold symbolisiert Zuversicht und den Glauben an die eigene Kraft. Angeblich bringt es auch denjenigen Glück, die diesen goldenen Teil des Spatens berühren.

Sehenswürdigkeit Jan von Moor
Skulptur am Worpsweder Schlösschen, Hembergstr. 5

{J}ugendherberge

Die Jugendherberge liegt am Ortsausgang des Künstlerdorfes in Richtung Osterholz-Scharmbeck und ist besonders geeignet für Einzelgäste, Familien, Radwanderer, Familien- und Erholungsfreizeiten, Schulklassen, Sport- und Musikgruppen/Chöre, Tagungen und Seminare.

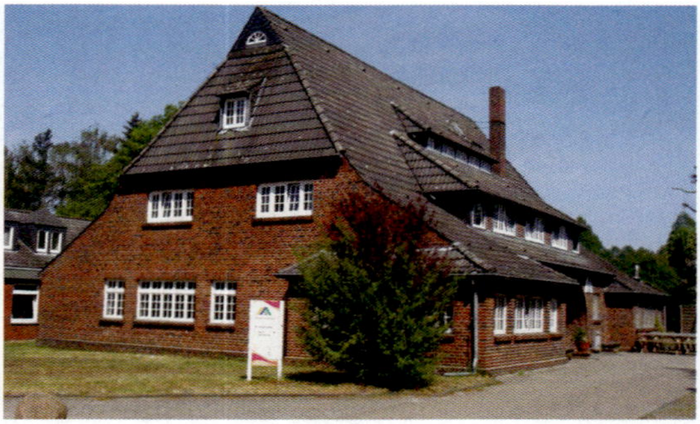

Die Worpsweder Jugendherberge ist das Ziel vieler Schülergruppen

Die Jugendherberge verfügt über 164 Betten. Insgesamt stehen 25 Schlafräume mit unterschiedlichen Ausstattungen zur Verfügung.

Jugendherberge Worpswede
Hammeweg 2, Tel. 04792/1360,
worpswede@jugendherberge.de

{J}ugendstilvillen

Im Künstlerdorf Worpswede gibt es einige sehenswerte Jugendstilvillen u.a. **Barkenhoff, Buchenhof, Diedrichshof, Mackensen-Villa**. Unter den Worpsweder Künstlern war der Maler Heinrich Vogeler derjenige, der sich in seiner Arbeit am engsten vom Jugendstil und seinen Idealen leiten ließ. Bekannt ist insbe-

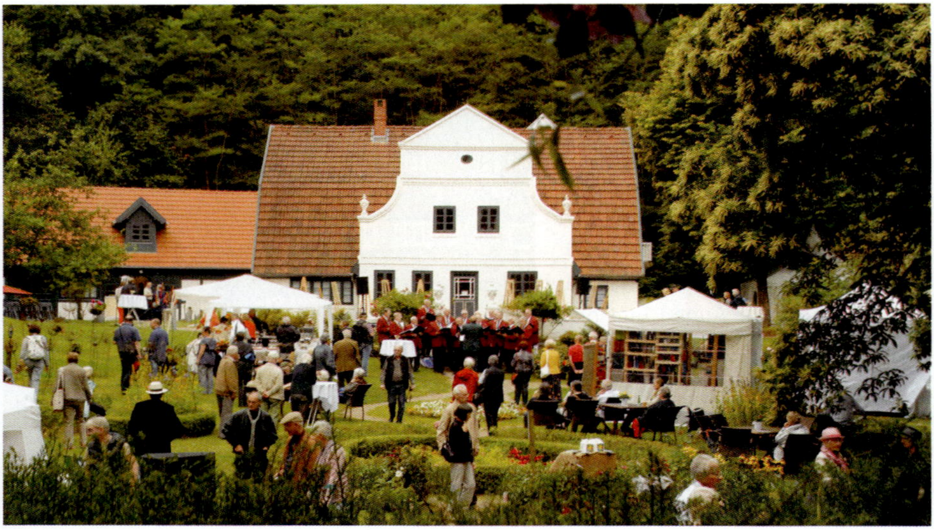

Der Barkenhoff zählt zu den Jugendstilvillen, hier beim Rosenfest

sondere Vogelers 1905 entstandenes Gemälde **»Sommerabend auf dem Barkenhoff«** (kann als Hauptwerk in der Großen Kunstschau besichtigt werden), das ihn selbst und seine Worpsweder Künstlerfreunde zeigt, darunter Paula Modersohn-Becker, ihren Mann Otto Modersohn und die Bildhauerin Clara Westhoff.

{K}äseglocke

Die **Käseglocke**, die wie ein Hexenhäuschen aussieht, liegt mitten im Wald auf dem Weyerberg versteckt. Der kuppelförmige Bau wurde 1926 von dem Schriftsteller **Edwin Koenemann** erbaut. In der Zeitschrift »Frühlicht« veröffentlichte der Architekt Bruno Taut 1921 Entwürfe für die Mitteldeutsche Ausstellung für Siedlung und Arbeit in Magdeburg. Darin wurde auch ein Atelierhaus vorgestellt, das hier von Koenemann adaptiert wurde.

»Käseglocke«
Lindenallee 13, Tel. 04792/950505

Die Käseglocke besteht komplett aus **Holz**, steht heute unter Denkmalschutz. Die Namensgebung beruht auf der ungewöhnlichen Form des Gebäudes. Heute beherbergt sie das **Museum für Kunsthandwerk**. Das Gebäude wird unterhalten von den Freunden Worpswedes e.V.

Weitere Infos
über die Käseglocke finden Sie unter https://www.freunde-worpswedes.de/kaeseglocke

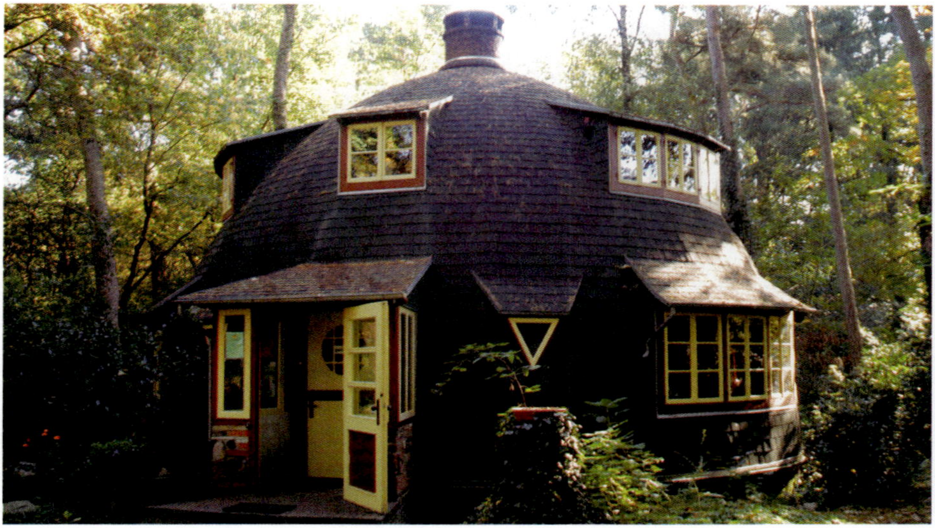

Die Käseglocke liegt versteckt im Wald auf dem Weyerberg

Freunde Worpswedes e.V.
Bergstr. 17, Tel. 04792/1277, verein@freunde-worpswedes.de, www.freunde-worpswedes.de

{K}affee Verrückt

Im Jahr 1925 nahm Hoetger die Maurerkelle in die Hand und erbaute das **Kaffee Worpswede** als Café und Kunstzentrum, für dessen Realisierung er aus eigenen Mitteln 100.000 Reichsmark aufgebracht hatte. Es entstand ein eigentümliches Fachwerkhaus aus vor- und zurückspringenden roten Ziegeln, das einem Märchen entsprungen sein könnte.

Hoetger, der bekannt war für seine fantasievolle Arbeit mit Ziegeln, mischte dabei u.a. Elemente primitiver afrikanischer Kunst mit dem Baustil eines typischen Niedersachsenhauses. Im Volksmund wird das Kaffee Worpswede auch **Kaffee Verrückt** genannt, weil sein Baumeister es ohne vernünftige Bauzeichnungen und ohne rechte Winkel zu bauen begann – als die Worpsweder das sahen, meinten sie »dei is verrückt, de Kerl«, und seitdem hat das Café seinen Spitznamen.

Wer das Kaffee Verrückt betritt, dessen Blick wird unweigerlich auf die große, mitten im Gastraum stehende Holzplastik gezogen. Die **Weltenesche**, in die reliefartig Fruchtbarkeitssymbole eingeritzt sind, ist ein imposantes Kunstwerk, das – ursprünglich

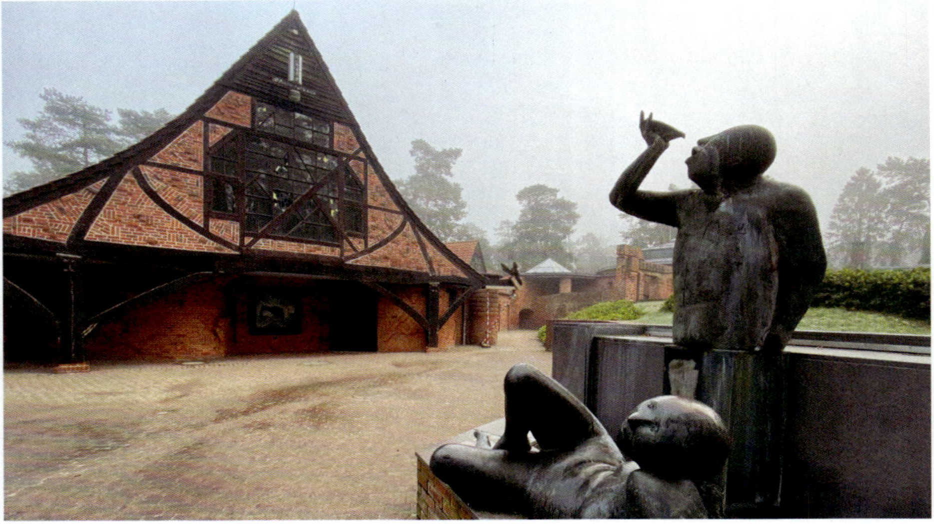

Kaffee Worpswede mit dem Bacchusbrunnen

der nordischen Mythologie entlehnt – mit seinen vier ausladenden, in den Raum ragenden Armen stark an einen Totempfahl erinnert.

Komplettisiert wird der Charakter des Kaffee Verrückt jedoch erst durch den sehr treffenden Spruch auf dem Balken des großen Giebels: »Wer't mag, de mag't; un wer't nich mag, de mag't jo woll nich mögen.«

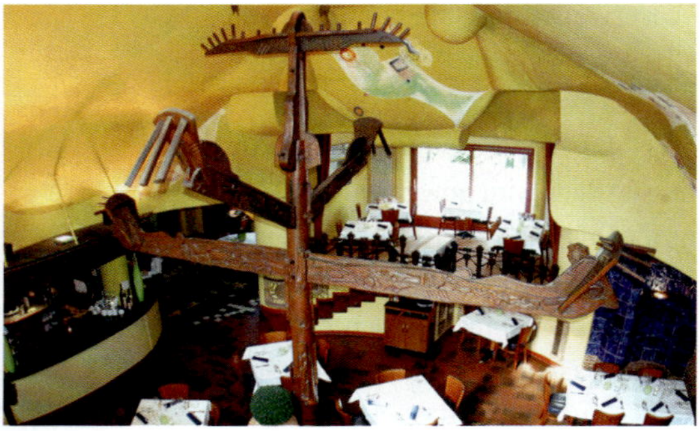

Weltenesche im Kaffee Worpswede

Kaffee Worpswede
Lindenallee 1

{K}inderspielplätze

Ein sehr schöner Kinderspielplatz befindet sich neben dem Albert-Reiners-Platz (schräg gegenüber des Eiscafés).

{K}irche – siehe Zionskirche

{K}irchengemeinden

Kirchengemeinde Hüttenbusch
ev. luth., Hüttenbuscher Str. 24, Tel. 04794/503, kg.huettenbusch@evlka.de, https://kirchengemeinde-huettenbusch.wir-e.de

Kirchengemeinde Worpswede
ev. luth., An der Kirche 1,
Tel. 04792/ 96335, https://

evangelische-kirchengemeinde-worpswede.wir-e.de

Freie Bibelgemeinde e.V.
Osterweder Str. 29

Kapelle Maria Frieden
Katholische Kirchengemeinde »Guter Hirt«, Hembergstr. 22, Tel. 04298/8512, kontakt@guhili.de, www.guhili.de

{K}reatives Haus – siehe Das Kreative Haus

{K}remserfahrten – siehe Pferdekutschfahrten

{K}ünstler – siehe auch unter Maler

Künstlern und Literaten wurde in Worpswede früher und heute immer eine Heimat geboten. Die Situation der **Ateliers** ist hier aufgrund der Tradition günstig und in dem belebten und größer gewordenen Ortsbild sind auch heute noch Refugien für künstlerische Arbeit zu finden. Viele Besucher, die das erste Mal nach Worpswede kommen, fragen sich: »Wo sind denn hier die Künstler?« – Gute Frage! Worpswede ist tatsächlich nicht nur ein musealer Ort für die Alten Meister (siehe dazu Gründergeneration).

Gut 130 Künstlerinnen und Künstler, Kunsthandwerkerinnen und Kunsthandwerker (Maler, Bildhauer, Keramiker, Gold- und Silberschmiede, Fotografen, Literaten, Musiker und Schauspieler) leben heute dauerhaft in **Worpswede**. Ihre Arbeiten wechseln heute nicht nur in den Besitz von Sammlern im Umland, sondern finden sich auch auf internationalem Kunstparkett, als Kunst im öffentlichen Raum der Großstädte oder in Sammlungen und Museen.

Zum Weiterlesen
Worpswede – Kunst und Kunsthandwerk der Künstlerkolonie heute, Bremen 2017

Im zweiten Teil dieses Buches werden folgende **zeitgenössische Künstler** exemplarisch dargestellt: Prof. Bernd Altenstein, Renate Anding, Hartmut Ernst Balke, Frank Bergund, Sabine Böhme, Trudi Breuer, Eva Brexendorf, Annette Bußfeld, Heinz Cymontkowski, Nicole Clöer, Bettina Dämmig, Gisela Eufe, Christoph Fischer, Helga Friedrichs, Brigitta Fuchs, Hans-Jürgen Fuchs, Steffi Grübler, Josef Hartmann, Barbara Heine-Vollberg,

Über Lilienthal anreisende Worpswede-Besucher werden von einer Malerskulptur begrüßt

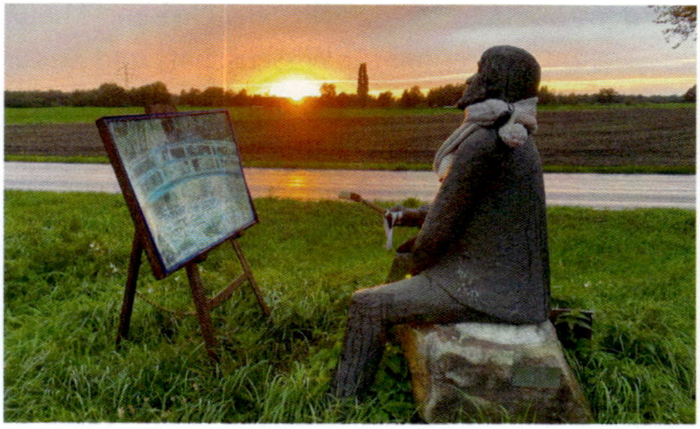

Nadja Horn, Hella Kühnel, Ina und Markus Landt, Božica Marinović, Klaus Oberer, Sabine Oberer-Cetto, Stefan Ringeling, Almuth Rabenstein, Ingrid Ripke-Bolinius, Christel Schäfer-Pieper, Heide Schiffner, Norbert Schwarzer, Elke Seibt, Ilse-Marie Seijger, Andrea Christiane Spring, Frank-Martin Stahlberg, Ivanka Svobodovà-Rinke und Ulrike Zipp.

{K}ünstlerhäuser Worpswede e.V.
Der 1965 gegründete gemeinnützige **Verein Künstlerhäuser Worpswede e.V.** betreibt seit 1971 fünf Atelierwohnungen am Rande des Künstlerdorfes Worpswede, unterstützt vom Land Niedersachsen, der Gemeinde Worpswede und vom Landkreis Osterholz. Mit der kontinuierlichen Vergabe von **Aufenthaltsstipendien** hat sich der Verein weltweit einen Namen gemacht und gilt als die älteste und lange auch größte Künstlerförderinstitution Deutschlands. Bis zur Neuausrichtung des Stipendienprogramms durch das Niedersächsische Ministerium für Wissenschaft und Kultur (MWK) im Jahr 2009 waren über 450 internationale Künstler*innen in Worpswede zu Gast.

Danach hat sich der Verein neu aufgestellt. In den letzten Jahren gelangten über das Niedersächsische Kulturministerium Künstler*innen, Musiker*innen / Komponist*innen und Schriftsteller*innen / Übersetzer*innen aus Niedersachsen für einen Kurzaufenthalt hierher. Doch der programmatische Schwerpunkt der **Künstlerhäuser Worpswede** hat sich verschoben: Heute versteht sich der Verein als Heim- und Produktionsstätte für zeitgenössische Kunst. Projektbasierte und institutionelle Kooperationen sowie der Akademieaustausch bestimmen seine Arbeit. Die **Förderung des künstlerischen Nachwuchses** und das interdisziplinäre Arbeiten liegt dem Verein besonders am Herzen. Neben Einzelkünstler*innen aller Sparten sind auch Gruppen und Akademieklassen zu Besuch. Es finden zusätzlich zu den Stipendien des MWK eigenfinanzierte Stipendien mithilfe verschiedener Unterstützer*innen statt.

Kooperationen und Austausch mit anderen Worpsweder Kultureinrichtungen und **neue Ausstellungs- und Kunstproduktionsstätten** sind unter Mitwirkung der Künstlerhäuser in der Dorfmitte entstanden (Albert-Hall auf dem Dorfplatz, Haus 6 in der Findorffstraße, Kooperationen mit Große Kunstschau und Barkenhoff uvm.). Seit 2021 findet erneut eine Standortbestimmung und Neuausrichtung statt: In **Zukunftswerkstätten** wird der Frage nachgegangen, wie eine Stipendiatenstätte der Zukunft in Worpswede ausse-

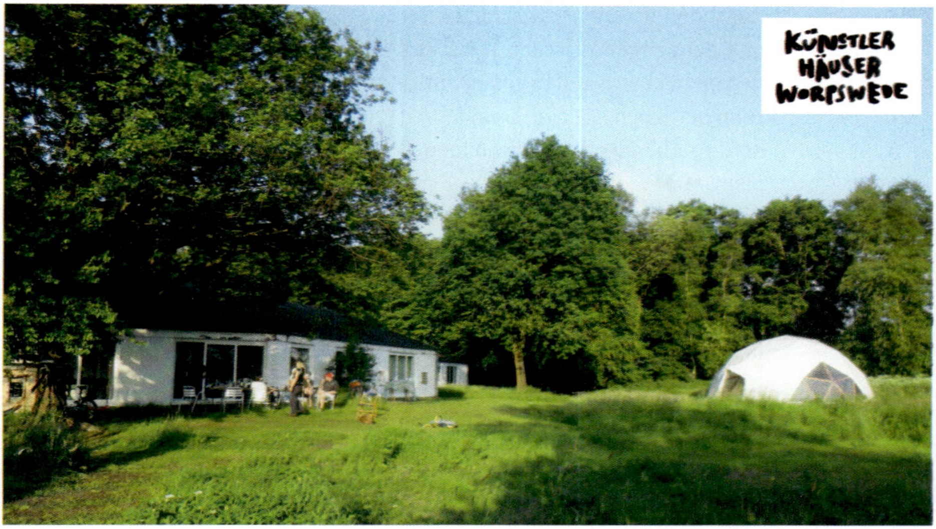

Blick in den Garten der Künstlerhäuser

hen kann und soll. Die notwendige Sanierung der Atelierhäuser erfordert ein zukunftsfähiges und tragfähiges Konzept: Erst denken – dann bauen!

Die Ateliers in den Atelierhäusern Vor den Pferdeweiden sind zwischen 50 und 110 qm groß und zweckmäßig eingerichtet. Sie bieten einen großen Garten mit freiem Blick in die Natur und den weiten Horizont. Ein runder Zeltbau ergänzt das Raumangebot auf der Wiese vor den Häusern seit 2020. Dieses weit sichtbare Symbol des Worpsweder Außenkontaktes wird für Workshops, Veranstaltungen und Feste genutzt.

Martin Kausche Ateliers
Vor den Pferdeweiden 16–18

Künstlerhäuser Worpswede e.V.
Büro: Bergstr. 1, 27726 Worpswede, Tel. 04792/1380, office@kh-worpswede.de, www.kh-worpswede.de

{K}ugeleiche – siehe Mackensen-Eiche

{K}ulturstiftung

Die **Kulturstiftung Landkreis Osterholz** wurde am 21.12.1999 vom Landkreis Osterholz und der Kreissparkasse Osterholz gegründet. Sie hat sich zum Ziel gesetzt, Kunst und Kultur einschließlich der Belange der Heimatpflege im Landkreis Osterholz zu fördern, wobei interessierte Privatpersonen und Unternehmer beteiligt werden. Bauhistorische Ensembles und museale Einrichtungen, deren Inhalte von Natur- und Heimatkunde bis zur Bildenen

Kunst der Alten Worpsweder Meister und der zeitgenössischen Kunst der Region reichen, werden von der **Stiftung** betrieben, die eine Erweiterung der bestehenden Kunstsammlungen plant.

Regelmäßige Sonderausstellungen zu unterschiedlichen Themen, Vorträge, Führungen, Lesungen, museumspädagogische Aktionen und Kurse sowie festliche Veranstaltungen genießen regen Zuspruch bei den Kunstbegeisterten, die in den Museumsshops Kunst und Sachbücher, Postkarten, Plakate und Kalender, Unikate sowie eine Kunstedition käuflich erwerben können.

Kulturstiftung Landkreis Osterholz
Geschäftsstelle: Lindenallee 3, Tel. 04792/ 9887880, info@kulturstiftung-ohz.de, www.kulturstiftung-ohz.de

{K}unsthalle – siehe Museumsverbund

{K}unsthandlungen – siehe Galerien

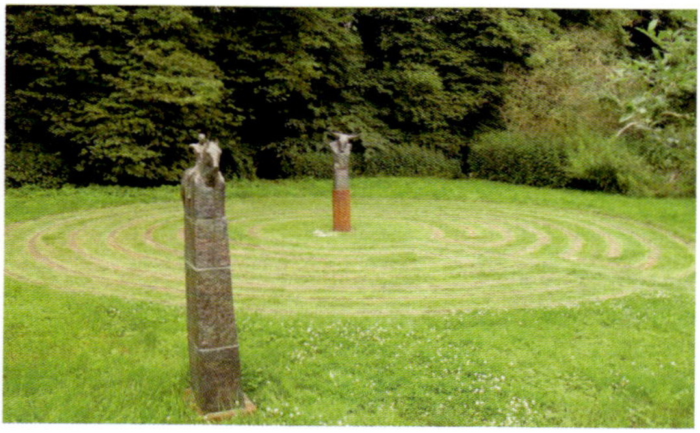

Skulpturen-garten-Labyrinth in der historischen Bauernreihe

{K}unstmaler – siehe Maler

{K}unstschau – siehe Museumsverbund

{K}utschfahrten – s. Pferdekutschfahrten

{L}abyrinth (am Rastplatz Bauernreihe)
In der Bauernreihe links vom historischen Rathaus befindet sich das von den Worpswedern Gerhard Buck, Günther Hildebrand und dem Bildhauer Christoph Fischer geschaffene Skulpturengarten-Labyrinth (Durchmesser: 13 m, Gesamtlänge: 180 m).

Das Labyrinth ist ein Jahrtausende altes Symbol, das in verschiedenen Kulturen auf der ganzen Welt verwendet wird. In Felsen geritzt, mit Steinen ausgelegt, auf Tonscheiben oder in Rasen gestochen dient es dazu, den Besucher meditativ zu seiner eigenen Mitte und wieder zurückzuführen (anders als ein Irrgarten). In der Mitte befindet sich ein aus Terracotta geschaffener Minotaurus in Anspielung auf das sagenhafte Labyrinth von Knossos. Die Tierskulpturen von Christoph Fischer laden zum Ansehen und Betasten ein, dabei bietet sich dem Besucher viel Raum für eigene Gedanken und Gefühle.

{M}ackensen-Eiche
Die vor etwa 360 Jahren gepflanzte Eiche steht am Fritz-Mackensen-Weg (am Westfuß vom Weyerberg)

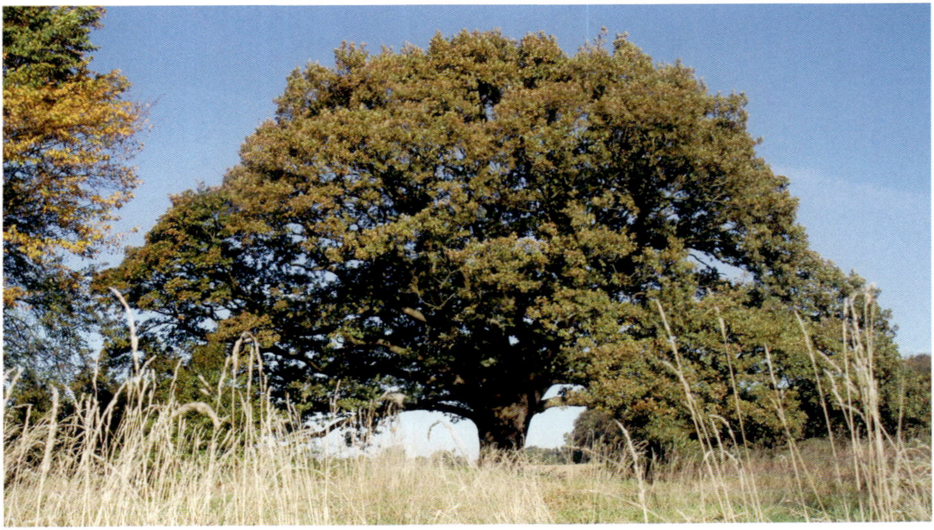

und ist heute ein Natur-Denkmal. Sie fiel am 5. Oktober 2017 dem Sturmtief Xavier zum Opfer und war etwa 20 m hoch und 25 m breit. Da sich der frühere Maler Fritz Mackensen (1866-1953) sehr für den Erhalt des durch seine ästhetische Schönheit und weite Auslage des Astwerkes berühmte Kugeleiche eingesetzt hatte, heißt sie heute Mackensen-Eiche. Sie steht auf einem Privatgrundstück in der Nähe des Susenbargs an der Grenze zum gemeindeeigenen Gelände. Aus Sicherheitsgründen wurde der direkt an dem Baum vorbeiführende Weg weiter vom Kronenbereich verlegt, da besonders bei Sturm, Schnee und Eis Äste hätten abbrechen und Menschen verletzen könnten.

{M}ackensen-Villa

Die **Mackensen-Villa** im Fritz-Mackensen-Weg 11 wurde zwischen 1901 und 1903 von Fritz Mackensens Bruder, einem Architekten, gebaut. Nach Meinung einiger Bauhistoriker zeigte er mit seinem protzigen Villenbau wenig Gespür für das Ortsbild. Das gelbe Gebäude liegt auf dem Westhang vom **Weyerberg**

Die ausladenden Äste der Mackensen-Eiche am Westfuß des Weyerbergs, unten der heutige Zustand

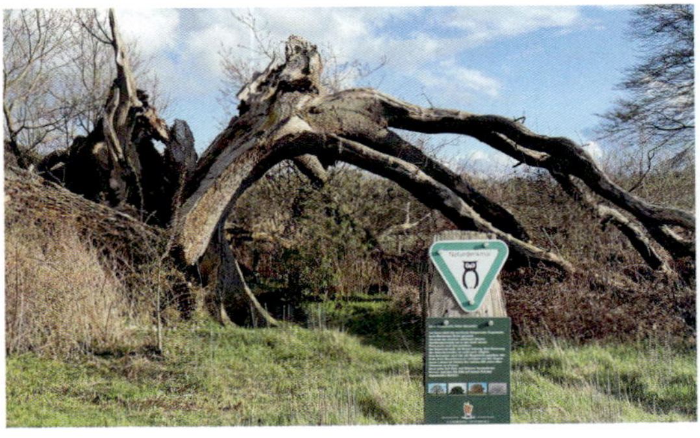

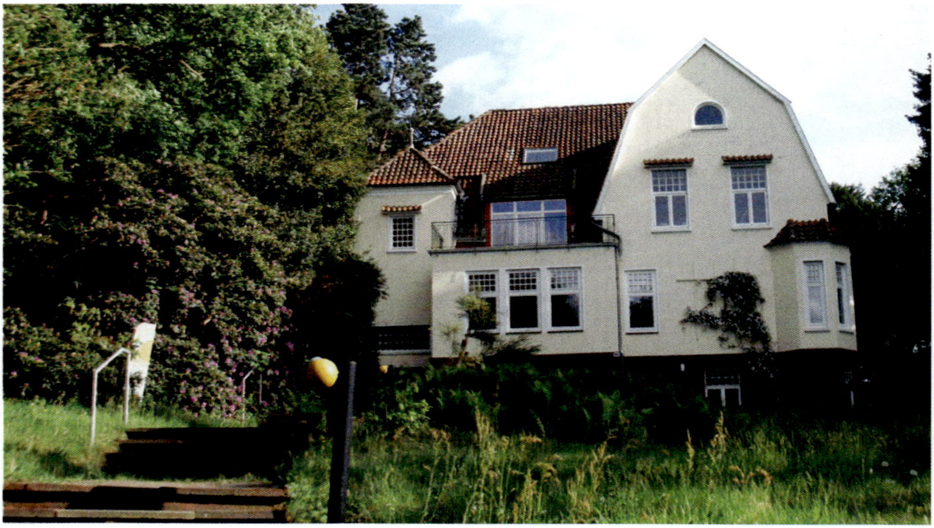

In der Mackensen-Villa lebte und arbeitete der berühmte Künstler Fritz Mackensen

und war zu seiner Entstehungszeit weithin sichtbar. Fritz Mackensen bewohnte das Haus mit kriegs- und berufsbedingten Unterbrechungen bis zu seinem Tod im Jahr 1953. Heute lebt und arbeitet dort u.a. der Maler Norbert Schwarzer.

Atelier Norbert Schwarzer
Tel. 04792/2835, norbert.schwarzer@ewetel.net, www.norbertschwarzer.de

{M}alerinnen und Maler

Zu den **zeitgenössischen Maler*innen**, die im zweiten Teil dieses Buches in Form von Kurzporträts exemplarisch dargestellt werden, gehören: Renate Anding, Hartmut Ernst Balke, Frank Bergund, Sabine Böhme, Eva Brexendorf, Nicole Clöer, Heinz Cymontkowski, Bettina Dämmig, Steffi Grübler, Josef Hartmann, Barbara Heine-Vollberg, Nadja Horn, Hella Kühnel, Ina und Markus Landt, Stefan Ringeling, Heide Schiffner, Norbert Schwarzer, Ilse-Marie Seijger, Andrea Christiane Spring, Frank-Martin Stahlberg, Ivanka Svobodová-Rinke und Ulrike Zipp.

Zu den weiteren **zeitgenössischen Malern** und anderen Künstlern Worpswedes (ohne Anspruch auf Vollständigkeit) gehören:

Balters, Jana
Jungfernstieg 1, Tel. 04794/9649860, janabalters@outlook.de, www.janabalters.de

Bea-Kessler, Ursula
Tel. 04794/9648830, u.bea-kessler@gmx.de, www.bea-kessler.de

Borchers, Karin
Atelier, Tel. 04792/4584, kontakt@karinborchers-worpswede.de, www.karinborchers-worpswede.de

Breustedt, Monika
Fritz-Mackensen-Weg 11, monikabreustedt@ t-online.de, www.monikabreustedt.de

Diehn, Viktoria
Tel. 04792/3946, www.offene-ateliers-worpswede.de/atelier/viktoria-diehn/

Fasse, Susanne
Atelier, Vor Weyerdeelen 20, Tel. 04792/9567804, susanne.fasse@web.de, www.susanne-fasse.de

Hölscher, Birte
Mobil 0175/5963334, info@birtehoelscherart.com, www.birtehoelscherart.com

Hofmann, Franziska
info@franziska-hofmann.de, www.franziska-hofmann.de

Huizenga, Christine
Weyerdeelen 6, Tel. 04792/953915, mail@christinehuizenga.de, www.christinehuizenga.de

Kelley, Margaret
Auf der Heidwende 37, Tel. 04792/7792, margaret-kelley@t-online.de, www.m-kelley.com

Lange, Hans-Jürgen
Malerei, Hans-am-Ende-Weg 4a, Mobil 0152/05399074

Lange, Peter J.
Atelier, Am Hasenmoor 41, Tel. 04792/7808, info@peter-j-lange.de, www.peter-j-lange.de

Meinel, Ilse
Im Schluh 25, Tel. 04792/611, ilse.me@t-online.de

Migge, Frauke
Malerin und Zeichnerin, frauke-migge@t-online.de, www.frauke-migge.de

Scholz, Ilona
Malerei + Zeichnung, Im Schluh 31, Tel. 04792/988596, ilona.scholz@ewetel.net

Schott, Heinrich
(ist auch Musiker), Worpheimer Str. 29, Tel. 04792/950261, heinrich.schott@ewe.net, www.heinrich-schott-maler.de

Schultze, Detlef
Malerei + Skulptur, Bremer Landstr. 1, Mobil 0162/4077275

Splettstößer, Peter-Jörg
Carl-Vinnen-Weg 1, Tel. 04792/4571, pjsplett@web.de, www.treffpunkt-worpswede.de

Auch ein Ausflug in die nahe gelegene Hansestadt Bremen (ca. 25 km entfernt) kann sich lohnen, um sich beispielsweise im **Paula Modersohn-Becker-Museum** oder im **Haus Paula Becker** (ehemaliges

Künstlerin Bettina Dämmig in ihrem Atelier Acrylykke

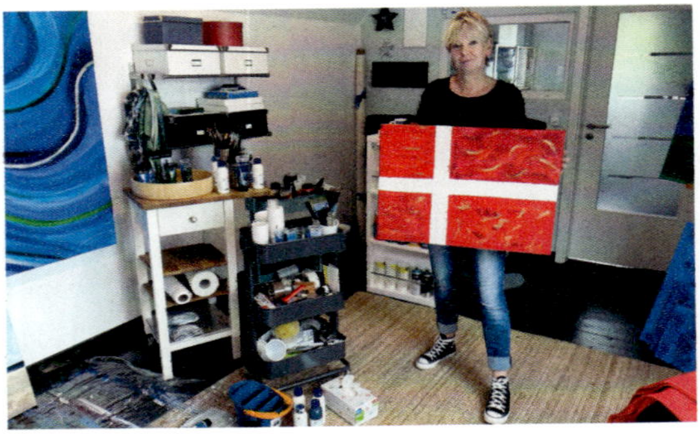

Wohnhaus der Künstlerin in Bremen, Schwachhauser Heerstr. 23) über eine der bedeutendsten Worpsweder Malerinnen zu informieren.

Paula Modersohn-Becker-Museum

Böttcherstr. 6–10, 28195 Bremen,
Tel. 0421/3388222

Eine Übersicht der Malerinnen und Maler in Worpswede (und im Landkreis Osterholz) finden Sie hier:

{M}ammutbaum

In der **Bergstraße**, schräg gegenüber der Galerie Cohrs-Zirus und unterhalb der Goldschmiede Uphoff, steht ein vermutlich über 150 Jahre alter **Mammutbaum**, der bei einem Stammumfang von heute 4 m etwa 36 m hoch ist. Wahrscheinlich stammt dieser Baum aus der ersten Generation von Riesen-Mammutbäumen, die von Reisenden von Amerika nach Europa mitgebracht worden sind. Damit gehört er zu den ältesten Bäumen dieser Art in Europa.

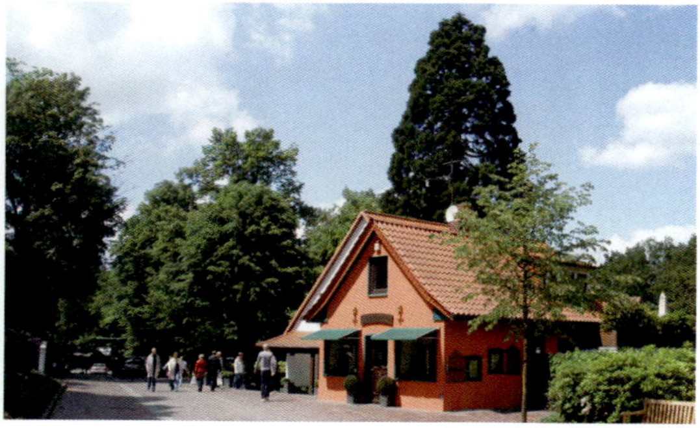

Der Mammutbaum in der Bergstraße reicht weit über die Dächer der Häuser

{M}arcusheide

Die Marcusheide ist ein idyllischer Fleck **Heidefläche** hinter der Bergstraße, die im Sommer 2009 von der Stiftung Worpswede zusammen mit dem angrenzenden Grundstück, das bis zum Barkenhoff reicht, erworben wurde, um ihn vor Zerstörung und Veränderung zu bewahren.

Stiftung Worpswede

info@stiftung-worpswede.de,
www.stiftung-worpswede.de

Das Areal hat eine Größe von 100.000 m² und und ist der größte zusammenhängende naturbelassene **Landschaftsbereich** im Ortsteil Worpswede.

Der Name **Marcusheide** – zur Blütezeit im lila Schimmer – geht auf den früheren Bremer Bürgermeister Dr. Victor Wilhelm Marcus (1849–1911) zurück, der das Grundstück im Jahr 1907 gekauft hatte. 1932 erwarb der Bremer Kaffeekaufmann und Mäzen Ludwig Roselius (1874–1943, bekannt durch die Erfindung des koffeinfreien Kaffee-HAG) die **Marcusheide** von dem Bremer Altbürgermeister.

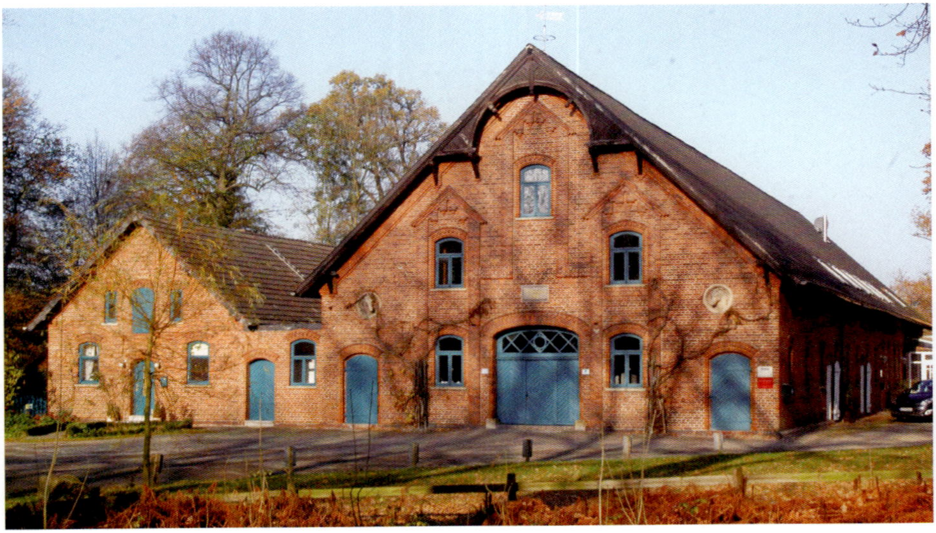

Der Monseeshof in der Bauernreihe gehört zum alten Dorfkern

{M}onseeshof

Gegenüber von Rathaus und Dorfglocke liegt an der Straßengabelung Bauernreihe/Straßentor der **Monseeshof.** Das alte Bauernhaus (erbaut um 1900) gehört zum alten Dorfkern und ist einer der heute noch erhaltenen sieben historischen Höfe in der Bauernreihe. An der Fassade befinden sich zwei **Sandsteinreliefs** mit Pferdeköpfen.

{M}oor – siehe Teufelsmoor

{M}oorexpress

Moorexpress wurde der Zug genannt, der durch das **Teufelsmoor** fuhr. Ab 1909 entstand die Bahnlinie, deren regelmäßige Personenverkehrsverbindungen zwischen Elbe und Weser 1978 eingestellt wurden. Seit 1999 können Kulturinteressierte, Kohl- und Pinkelgruppen, Familien, Moorwanderer u.a. wieder die legendäre Strecke zwischen Osterholz-Scharmbeck, Worpswede, Gnarrenburg, Bremervörde, Fredenbeck und Stade an Wochenenden und Feiertagen auf

Blick über die Marcusheide

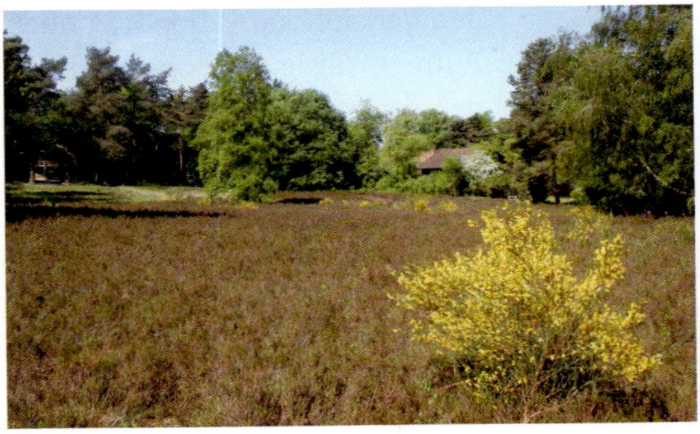

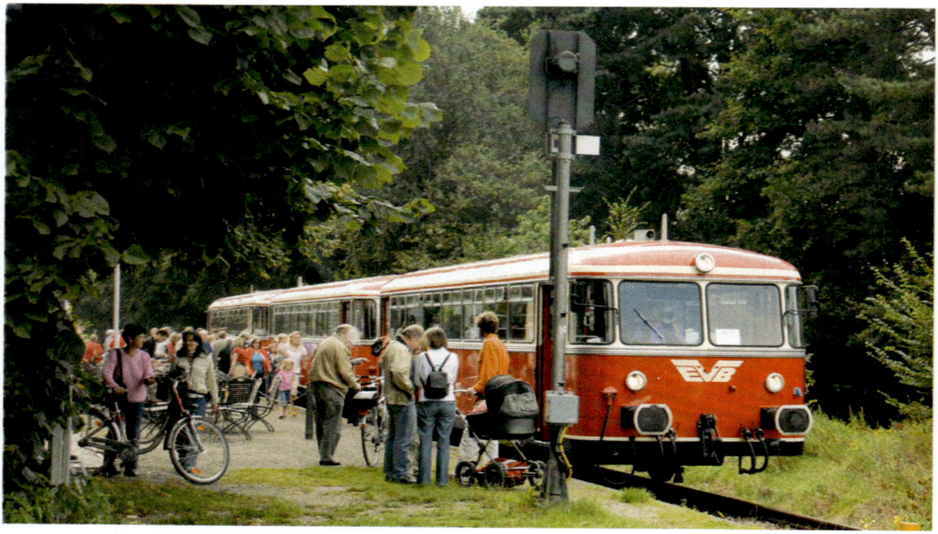

Der Moorexpress ist ein beliebtes Verkehrsmittel für Ausflügler

Schienen genießen – die Strecke ist 99 km lang.

In den Sommermonaten fährt der **Moorexpress** von Mai bis Oktober sonnabends und sonntags nach festem Plan, dabei gibt es eine weitgehend unbesiedelte Landschaft zu erleben. Im Winter finden einige Sonderfahrten statt. Die Gäste werden von Kundenbetreuern begleitet, die nicht nur für den Verkauf von Fahrkarten ohne Aufpreis sowie das Be- und Entladen der **Fahrräder** zuständig sind, sondern auch für das leibliche Wohl der Reisenden sorgen.

Aktueller Fahrplan

www.moorexpress.net und www.moorexpress.info
Hier finden Sie auch Informationen über den legendären Moorexpress und die Bahnhofsbauten von Heinrich Vogeler, die Künstlerdorflinie sowie weitere Angebote (QR-Code links).

Kontakt und Buchungen

Worpsweder Tourist-Information, Bergstr. 13, Tel. 04792/935820, info@worpswede-touristik.de, www.worpswede-touristik.de

{M}oorkolonisation

1751 wurde Jürgen Christian Findorff vom hannoverschen Kurfürsten mit der **Moorkolonisation** des **Teufelsmoores** beauftragt. Zur Entwässerung des Landstrichs wurden zunächst etliche Gräben und Kanäle angelegt, die auch als Wasserstraßen dienten. Auf dem trocken gelegten Land entstanden kleinere Siedlungen mit max. 25 Höfen, mit einer Schule und einer

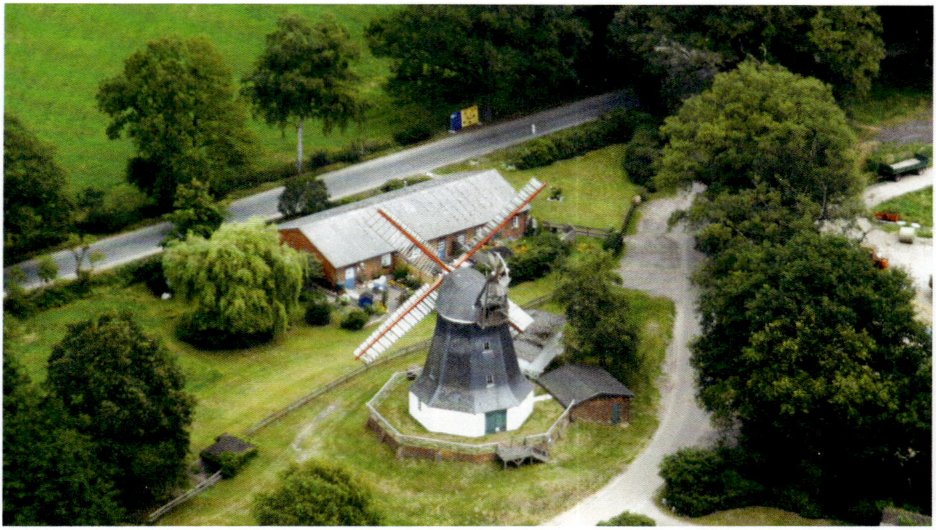

Kirche. Die Bauern lebten von Viehhaltung und **Torfabbau**. Der Torf diente als Brenn- und Heizmaterial und wurde zum Verkauf mit den Torfkähnen u.a. ins nahe gelegene Bremen gebracht.
Die Lebensbedingungen in den kleinen, dunklen und feuchten **Moorkaten** waren hart, die Lebenserwartung gering, charakteristisch wird dies in dem plattdeutschen Spruch zusammengefasst: »Den Eersten sien Dood, den Tweeten sien Noot, den Drüdden sien Broot« (Dem ersten seinen Tod, dem zweiten seine Not, dem Dritten sein Brot).

{M}ühle

Die **Mühle** wurde 1838 als »Erdholländer« gebaut. Sie gilt heute wie auch schon damals als ein **Wahrzeichen** des Künstlerdorfes.

Informationen & Führungen
Worpsweder Tourist-Information
Bergstr. 13, Tel. 04792/935820,
info@worpswede-touristik.de,
www.worpswede-touristik.de,
Öffnungszeiten der Mühle: Apr–Okt
jeder 1. u. 3. So im Monat nachmittags

Die Worpsweder Mühle wurde 1701 von Claus Segelken als Bockwindmühle mit nur einem Roggen-Mahlgang erbaut und über drei Generationen lang von der Familie betrieben. Mehr als 130 Jahre später wurde sie 1838 von dem Müller Gevert Steil durch den bis heute voll funktionsfähigen Erd- und Wallholländer ersetzt.

Die Mühle ist ein Wahrzeichen der Künstlerkolonie und beliebtes Motiv vieler Künstler

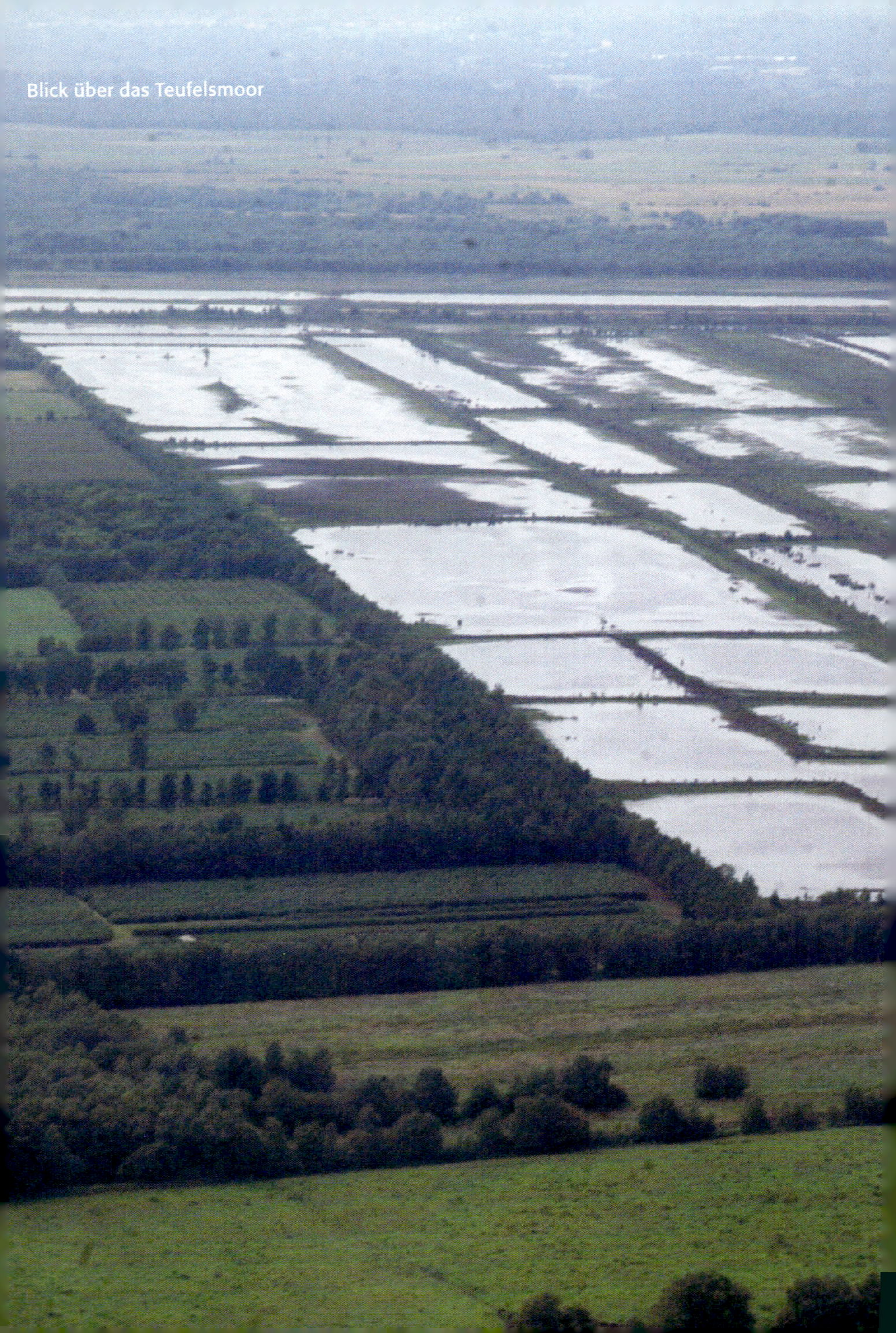

Blick über das Teufelsmoor

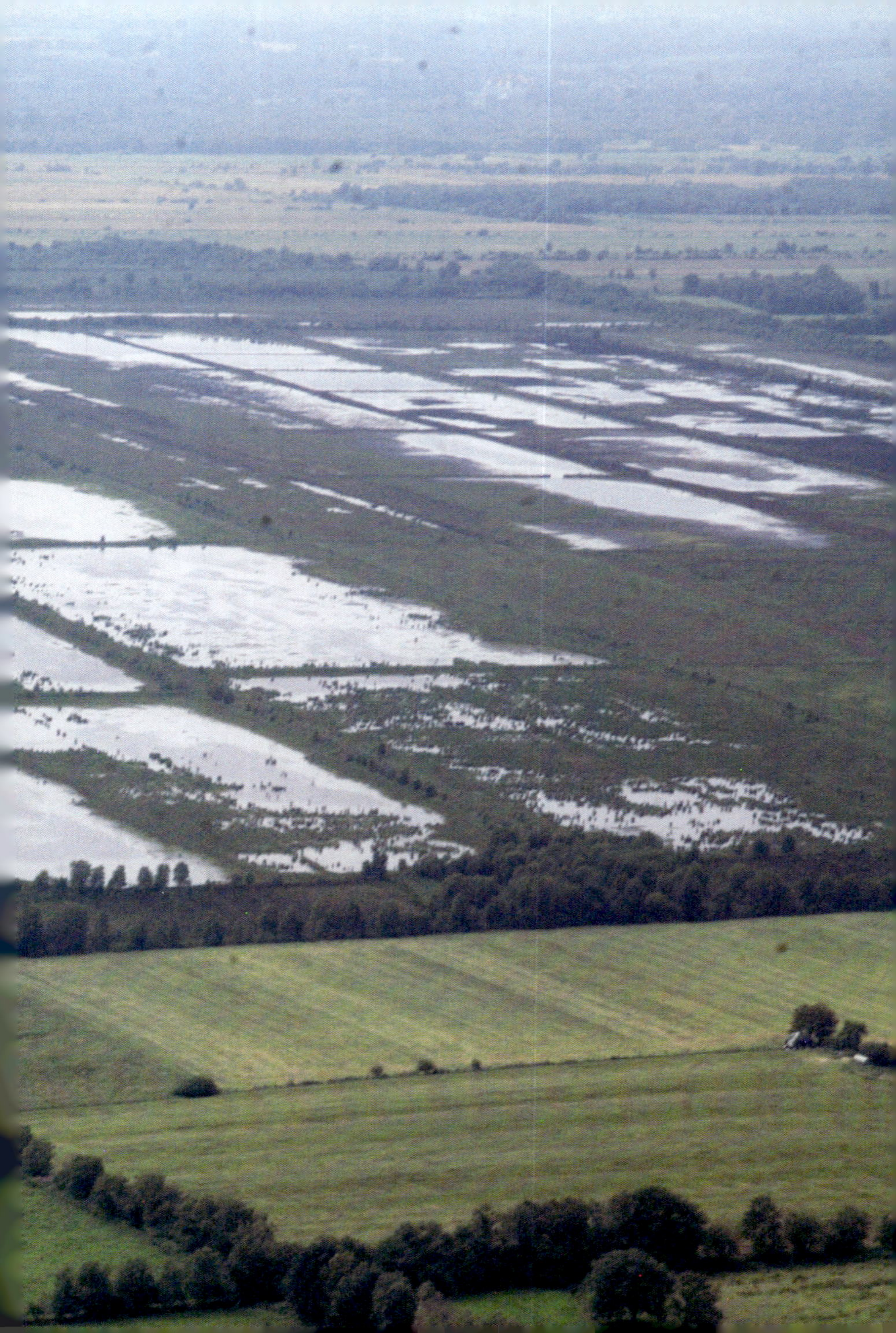

Diese neue, größere und mit drei Mahlgängen (ein Roggen-, ein Weizen- und ein Graupengang) ausgestattete **Mühle** blieb bis 1888 im Besitz der Familie Steil und gehört seitdem (bis heute in der 5. Generation) der Müllerfamilie Schwenke.

Um technisch auf dem neuesten Stand zu bleiben und im härter werdenden Wettbewerb bestehen zu können, wurde die Mühle durch die Aufrüstung mit **Jalousieflügeln** – statt Segelgatterflügel – sowie dem Einbau von Motoren und einer Windrose dem modernen technischen Standard angepasst. Zur Erhaltung der Mühle nach der Einstellung des Gewerbebetriebes 1985 wurde ein Vertrag zwischen dem Eigentümer und der Gemeinde geschlossen, der zukünftige Sanierungen regelt.

Die Mühle diente seit jeher den Malern als **Motiv** und wird heute vom **Verein Freunde Worpswedes e.V.** betrieben.

Freunde Worpswedes e.V.
Bergstr. 17, Tel. 04792/1277, verein@freunde-worpswedes.de, www.freunde-worpswedes.de (QR-Code links)

Weitere Informationen
Niedersächsische Mühlenstraße
www.niedersaechsische-muehlenstraße.de

Mühlen im Landkreis Osterholz
www.muehlen-dgm-ev.de
www.deutsche-muehlen.de

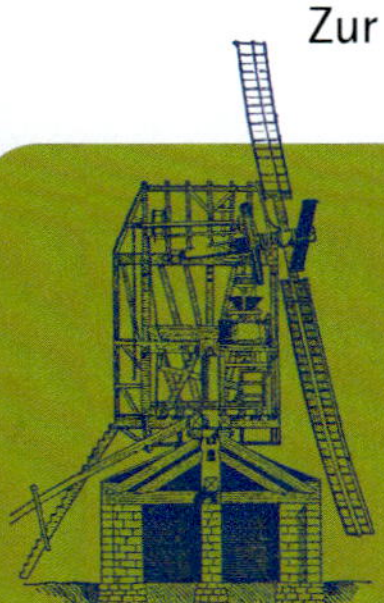

Historische Daten der Mühle:

1701 Erbaut als Bockwindmühle mit einem Windmahlgang
1838 Ersatz zum Erdholländer mit drei Windmahlgängen
1956 Umfangreiche Umbaumaßnahmen – Umstellung der Mühlenflügel von Segelbespannung auf Klappen
1990–1995 Gründliche Restaurierung von Mühlenkopf und Flügeln sowie des Außenschiefers; Mühlentechnik innen erneuert
1998 Pacht und Betrieb durch die »Freunde Worpswedes e.V.« (Arbeitskreis Mühle)

{M}useen

In Worpswede gibt es diverse **Museen**, die gerade am Wochenende zahlreiche Besucher anlocken. Zu den beliebtesten Ausstellungshäusern gehören der **Barkenhoff** (Heinrich-Vogeler-Museum), die **Große Kunstschau**, das **Haus im Schluh** und die **Worpsweder Kunsthalle**; diese vier haben sich zum Museumsverbund zusammengeschlossen (Beschreibungen siehe dort). Sehenswert sind außerdem die **Käseglocke** (Museum für Kunsthandwerk) und das **Museum am Modersohn-Haus**.

Weitere Infos
www.worpswede-museen.de

Darüber hinaus lohnt es sich, folgenden **Museen** einen Besuch abzustatten:

Museumsanlage Neu St. Jürgen
Dorfstr. 15, Tel. 04792/3236, www.heimatverein-neu-sankt-juergen.de

Torfschiffswerft-Museum
Schlußdorfer Str. 20, Tel. 04792/2575, info@torfschiffswerft-museum.de, www.torfschiffswerft-museum.de –

direkt nebenan befindet sich übrigens das **Fietscafé22**, Tel. 04792/9896563, info@fietscafe22.de, www.fietscafe22.de

Museumsanlage Osterholz
Vier Museen im Findorffhaus, dem Amtssitz des Moorkommissars: Vogelmuseum, Torfkahnmuseum, Mitmach- und Heimatmuseum, Bördestraße 42, 27711 Osterholz-Scharmbeck, Tel. 04791/13105, info@vogelmuseum-museumsanlage-ohz.de, vogelmuseum-museumsanlage-ohz.de (QR-Code rechts oben)

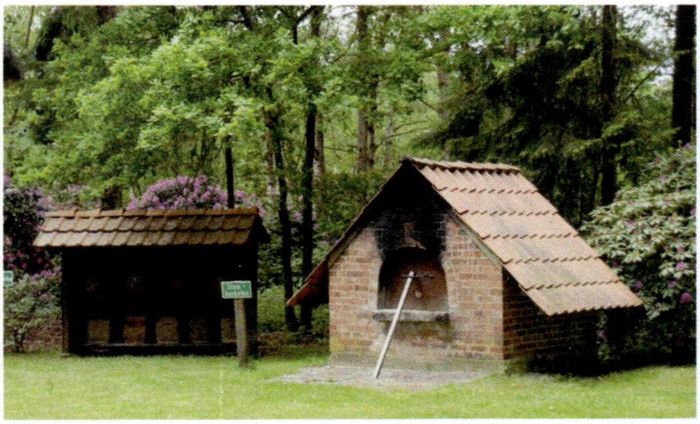

Torfschiffswerft-Museum in Schlußdorf

{M}useum am Modersohn-Haus
Das **Modersohn-Haus** war von 1897 – 1921 im Besitz von **Otto Modersohn.** Hier lebte und starb auch **Paula Modersohn-Becker.** Heute kann der Besucher im Museumsanbau bedeutende Werke der Künstler erleben und gerahmte Worpsweder Repliken erwerben.
Seit dem Umbau finden hier auch verschiedene Werke von Künstlern aus dem Freundeskreis von Modersohn einen Platz, darunter Werke von Fritz Mackensen, Hans am Ende, Fritz Overbeck, Heinrich Vogeler und Carl Vinnen sowie

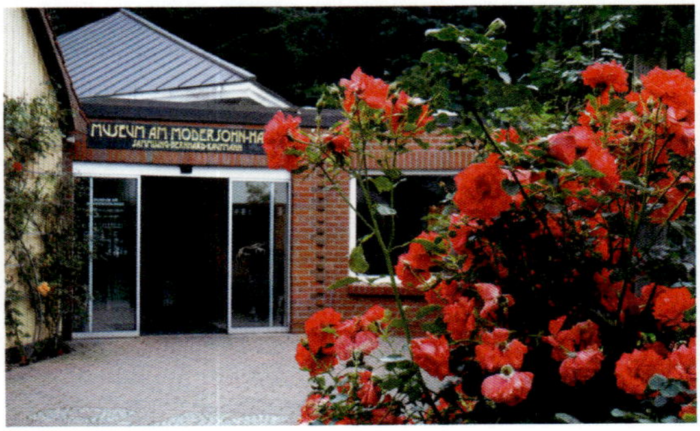

Eingang zum Museum am Modersohn-Haus

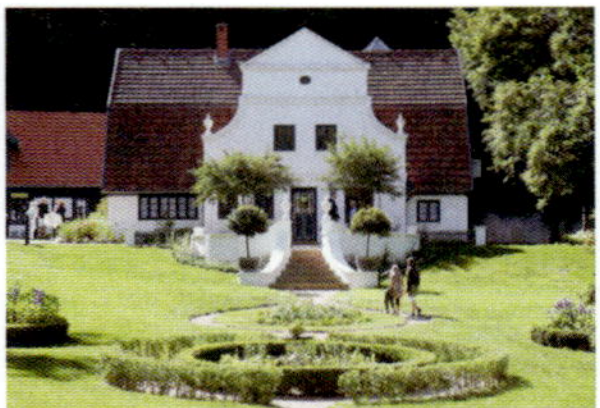
Barkenhoff

wor

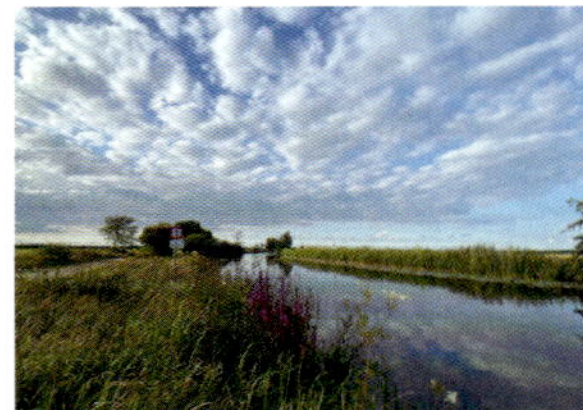
Hamme

wor

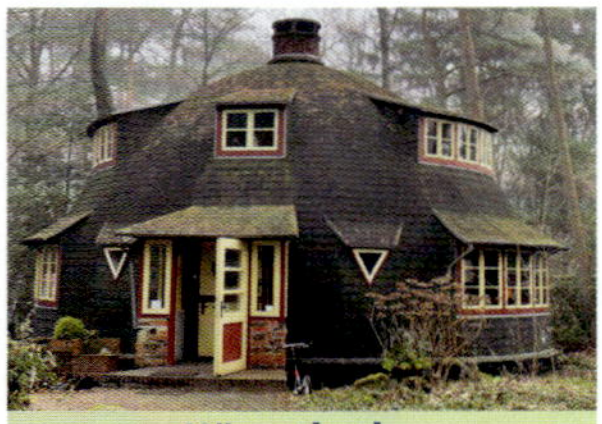
Käseglocke

ps

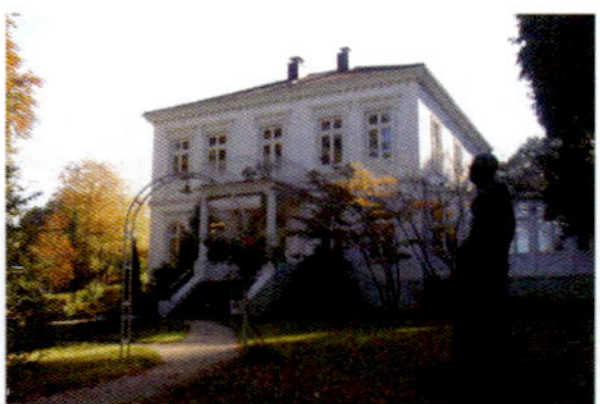
Galerie Cohrs-Zirus

ps

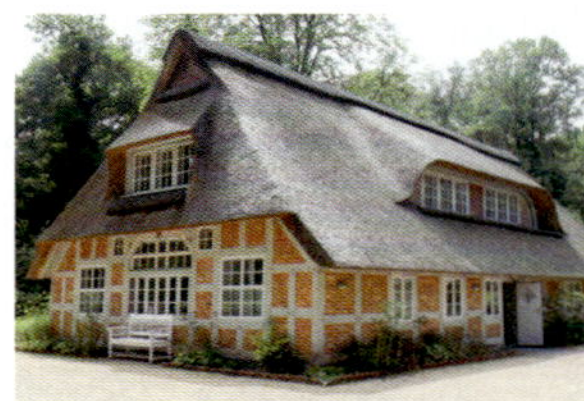
Haus im Schluh

we

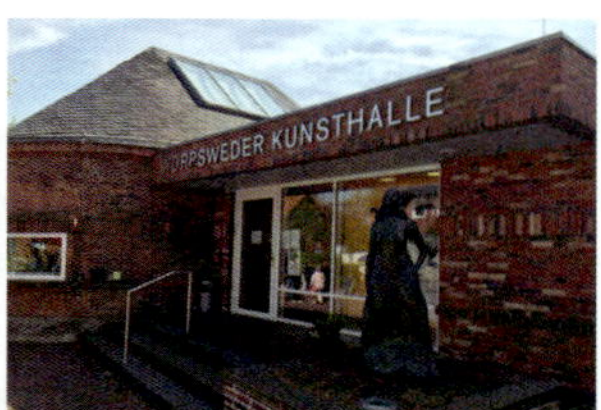

Worpsweder Kunsthalle

de

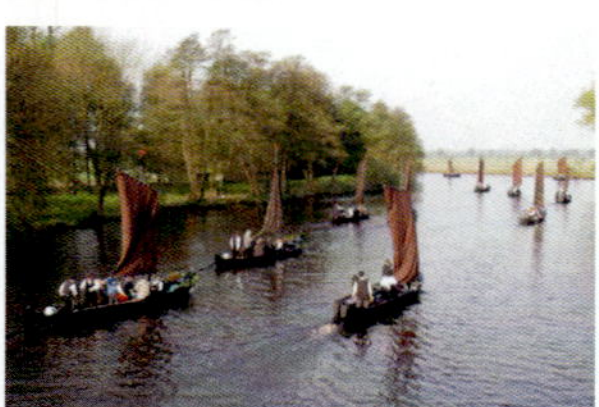
Torfkahnarmada

wede

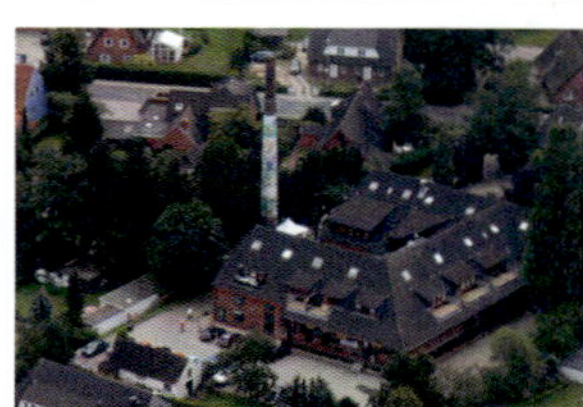
Alte Molkerei

der nachfolgenden Generationen, mit denen die Entwicklung der **Künstlerkolonie** nachgezeichnet wird. Auf zwei lichtdurchfluteten Ebenen nimmt der Museumsanbau bedeutende Gemälde der seit 1950 zusammengetragenen **Sammlung-Bernhard-Kaufmann** auf.

Museum am Modersohn-Haus
Leitung: Sigrid und Bernhard Kaufmann, Hembergstr. 19, Tel. 04792/4777 und 04794/354 (Verwaltung), info@museum-modersohn.de, www.museum-modersohn.de

Weitere Informationen zum Leben von **Otto Modersohn**, einem der Gründer der Künstlerkolonie Worpswede, finden Sie auch in Fischerhude (www.fischerhude.com).

Otto-Modersohn-Museum
In der Bredenau 95, 28870 Fischerhude, Tel. 04293/328, info@modersohn-museum.de, www.modersohn-museum.de

{M}useumsverbund

Die **Worpsweder Museumslandschaft** hat sich in den vergangenen fast einhundert Jahren als ein Nebeneinander unterschiedlicher, zumeist aus privater Initiative entstandener Institutionen entwickelt. Entstanden ist so eine einzigartige, außergewöhnlich vielfältige Museumslandschaft, die über viele Jahrzehnte sehr erfolgreiche Ausstellungen und zahlreiche Zugänge zur **Worpsweder Kunst** bot. Was manchem Besucher jedoch fehlte, war ein »roter Faden«, der diese Museen und ihre Ausstellungen miteinander verband. Und auch Förderer äußerten den Wunsch nach einem gemeinsamen Auftreten der Worpsweder Museen. Im Jahr 2010 schlossen sich daher die bis dahin unabhängig voneinander arbeitenden Worpsweder Museen **Barkenhoff**, **Große Kunstschau**, **Haus im Schluh** und **Worpsweder Kunsthalle** zu einem Verbund zusammen und erhielten dadurch die Chance, sich gemeinsam grundlegend zu erneuern. Das mit EU-Mitteln geförderte Großprojekt »Masterplan Worpswede« ermöglichte es, die Museumsbauten in den Jahren 2010 bis 2014 umfassend zu modernisieren und zu erweitern. Die Künstlergärten am Barkenhoff und am Diedrichshof konnten rekonstruiert werden.

Die **Museen** entwarfen ein gemeinsames inhaltliches Konzept und zeigen heute in regelmäßigen Abständen große Gemeinschaftsausstellungen, die überregionale Beachtung finden und ein breites Publikum ansprechen. Dauerausstellungen mit den Werken **Heinrich Vogelers** und der **Alten Worpsweder** ergänzen das Programm. Regelmäßig werden Ausstellungen mit aktueller Kunst gezeigt, die neue Perspektiven auf die Worpsweder Kunstgeschichte eröffnen. Thematische Einzelausstellungen in den vier Häusern geben darüber hinaus vertiefende Einblicke in den vielfältigen kreativen Kosmos des Künstlerdorfs. Dabei wahrt jedes Museum seine Eigenständigkeit und sein geschichtlich gewachsenes Profil. So leistet jedes Haus innerhalb des Verbunds einen unverwechselbaren Beitrag zum Gesamterlebnis des **Künstlerdorfs** Worpswede.

Für einen Besuch der Worpsweder Museen empfiehlt sich das **Gemeinschaftsticket »Museum4«.** Die Museumskarte ermöglicht den einmaligen Besuch aller vier Häuser (Barkenhoff / Heinrich-Vogeler-Museum, Große Kunstschau, Haus im Schluh und Worpsweder Kunsthalle) mit einem günstigen und besucherfreundlichen Ticket. Das Ticket ist ein Jahr lang gültig und sogar übertragbar.

Infos unter
www.worpswede-museen.de

Skulptur vor dem Eingang zur Großen Kunstschau

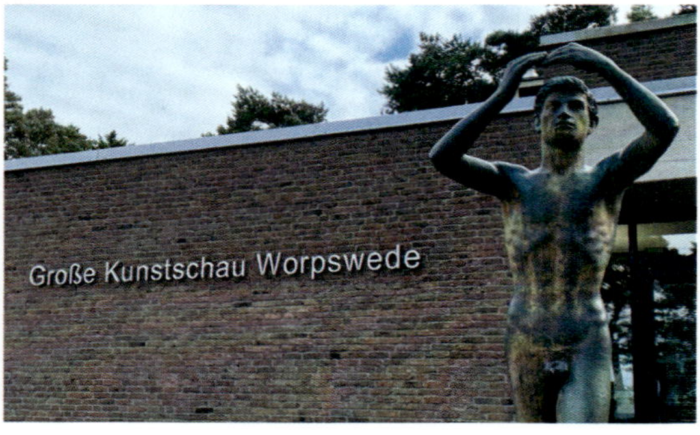

{B}arkenhoff (1)

Der **Barkenhoff** (ndt. für »Birkenhof«) war von 1895 bis in die 1920er Jahre Wohn- und Arbeitsstätte Heinrich Vogelers. Das Hauptgebäude wurde im Jahr 2003/04 saniert und zum Museum umgebaut. 2011 – 14 folgte die Erweiterung der Ausstellungsflächen und die Restaurierung des **Barkenhoff-Gartens.** Heute kann **Heinrich Vogelers** Gesamtkunstwerk aus Haus und Garten in authentischer Weise erlebt werden. Das **Heinrich-Vogeler-Museum** im **Barkenhoff** bietet neben wechselnden Sonderausstellungen dauerhaft einen umfassenden Einblick in das Gesamtwerk dieses ungeheuer faszinierenden Universalkünstlers.

Vogeler machte das Haus, das er 1895 kaufte, zu einer Begegnungsstätte von internationalem Ruf und zum Mittelpunkt der Worpsweder Künstlerbewegung und somit zur gesamten »Künstlerkolonie Worpswede«: Als Gäste wohnten dort u.a. der Schriftsteller Rainer Maria Rilke, Carl Hauptmann, Rudolf Alexander Schröder, Martin Buber – auch Paula Modersohn-Becker und Clara Rilke-Westhoff gingen dort ein und aus.

In der politisch wechselvollen Zeit nach dem Ersten Weltkrieg kamen häufig Arbeiter und Intellektuelle auf den **Barkenhoff**, um Vogeler als Verfechter einer kommunistischen Friedensordnung zu hören und mit

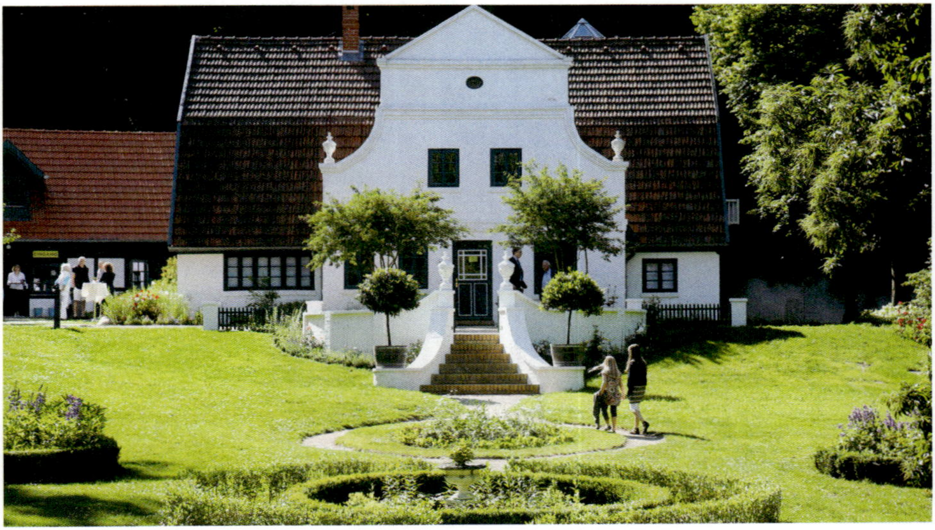

Gartenansicht auf den historischen Barkenhoff (Heinrich-Vogeler-Museum)

ihm zu diskutieren. Später diente der Barkenhoff, der 1989 sogar auf einer Briefmarke der Deutschen Bundespost abgebildet wurde, als Erholungsheim für Kinder von politisch Gefangenen. Nachdem der Hof in den Folgejahren verfiel und an die öffentliche Hand übergeben wurde, ist er heute – nach grundlegender Renovierung – Sitz der Barkenhoff-Stiftung.

Barkenhoff
Heinrich-Vogeler-Museum
Ostendorfer Str. 10, Tel. 04792/3968,
info@barkenhoff-stiftung.de,
www.worpswede-museen.de/barkenhoff

{G}roße Kunstschau (2)

Die in einer **Parkanlage** im Worpsweder Zentrum gelegene **Große Kunstschau** ist seit dem Jahr 1927, in dem der Bildhauer und Architekt **Bernhard Hoetger** das Museum entwarf und baute, das größte öffentliche Ausstellungshaus im Künstlerdorf. 2007/08 wurde das aus roten Ziegeln, wie eine Plastik gegliederte und sich um eine **Rotunde** mit hängender Kuppel ordnende Gebäude umfassend und in Originalfarben restauriert. 2010/11 wurde die Große Kunstschau durch die Einbeziehung des benachbarten **Roselius-Museums** erweitert und in den Ausstellungsflächen verdoppelt. Die Große Kunstschau beherbergt in der historischen Rotunde die bekannten und beliebten Werke der Worpsweder Maler – darunter Bilder der aus der Ersten Malergeneration (**Grün-**

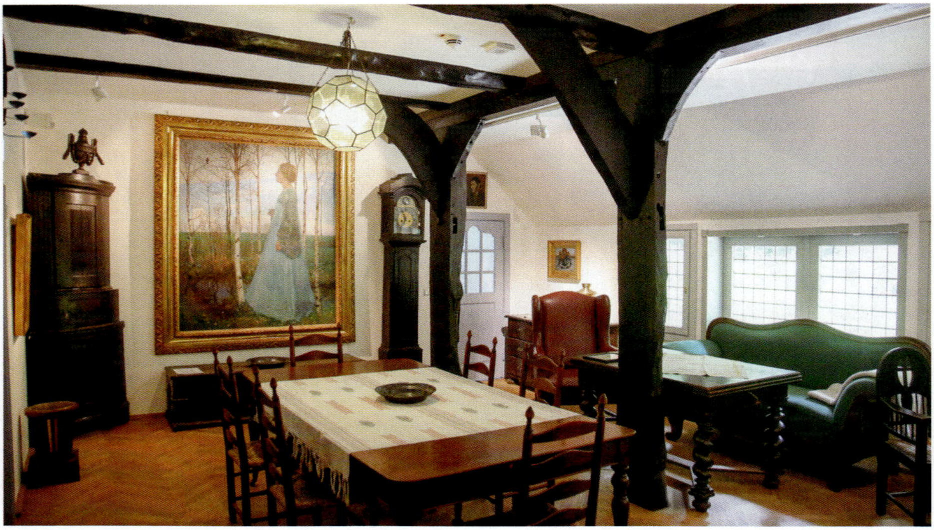

Das Haus im Schluh beherbergt viele Kunstwerke von Heinrich Vogeler

dergeneration) stammenden Fritz Mackensen, Hans am Ende, Otto Modersohn, Fritz Overbeck, Heinrich Vogeler und Carl Vinnen sowie Werke von Paula Modersohn-Becker und Bernhard Hoetger. Das Hauptwerk ist der »Sommerabend auf dem Barkenhoff« von Heinrich Vogeler aus dem Jahr 1905. Im zweiten, Anfang der 1970er Jahre errichteten Teil der Großen Kunstschau, werden seit 2011 Sonderausstellungen und zeitgenössische Kunst gezeigt.

Große Kunstschau Worpswede
(der Kulturstiftung des Landkreises Osterholz – siehe auch unter Museen), Lindenallee 5, Tel. 04792/1302, info@kulturstiftung-ohz.de, www.worpswede-museen.de/grosse-kunstschau
Verwaltung: Tel. 04792/9887880

{H}aus im Schluh (3)

Das berühmte **Haus im Schluh** wurde 1920 von **Martha Vogeler** (erste Ehefrau von Heinrich Vogeler) erbaut. Zwei alte **Fachwerkhäuser** beherbergen auf dem romantischen Gelände ein privates Museum mit der **Jugendstil-Kunst**, Malerei, Grafik und Design von Heinrich Vogeler, sowie eine Handweberei, einen **Museumsladen** und einige gemütliche **Ferienwohnungen**. Das Haus im Schluh wird bereits in 4. Generation von der Familie Vogeler geführt.

Haus im Schluh – Heinrich Vogeler Sammlung
Im Schluh 35-37, Tel. 04792/522, info@haus-im-schluh.de, www.worpswede-museen.de/haus-im-schluh oder www.vogeler-worpswede.de (QR-Codes rechts)

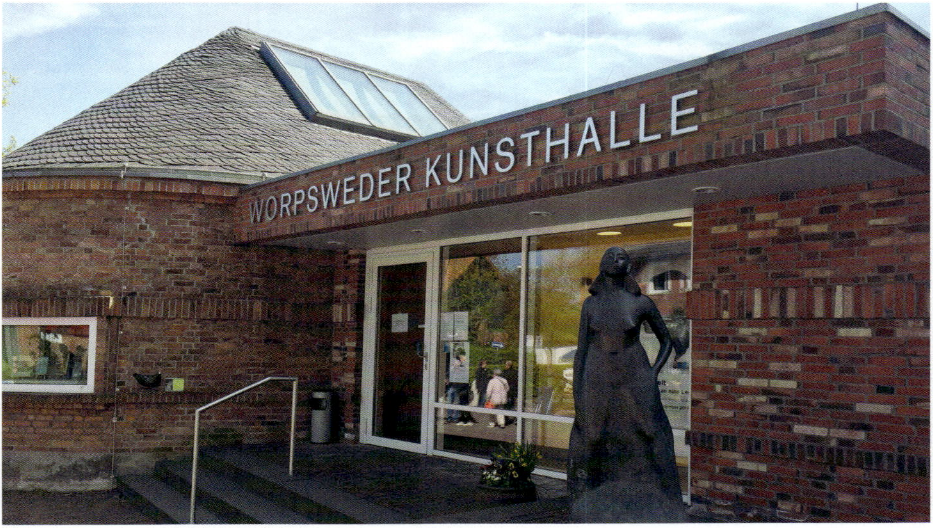

Die Worpsweder Kunsthalle befindet sich zentral in der Bergstraße

{K}unsthalle (4)

1889 entdeckten junge Künstler erstmals das Bauerndorf im Moor für sich – hier fanden sie die nötige Ruhe und Muse, um zu leben und zu arbeiten. Es gab jedoch für viele Jahre keinen Ort, an dem die entstandenen Kunstwerke ausgestellt und verkauft werden konnten. Kurzentschlossen stellte der ortsansässige Buchbindermeister **Friedrich Netzel** sein Ladengeschäft und die angrenzenden Räume den Künstlern zur Verfügung. Sein ebenfalls Friedrich heißender Sohn errichtete 1919 sein eigenes Haus in der Ortsmitte als **Galerie**, wo er mit seiner jungen Frau Maria einzog und der zeitgenössischen Kunst ein Zuhause gab.

In den darauffolgenden Jahren wurden neben dem Betreiben des Kunsthandels museale Bilder gesammelt und bewahrt. Nach dem frühen Tod des Galeristen 1945 führte dessen Ehefrau den Betrieb in den schwierigen Nachkriegsjahren weiter, um ihn dem Sohn Friedrich (III) übergeben zu können.

Neben der inzwischen drei Generationen umfassenden Familiensammlung zeigte Friedrich (III) Netzel Sonderausstellungen, die dem Künstlerort Worpswede überregionale Bedeutung gaben. Besonders hervorzuheben sind hierbei die Ausstellungen von **Heinrich Vogelers** Gesamtwerk (1972, 1973 und 1989) mit den damals erstmals gezeigten Werken aus seiner sowjetischen Zeit, die

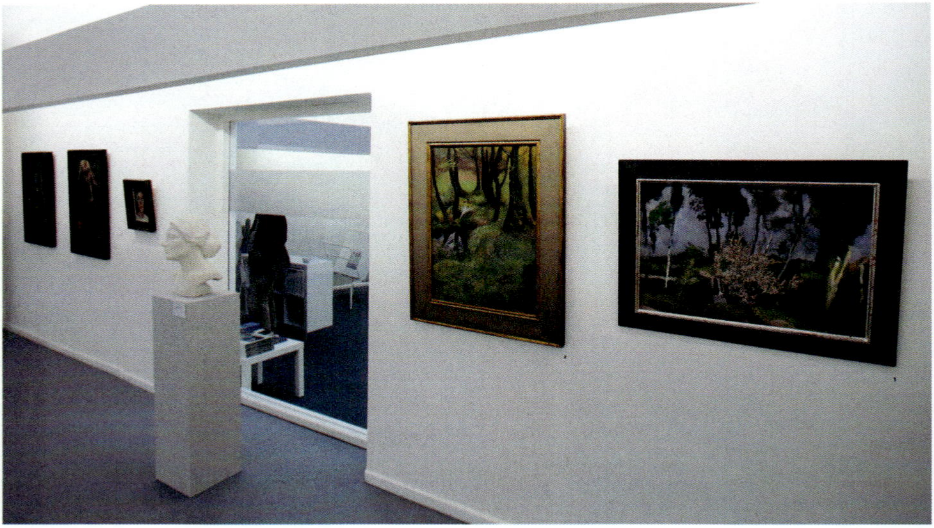

Ausstellungsraum in der Worpsweder Kunsthalle

lange vor einem Kulturabkommen ausgestellten DDR-Ausstellungen von 1978 und 1984, die erste Ausstellung von Max Ernst und Duane Hanson, die Ausstellungen der französischen Künstler in den sechziger bis achtziger Jahren – darunter Bram van Velde und Jean Cocteau – sowie die erste große Ausstellung in Worpswede zu Paula Modersohn-Becker anlässlich ihres 100. Geburtstages 1976 und zur 100-Jahrfeier des Künstlerdorfes 1989 sowie die ersten Übersichtsausstellungen der Worpsweder Kunst aus vielen Jahrzehnten.

Nach dem Tod Friedrich Netzels wurde auf dessen Wunsch die **»Worpsweder Kunststiftung Friedrich Netzel«** errichtet, die sicherstellen sollte, dass die reichhaltige und vielfältige Kunstsammlung für den Ort und seine Gäste in Zukunft erhalten bleibt.

Sammlung: In der Sammlung der **Worpsweder Kunsthalle** befinden sich Bilder und Grafiken von Fritz Mackensen (1866 – 1953), Otto Modersohn (1865 – 1943), Hans am Ende (1864 – 1918), Fritz Overbeck (1869 – 1909) und Heinrich Vogeler (1872 – 1942), darunter auch einige Raritäten aus der alten Sammlung Roselius und Vogelers Grafik. Einen besonderen Schwerpunkt bilden die Bilder und Radierungen von Paula Modersohn-Becker (1876 – 1907) sowie eine umfangreiche Dauerleihgabe des Werkes ihrer Zeitgenossin Ottilie Reylaender (1882 – 1965).

Außerdem vertreten sind die Werke der Künstler Georg Tappert

(1880 – 1957), Albert Schiestl-Arding (1883 – 1937), Udo Peters (1884 – 1964), Alfred Kollmar (1886 – 1937), Willy Dammasch (1887 – 1982), Tetjus Tügel (1892 – 1973), Bram van Velde (1895 – 1982), Walter Müller (1901 – 1975), Sophie Bötjer-Mallet (1887 – 1966), Lisel Oppel (1897 – 1960) und Richard Oelze (1900 – 1980), ein zu Lebzeiten im Ort noch verkannter Surrealist, zu dem Maria Netzel eine herzliche Beziehung hatte und der heute neben **Paula Modersohn-Becker** als der international renommierteste Worpsweder Maler und Zeichner gilt. Exponate der Nachkriegsmalerei aus Worpswede bilden den dritten Teil der umfangreichen Sammlung – darunter Werke von Helmut Heinken (1920 – 1968), Willy Meyer-Osburg (1934 – 2005) und Dieter Wallert (1935 – 1989), die sich zum Teil der »Jungen Gruppe Worpswede« anschlossen. Ebenfalls vertreten sind zeitlich folgende Künstler wie Friedrich Meckseper (1936), Uwe Häßler (1938), Pit Morell (1939) und Frauke Migge (1941) sowie zahlreiche Stücke der Keramiker Otto Meier (1904 – 1996) und Heide Weichberger (1922 – 1980).

Die Werke der Sammlung sind unverkäuflich und werden im eigenen Haus wie auch bei Sonderausstellungen in anderen Museen Worpswedes gezeigt. Auswärtige Museen haben die Möglichkeit nach längerfristiger Absprache einzelne Werke oder Ausstellungen auszuleihen.

Worpsweder Kunsthalle
Bergstr. 17, Tel. 04792/1277,
info@worpsweder-kunsthalle.de,
www.worpswede-museen.de/worpsweder-kunsthalle

{H}oetger-Garten (am Diedrichshof)

Zum Museumsverbund gehören auch zwei Künstlergärten – neben dem Barkenhoff-Garten der schräg gegenüber auf der anderen Seite der Ostendorfer Straße liegende **Hoetger-Garten** am Diedrichshof. Beide Gärten geben heute in ihrer rekonstruierten Gestalt ein beeindruckendes Zeugnis von der bedeutenden Gartenkunst in Worpswede zu Beginn des zwanzigsten Jahrhunderts.

Um 1912 arbeitete der Bildhauer, Maler und Kunsthandwerker **Bernhard Hoetger** an der Errichtung des Darmstädter Platanenhains anlässlich der 3. Ausstellung der Darmstädter Künstlerkolonie Mathilden-

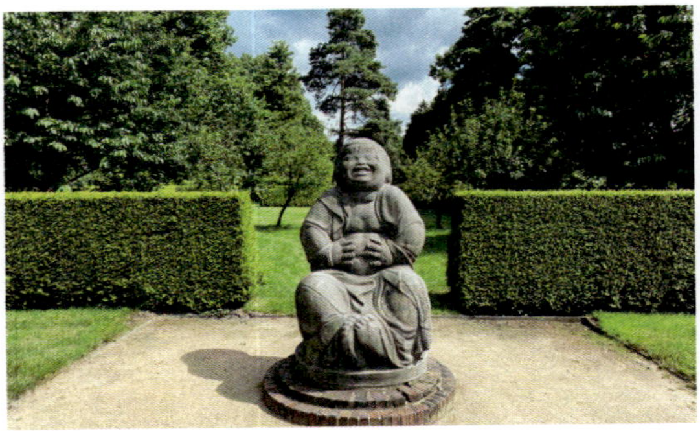

Buddha-Figur im Hoetger-Garten

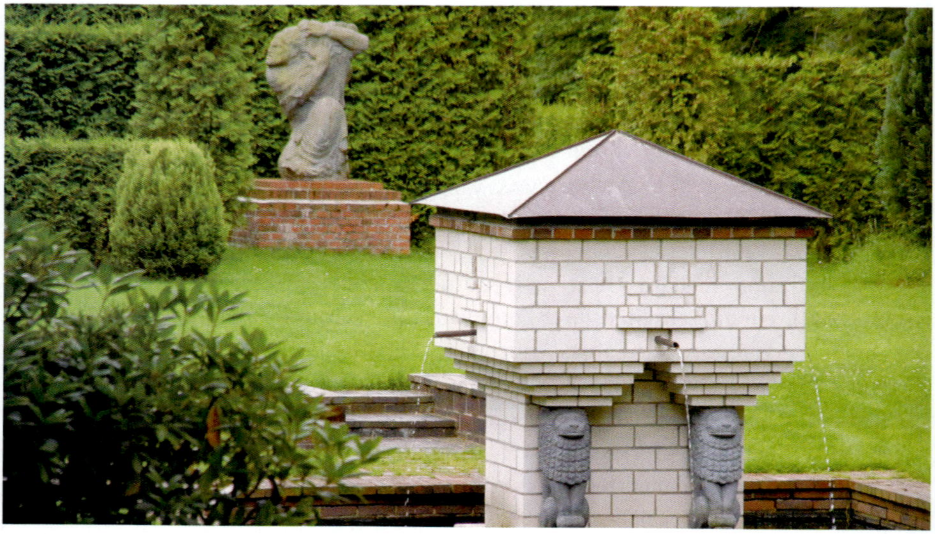

Blick in den restaurierten Hoetger-Garten des Diedrichshofes mit Löwen-Brunnen und der Skulptur »Wut«

höhe im Jahr 1914. Die Vorarbeiten fanden in Florenz statt und wurden zum größten Teil vernichtet. Erhalten ist ein Zyklus von Plastiken, der Licht- und Schattenseiten darstellt. Es handelt sich um die Verkörperungen der guten und schlechten Eigenschaften des Menschen, die Hoetger jeweils zu beiden Seiten einer zentralen Buddhafigur, der lachenden und der schlafenden, gruppierte.

Hoetger kaufte 1915 ein Haus mit Grundstück, den **Brunnenhof**, in Worpswede. Das Gebäude baute er zum geräumigen und repräsentativen Wohn- und Atelierhaus aus und um. Den weitläufigen Park gestaltete er u.a. mit von ihm geschaffenen Plastiken des Platanenhains aus dem Zyklus »Licht und Schatten«.

Im restaurierten Hoetger-Garten des **Diedrichshofes**, der heute ein Tagungshotel ist, stehen der Löwen-Brunnen, die Skulptur **Licht** oder **Der Bonze des Humors** und die **Wut**. Der **Schreitende Jüngling Der Tag** steht an der Großen Kunstschau im Ort. Der Garten ist der Allgemeinheit von Mai bis Oktober in der Zeit von 14.00 – 17.00 Uhr zugänglich.

Hoetger-Garten u. Café
des Diedrichshofes, Ostendorfer Str. 27,
Tel. 04792/93310, info@diedrichshof.de,
www.diedrichshof.de

{M}usic Hall

Weit über die Grenzen des Künstlerdorfes und seines Umlandes hinaus gilt die **Music Hall Worpswede** als Top-Adresse für Events

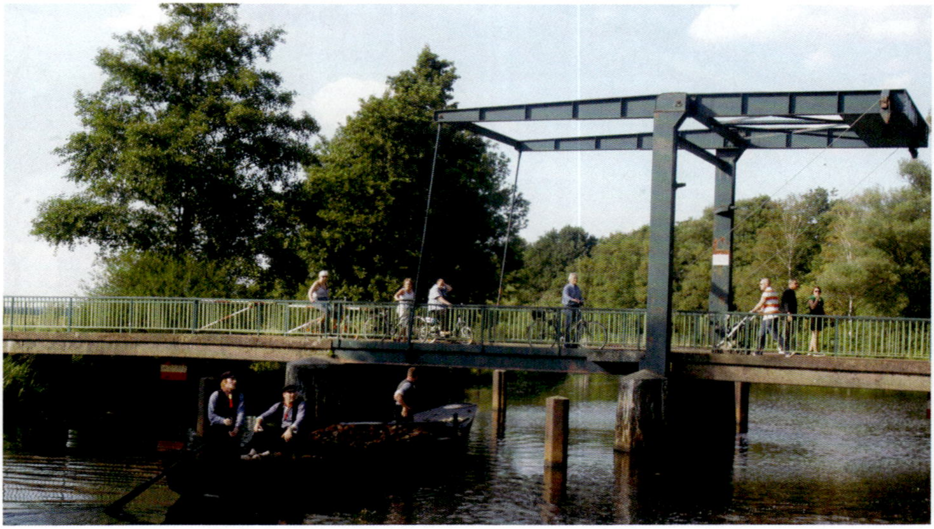

der musikalischen Art. Sie ist ein Veranstaltungsort, in dem sich Liebhaber des Jazz, Rock und Pop (u.a. Klaus Lage, Selig, Chris Barber, Spencer Davis Group, Paul Young, Eric Burdon, Temptations, Bill Haley and His Comets) ebenso zu Hause fühlen wie die des Rock´n Roll. Sehr beliebt sind auch die Ü-30-Parties.

Music Hall Worpswede e.V.
Findorffstr. 21, Tel. 04792/96151,
musichall@musichall-worpswede.de,
www.musichall-worpswede.de

Die Music Hall ist ein beliebter Treffpunkt für Musik- und Tanzbegeisterte

{N}eu Helgoland

Schier endlos erscheint die Weite der Wiesen in **Neu Helgoland**, einzig zu erlauschen sind die Rufe seltener Vögel, die hier rasten oder brüten. Das Naturschutzgebiet **Breites Wasser** beginnt bei der Klappbrücke; hierher kommen alljährlich die unterschiedlichsten Vogelarten, darunter auch seltene

Torfkahnschiffer, Spaziergänger und Fahrradfahrer bei der Worpsweder Hammebrücke (Zugbrücke) in Neu Helgoland

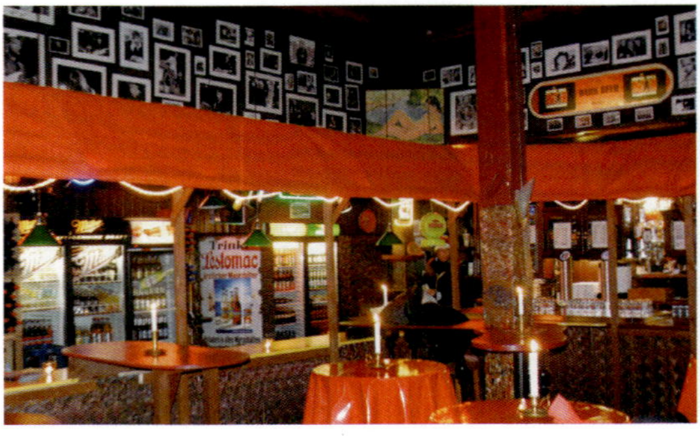

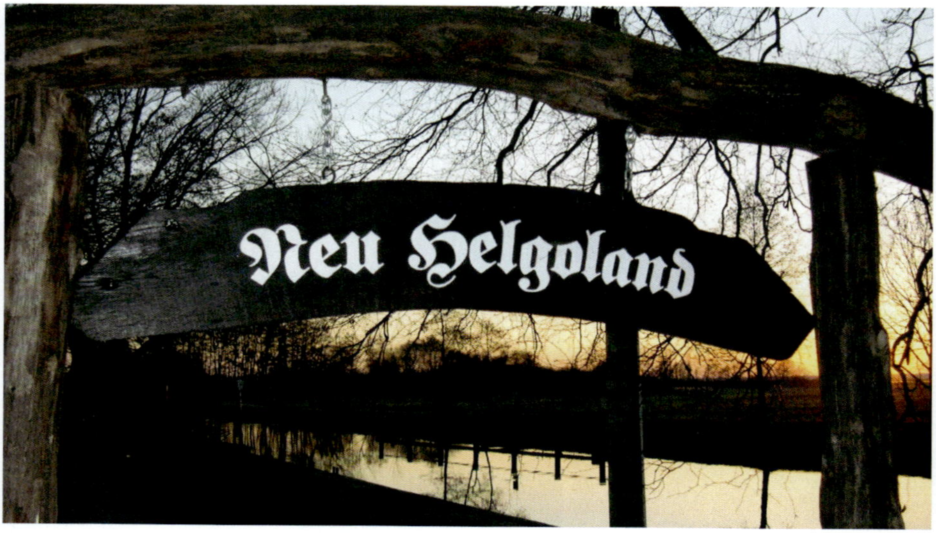

Traumhafter Sonnenuntergang in Neu Helgoland

oder bedrohte Arten. Die Brücke stammt aus dem Jahr 1958 und steht heute unter Denkmalschutz. Früher gab es hier an der **Hamme** viele Gastwirtschaften, in denen die Torfschiffer Rast machten. Einige dieser ehemaligen Schutzhütten sind inzwischen beliebte Ausflugslokale. Früher war die Gaststätte **Neu Helgoland** ein solcher Anlege- und Rastplatz für die Torfschiffer aus den Dörfern des Teufelsmoores. Die Fahrt von und nach Breamen, wo der Torf als Brennmaterial verkauft wurde, dauerte mehrere Tage. Die meiste Zeit saß **Jan von Moor** allein unter dem braunen Segel seines einfachen Dielenbootes; oft musste er den Kahn vom Ufer aus auch noch mühselig ziehen.

Torfkahnfahrten ab Neu Helgoland
Adolphsdorfer Torfschiffer, Tel. 04792/951200, info@torfschiffe.de + buchung@torfschiffe.de, www.torfschiffe.de
Anleger: Hammeweg 12 (QR-Code links)

Der Name »Neu Helgoland«

Der eigenartige Name Neu Helgoland hat mit der kaisertreu-patriotischen Gesinnung unter Wilhelm II. zu tun. 1890 wurde das damals britische Helgoland deutsch, weil das Deutsche Reich die britische Oberhoheit über die Insel Sansibar im Indischen Ozean anerkannte. Der Name **Neu Helgoland** sollte an dieses Ereignis erinnern. Es ist wohl der damalige Besitzer Johann Wilhelm Bunger gewesen, auf den diese Namensgebung zurückgeht. Der Name hat die Zeiten überdauert.

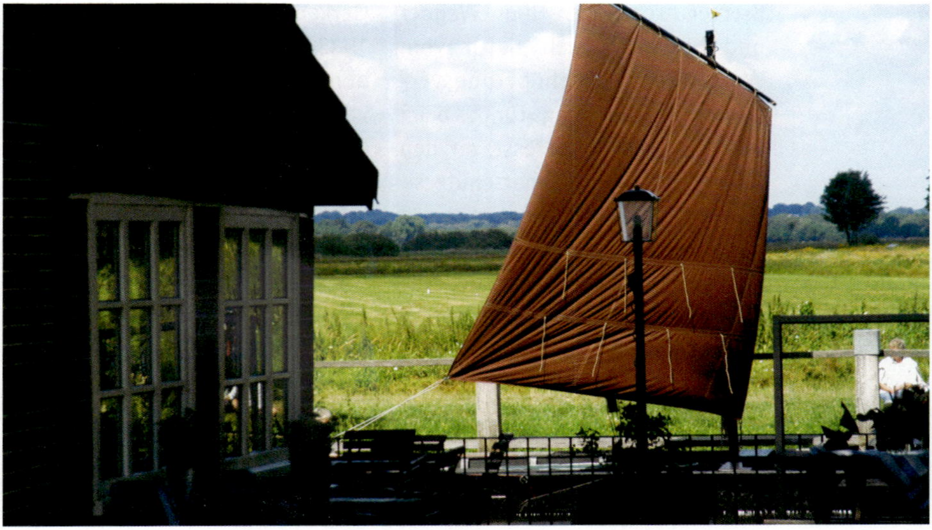

Hamme Hütte »Neu Helgoland«

Seit wann an dieser Stelle (zeitweise bzw. dauerhaft) eine Niederlassung gestanden hat, lässt sich nicht genau sagen. Vermutet wird, dass es seit dem 18. Jahrhundert eine Behausung des Torfvogts gegeben hat, damit dieser die Torfschifffahrt kontrollieren und Passagegebühren eintreiben konnte.

1873 stand auf einer inselartigen Fläche an der **Hamme** ein kleines Gebäude. Zu dieser Zeit nannte man es nach seinem Besitzer, dem Schenkwirt Johann (Diedrich?) Grimm, **Grimms Hütte**. In dem reetgedeckten, aus Ziegelsteinen massiv gemauerten und auf einer Warft gelegenen Haus kehrten die Torfschiffer ein, um sich ein wenig aufzuwärmen, den einen oder anderen »zur Brust« zu nehmen und kleinere Einkäufe zu machen. Raum- und platzsparend hing das Warenangebot unter der Decke an Haken. Deshalb sprach man von **Hakenhändlern**.

Das blieb auch so, als der Zimmermann Johann Wilhelm Bunger, der die Tochter Grimms geheiratet hatte, etwa um 1900 den Betrieb übernahm, der von da an **Bungers Hütte** hieß (aus dieser Zeit datiert übrigens auch die Bezeichnung **Neu Helgoland**). Allerdings profitierte Bunger weniger von der Torf- als von der erheblich zunehmenden Personenschifffahrt. 1905 ließ er das zu klein gewordene Haus abreißen und an seiner Stelle ein Fachwerkhaus mit überdachter Veranda errichten. Die Pläne kamen vom

Die Hamme Hütte in Neu Helgoland ist eine Gaststätte mit langer Tradition als Anlege- und Rastplatz für die Torfschiffer

Bremer Architekten Hugo Wagner und Bunger erhielt dafür vom Worpsweder Verschönerungsverein eine Anerkennung »für das beim Bau bewiesene Interesse an den Bestrebungen des Heimatschutzes«. Vor dem Haus – heute befindet sich dort eine größere Rasenfläche – gab es einen kleinen Hafen, in dem die Kähne und Schiffe festmachten. Als die Eisenbahnstrecke von Osterholz über Worpswede nach Bremervörde projektiert (und 1909 gebaut) wurde, sah Bunger für sich und seine Familie allerdings keine Zukunft mehr. Er befürchtete einen erheblichen Rückgang der **Personenbeförderung** auf der Hamme. Er wanderte nach Brasilien aus und kam dort zu Wohlstand. Ab 1908 soll Georg Rust Pächter gewesen sein, er war auch der Besitzer der weiter unterhalb an der Hamme gelegenen Hütte **Kiautschau.** Ab 1912 pachtete Hermann Gerken das Anwesen, nachdem er von Amerika nach Deutschland zurückgekehrt war. 1928 kaufte Gerken die Gaststätte und baute 1933 daneben ein Wohnhaus, das dem Anwesen das heute noch vorhandene Aussehen gab.

Während des Zweiten Weltkrieges übernahm Gerkens Tochter Erna zusammen mit ihrem Mann Wilhelm Krogmann den Betrieb. Die **Gaststätte** wurde wegen der Einquartierung von Flüchtlingen bis Ende der 1940er Jahre (und in den 1970er Jahren noch einmal aus anderen Gründen) geschlossen.

Insgesamt ist das Haus mit seiner bevorzugten Lage an der Hamme ein besonderer Anziehungspunkt in und für Worpswede.

Winterlicher Blick auf den Fluss Hamme und die Hammeniederung bei Neu Helgoland

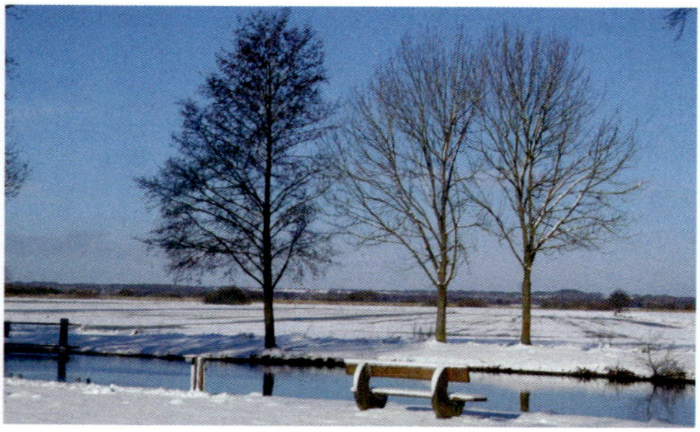

{N}iedersachsenstein

Der 18 m hohe **Niedersachsenstein** auf dem **Weyerberg**, der von weitem aussieht wie ein Vogel (»Ein Vogel, der die Flügel ausbreitet und sich zur Sonne erhebt«, – das ist die künstlerische Idee der 1922 fertiggestellten Skulptur), wurde von dem Architekten **Bernhard Hoetger** (1874 – 1949) entworfen, der auch das **Kaffee Worpswede** (Kaffee Verrückt) und die **Böttcherstraße** in Bremen schuf.

Eigentlich sollte Hoetger auf dem Weyerberg ein Bismarck-Denkmal errichten. Doch nach den Schrecken des Ersten Weltkrieges änderte sich die Konzeption zugunsten eines Denkmals für die gefallenen Soldaten aus der Region. Die Gemü-

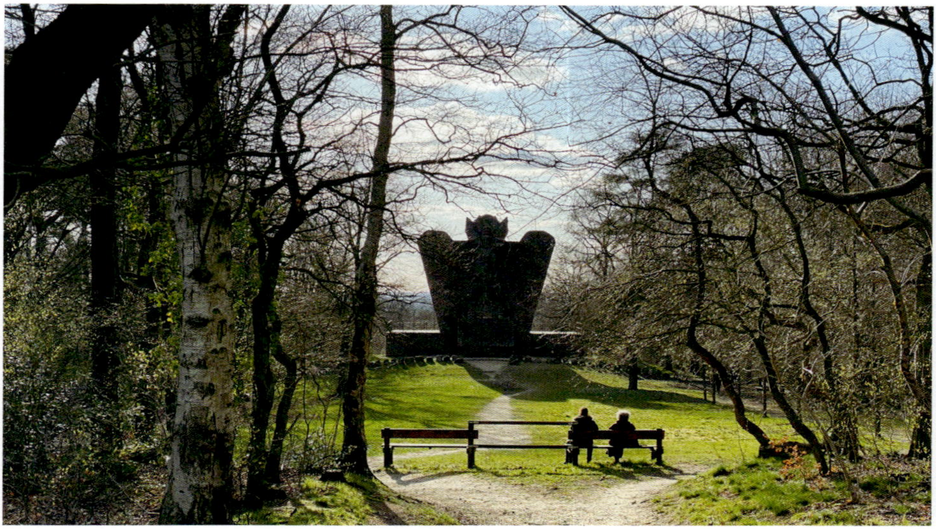

ter erregten sich im Streit um die Ausführung, denn die expressionistischen und kubistischen Ziegelornamente am Niedersachsenstein gefielen nicht allen.

Der Niedersachsenstein wurde nach 1918 mit finanzieller Unterstützung des Bremer Kaufmanns Ludwig Roselius in der heutigen Form realisiert. Aus der Nähe lassen sich auf dem von – mit Namen gefallener Soldaten aus dem Ersten Weltkrieg gravierten – 173 **Gedenksteinen** (Findlingen) umgebenen Mahnmal Szenen und Figuren ablesen. Der Stein musste wegen seines exponierten Standortes mehrfach saniert werden, sehr umfassend 1998/99 durch die **Stiftung Worpswede** (im 2010 eröffneten Ladenlokal in der Bergstr. 32 in der »Huys-Passage« werden gespendete Bücher, Schmuck und Gebrauchsgegenstände sowie andere Raritäten für den guten Zweck – u.a. Schutz der Marcusheide – verkauft).

Weitere Informationen
Tourist-Information, Bergstr. 13,
Tel. 04792/935820, info@worpswede-touristik.de, www.worpswede-touristik.de

{O}rtsarchiv

Hier können Interessierte nach Anmeldung viel über die **Geschichte** des Ortes erfahren, z.B. auf alten Fotos, Karten, Zeitungen, Flugblättern, Urkunden etc.

Ortsarchiv der Gemeinde
Bergstr. 1, Tel. 04792/2709,
ortsarchiv@worpswede.de

Ruhepause am Niedersachsenstein auf dem Weyerberg

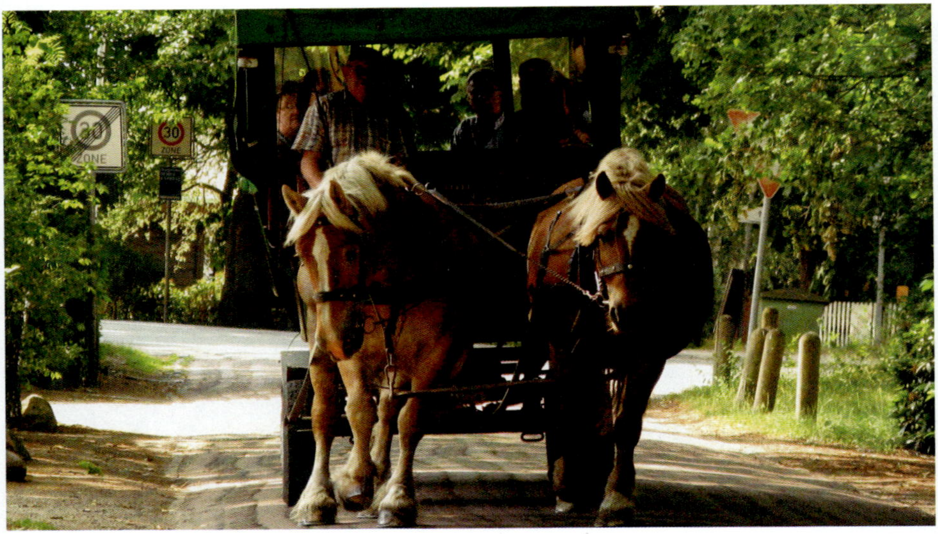

Eine beschauliche Art, das Künstlerdorf zu erkunden, ist mit der Pferdekutsche

{P}ferdekutschfahrten

Bei **Kremser- und Kutschfahrten** können Worpswede-Besucher wie vor Jahrhunderten auf die romantische Art durch den Künstlerort reisen. Die Fahrgäste können sich am Bahnhof oder in Neu Helgoland abholen lassen oder eine Rundfahrt durch den Ort machen. Es ist auch möglich, eine kombinierte Torfkahn-, Moorexpress- oder Schifffahrt mit einer ein- bis zweistündigen Kutsch- oder Kremserfahrt zu buchen. Die einheimischen **Kutscher** wissen viel über die Geschichte und das Leben in Worpswede sowie über die Bewohner zu berichten.

Info & Buchung
Worpsweder Tourist-Information, Bergstr. 13, Tel. 04792/935820, info@worpswede-touristik.de, www.worpswede-touristik.de. Zu buchen sind die Fahrten auch direkt über die Firma Kutsch- und Kremserfahrten Broka, Bahnhofstr. 18, Tel. 04792/1293

{P}hiline-Vogeler-Haus

Dieses unwöhnliche **Backsteingebäude** stammt aus dem Jahr 1928 und wurde von dem Architekten und Bildhauer **Bernhard Hoetger** (1874 – 1949) für die Weberin Elisabeth Vatheuer erbaut. 1929 übernahm die Kaffee HAG das Haus. Philine Vogeler, die Schwägerin Heinrich Vogelers, richtete in dem Gebäude eine Kunstausstellung ein. Später führten Martin Goldyga, dann Ursula Köhler und Hans-Herman Rief (der Kunsthistoriker verstarb am 17.08.2009 im

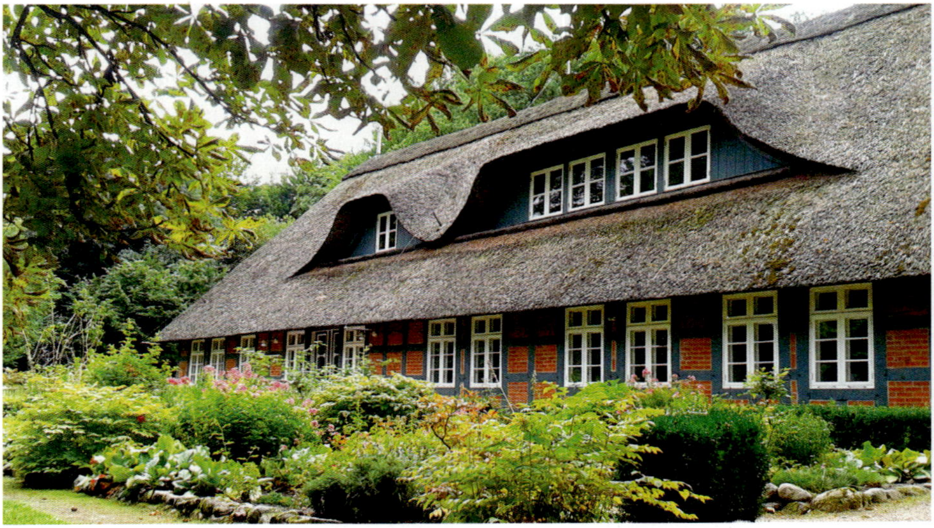

Das Rathaus liegt mitten im historischen Ortskern

Alter von 100 Jahren) den Betrieb der Kunstausstellung weiter. Im Rahmen des Masterplans wurde vor einiger Zeit neben der Umgestaltung der **Bergstraße** in eine Flaniermeile mit Kunst und Kultur, auch der Ausbau des Philine-Vogeler-Hauses realisiert. Heute ist hier die Worpsweder Tourist-Information untergebracht.

Worpsweder Tourist-Information
Bergstr. 13, Tel. 04792/935820,
info@worpswede-touristik.de,
www.worpswede-touristik.de

{R}athaus

Mitten im historischen Ortskern stand das ehemalige **Nicolaus-Bötjer-Haus**, das unter Denkmalschutz stand. Es war ein 200 Jahre altes **Bauernhaus**, das in den siebziger Jahren drohte komplett zu zerfallen. 1984 wurde es nach einem Beschluss des Gemeinderates saniert und zum Worpsweder **Rathaus** ausgebaut. Durch aufwendige Renovierungs- und Restaurierungsarbeiten, bei denen wertvolle historische Baustrukturen bewahrt wurden, entstand ein repräsentatives Gebäude, das nicht nur ein Verwaltungsgebäude, sondern auch ein vielgenutzter Veranstaltungsort wurde.

Eine **Brandkatastrophe** nach einem Blitzeinschlag zerstörte den historischen Teil des Rathauses in der Nacht vom 13./14.6.1997 – durch das frühe Eintreffen der Feuerwehr konnte der moderne Anbau vor den Flammen gerettet werden.

In nur 10 Monaten gelang es, das ehemalige Bauernhaus ohne sichtbare Veränderungen wieder aufzubauen. Heute erstrahlt das Rathaus wieder in neuem Glanz.

Rathaus Worpswede
Bauernreihe 1, Tel. 04792/3120,
rathaus@gemeinde-worpswede.de,
www.gemeinde-worpswede.de

{R}oseliusstein

Zu Ehren des Bremer Kaffeekaufmanns **Ludwig Roselius** (1874–1943) wurde im Waldgelände hinter dem Barkenhoff ein Steinmonument gesetzt, das einem **Großsteingrab** ähnlich sieht. Das Denkmal, auf dessen zwei massiven Pfeilern sich ein großer Kalkstein aufbaut, erinnert an den Erfinder des koffeinfreien Kaffee-HAG. Roselius hatte den Architekten Hoetger, der in Worpswede u.a. 1925 das heutige Restaurant **Kaffee Worpswede** (Kaffee Verrückt) erbaute, maßgeblich unterstützt, und ein Museum, das bis zum Jahr 2004 die von ihm finanzierten Exponate aus der Vor- und Frühgeschichte beherbergte, trug seinen Namen.

Wer an Museen interessiert ist, dem kann der Autor einen Ausflug ins benachbarte Bremen empfehlen: Hier befindet sich neben dem **Paula Modersohn-Becker-Museum** auch das Roselius-Haus, das den historischen Mittelpunkt der **Böttcherstraße** bildet.

Der einem Großsteingrab ähnliche Roseliusstein liegt mitten im Wald hinter dem Barkenhoff versteckt

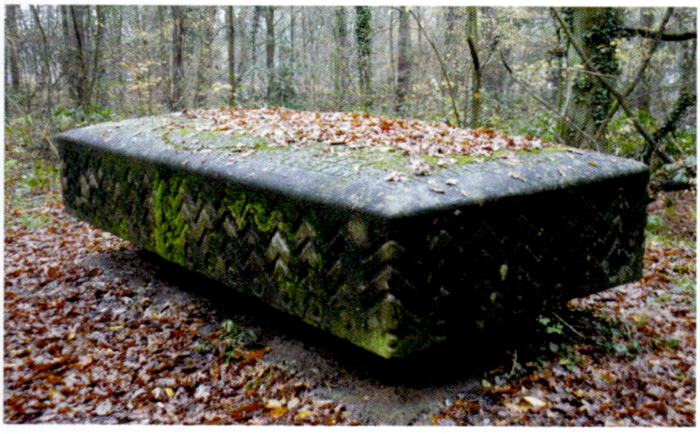

{S}chwimmbad – siehe Hallenbad

{S}ehenswürdigkeiten

Das Künstlerdorf Worpswede hat neben diversen Galerien und Museen viele **Sehenswürdigkeiten** zu bieten – darunter u.a. Bacchusbrunnen, Bahnhof, Barkenhoff (Heinrich-Vogeler-Museum), Bertelsmann-Haus, Brünjeshof, Buddha, Das Kreative Haus, Diedrichshof, Findorff-Denkmal, Haus im Schluh, Hoetger-Ensemble (u.a. mit dem Kaffee Verrückt), Käseglocke, Mackensen-Eiche, Mühle, Niedersachsenstein, Weyerberg, Zionskirche, Zugbrücke in Neu Helgoland (an der Hamme). Die Beschreibungen finden Sie unter den entsprechenden Stichworten in diesem Reiseführer.

Sollten Sie Worpswede nicht nur für einen Tag besuchen, sondern über Nacht bleiben wollen, so gibt es zahlreiche Hotels oder Ferienhäuser und -wohnungen für Ihre Unterkunft. Für das leibliche Wohl sorgen zahlreiche Restaurants und Gaststätten.

Weitere Infos
www.worpswede24.de

{S}kulpturengarten – siehe Labyrinth (am Rastplatz Bauernreihe)

{S}kulpturengruppe »Erwartung« (»Graue Männer«)

Die sieben identischen Betonfiguren (je ca. 250 kg) des **Bremer Künstlers Jimmi D. Paesler** wurden 2018 anlässlich der Worpsweder 800-Jahr-Feier am Parkplatz Bergstraße aufgestellt. Sie entstanden in Zusammenarbeit mit dem Verein »Mauern öffnen« und 16 Häftlingen in der Bildhauerwerkstatt der Bremer Justizvollzugsanstalt. Das Kunstwerk bezieht sich auf das Gemälde »Die Erwartung« von Richard Oelze und stellt in Mäntel gekleidete Männer dar, von denen jeder ein Buch mit dem Logo des Vereins »Mauern öffnen« hält. Oelze lebte und arbeitete lange in Worpswede und gilt heute als einer der wichtigsten Maler des Künstlerdorfes.

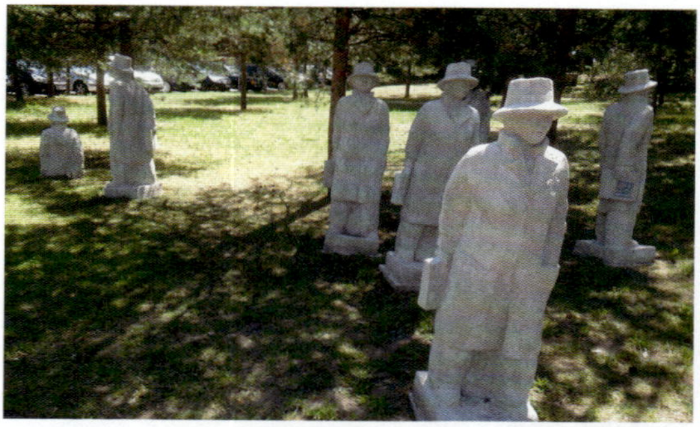

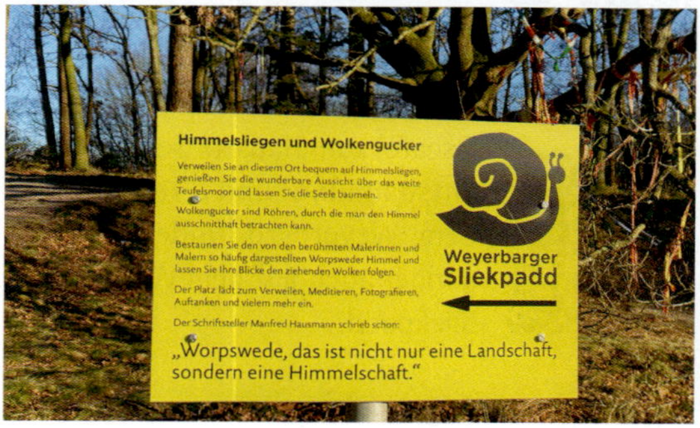

Die Skulpturengruppe »Graue Männer« können Besucher am zentralen Parkplatz in der Bergstraße bestaunen (oben), Info-Tafel (zu Himmelsliegen und Wolkengucker) auf dem Weyerbarger Sliekpadd (unten)

{S}kulpturenpfad – siehe Bergstraße

{S}liekpadd – siehe Spaziergänge

{S}paziergänge

Der Künstler- und staatlich anerkannte **Erholungsort** eignet sich hervorragend für Spaziergänge und zum Wandern. Schon die berühmte Malerin Paula Modersohn-Becker (1876 – 1907) stellte fest: »Worpswede, Worpswede, Worpswede ... es ist ein Wunderland, ein Götterland.« Worpswede lässt sich nicht an einem Tag zu Fuß erkunden – der Besucher sollte sich eine Route zusammenstellen, z.B. vom Hoetger-Ensemble über die Käseglocke zum Barkenhoff, vom Philine-Vogeler-Haus über das Stolte-Haus zur historischen Bauernreihe, von der Kunsthalle über die 1759 eingeweihte Zionskirche zum Friedhof, von der Lindenallee zum Niedersachsenstein auf dem Weyerberg, von der Worpsweder Mühle über Neu Helgoland zum Naturschutzgebiet Breites Wasser oder auch von der Bergstraße über das Museum am Modersohn-Haus (neben dem Eiscafé) zum Haus im Schluh.

Entspannung und Erholung auf dem Weyerberg finden Spaziergänger auch auf dem Weyerbarger Sliekpadd.

{S}pielplätze – s. Kinderspielplätze

{S}teg am Weyerberg

Es ist der erste von neun Haltepunkten der »Klimatour Teufelsmoor«, eine über 42 km führende Radtour, die sich mit den Auswirkungen des Klimawandels auf Menschen, Flora und Fauna befasst und anhand von konkreten Beispielen aufzeigt, wie sich dieser auf das Teufelsmoor auswirkt.

Die Tour ist nicht ausgeschildert, daher benötigen Sie GPS oder eine Radwanderkarte, außerdem hält die Touristinformation eine Broschüre bereit (oder QR-Code).

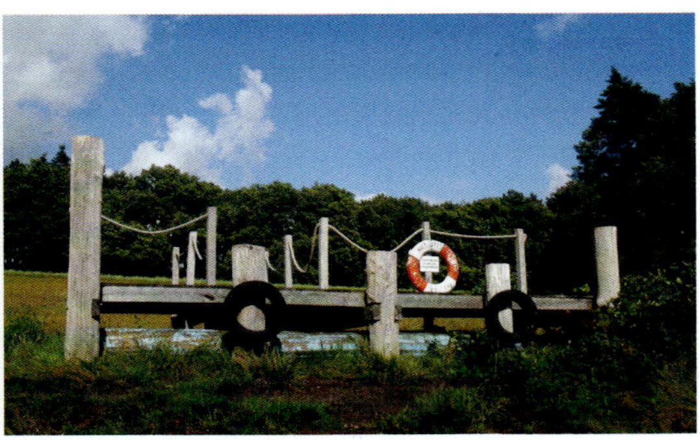

Der Steg am Weyerberg soll auf die Auswirkungen des Klimawandels hinweisen

Dort, am Philine-Vogeler-Haus, ist auch der Start- und Zielpunkt. Ein Pfosten am Steg am Weyerberg zeigt den zu erwartenden Meeresspiegel 2026 und 2039 an.

Neben der Aufklärung kommt dabei auch der Spaß am Fahrradfahren und die Freude an der Natur nicht zu kurz. Die Tour führt über die neue Brücke bei Melchers Hütte, vorbei an Aussichtstürmen und Rastplätzen mit Tischen und Bänken, die zum Verweilen einladen.

{S}tipendiatenstätten – siehe Künstlerhäuser

{S}usenbarg

Ist eine der steilsten Straßen in Worpswede direkt am Weyerberg, dort gibt es nur ein Haus (Willi Ohler-Haus); bei Schnee ist die Straße ein beliebter Treff für Rodler.

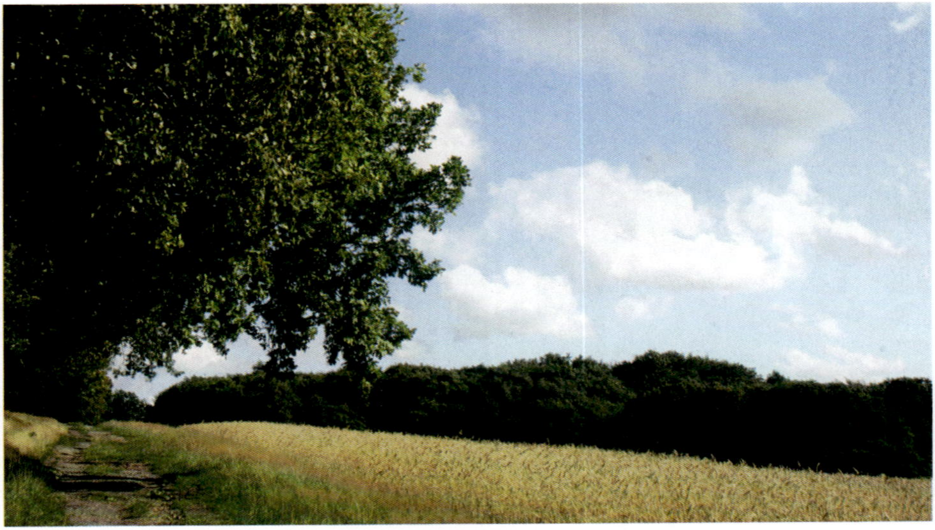

{T}eufelsmoor

Das **Teufelsmoor** ist eine Landschaft in Niedersachsen. Es macht einen großen Teil des Landkreises Osterholz aus, der nördlich von Bremen liegt und bis in angrenzende Teile des Landkreises Rotenburg (Gemeinde Gnarrenburg) reicht. Etwas außerhalb des Ortes gibt es die Teufelsmoorstraße, die direkt durch das Teufelsmoor Richtung Pennigbüttel/ Osterholz-Scharmbeck führt.

Weitere Infos

Wissenswertes über das Kulturland Teufelsmoor finden Sie unter www.kulturland-teufelsmoor.de

{T}orfkahn & Torfkahnfahrten

Im **Teufelsmoor** war noch zu Beginn des 20. Jahrhunderts der **Torfkahn** das einzige Verkehrsmittel im Moor. Mit ihm besuchten sich Nachbarn, fuhren Hochzeitsgäste zur Kirche und Kinder zur Schule. Außerdem wurde auf ihnen das Vieh transportiert. Vor allem aber waren sie das Transportmittel der **Moorbauern**, die den Torf in die Städte des Umlandes fuhren.

Heute sind es meist Touristen, die bei einer Torfkahnfahrt die Schönheiten der Natur im Teufelsmoor genießen. In den Monaten Mai bis Oktober haben Besuchergruppen die Möglichkeit, Worpswede auf romantische Art per Torfkahn zu erreichen (z.B. ab Ritterhude-Schleuse bis Worpswede in ca. zwei

Auf dem Weyerberg lädt der Lisel-Oppel-Weg zum Spazierengehen ein

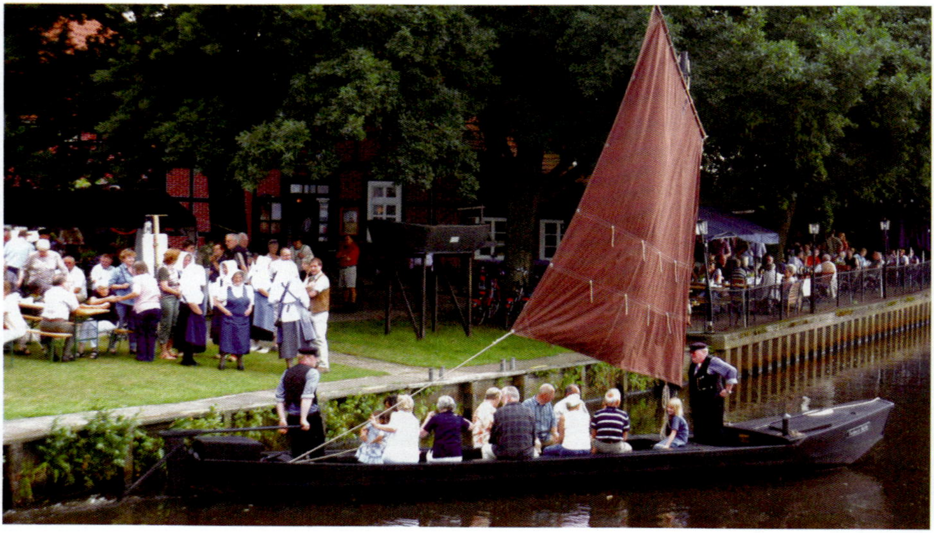

Torfkahnfahrten sind besonders bei Touristen beliebt, hier am Anleger an der Hamme Hütte

Stunden – jeder Torfkahn bietet Platz für 16 Personen).

Reservierung und Buchung
Worpsweder Tourist-Information, Bergstr. 13, Tel. 04792/935820, info@worpswede-touristik.de, www.worpswede-touristik.de

Weitere Infos
www.torfkahnfahrten.com

Torfkahnfahrten (Auswahl):

Adolphsdorfer Torfschiffer
(fahren ab Neu Helgoland – Anleger: Hammeweg 12 – in Worpswede), Tel. 04792/951200, info@torfschiffe.de + buchung@torfschiffe.de, www.torfschiffe.de

Gasthof »Zur Kreuzkuhle«
An der Kreuzkuhle 13, 27442 Gnarrenburg, Tel. 04794/263, kreuzkuhle@web.de, www.kreuzkuhle.de

Torfkahnfahrten
mit dem Torfkahn »Annastasia« (24 Personen), Torfschipper Jürgen Schindler, Tel. 04793/953715, jschindler@torfkahnfahrten.de, www.torfkahnfahrten.de

Worpsweder Torfschifffahrt
Wolfgang Wedelich, Tel. 04792/989 7575, info@worpsweder-torfschifffahrt.de, www.worpsweder-torfschifffahrt.de

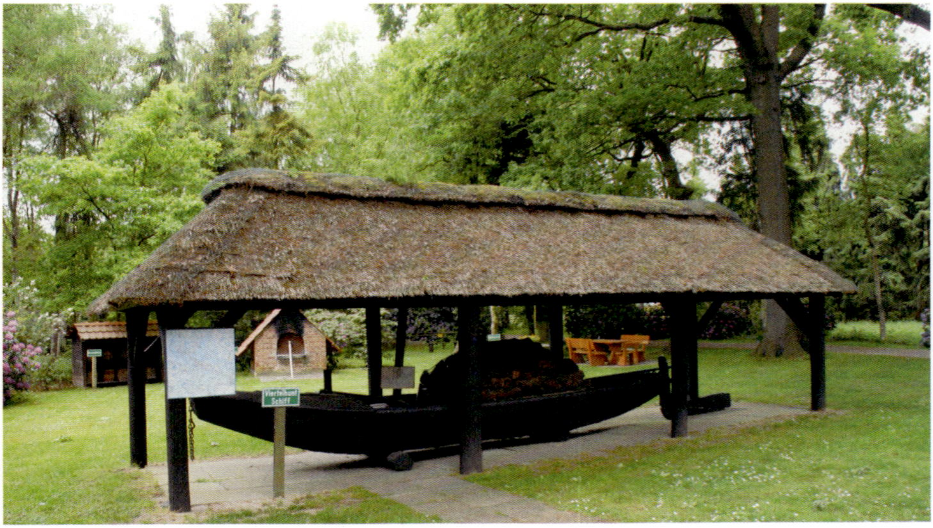

Die Torfschiffswerft in Schlußdorf ist heute ein beliebtes Touristenziel

Empfehlenswert ist alljährlich im August die **Hammenacht**. Zum Teil historische **Torfkähne** kreuzen dann zwischen ausgewählten kulinarischen Zielen. Alle drei Jahre findet die **Torfkahnarmada** statt, bei der zuletzt fast zwei Dutzend Torfkähne von Worpswede-Neu Helgoland nach Bremen-Findorff und zurück ins Teufelsmoor fuhren.

{T}orfschiffswerft

Wer die alten Torfschiffe, die früher und heute noch über die **Hamme** fahren (s. Torfkahnfahrten), gern einmal im **Museum** besichtigen möchte, kann sich auf den Weg nach Schlußdorf (bei Worpswede) machen. Hier hat der Heimatverein eine alte Scheune vor dem Verfall gerettet und in liebevoller Arbeit zu einem Museum der Moorkolonisation und Schifffahrt umgestaltet. Seit ihrer Eröffnung 1977 ist die **Torfschiffswerft** schnell über die Grenzen Worpswedes hinaus bekannt geworden und heute ein beliebtes touristisches Ziel.

In der kleinen Werft wurden von 1850 bis 1954 mehr als 600 Torfkähne gebaut, die 6 cbm Torf fassen konnten. Das entsprach damals 50 Körben Torf – also einem halben Hundert, weshalb die Bauern sie **Halbhundertschiffe** nannten.

Die Schiffe waren etwa 10 m lang, zu ihrer Ausrüstung gehörte ein 6,5 m langes Ruder zum Staken sowie ein kürzeres zum Wriggen. Die Torfkähne verfügten über ein braunes, schweres Segel, um auch

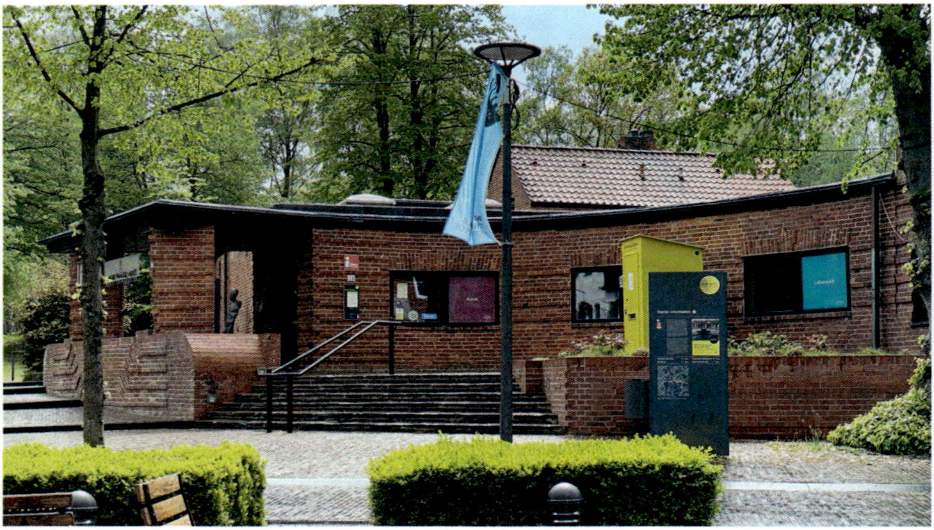

Im Philine-Vogeler-Haus ist die Tourist-Information untergebracht

die starken Winde ausnutzen zu können.
Heute erinnern Fotos von der **Torfschifffahrt**, vom **Torfabbau** und **Moorhütten** an die alte Zeit, aber auch **Klappstau** (der Stau sorgte für einen stabilen Wasserstand und ermöglichte den Verkehr mit den Torfkähnen in flachen Gewässern), Bauernbackofen, Ziehbrunnen und ein Original-Torfschiff ist hier ausgestellt.

Torfschiffswerft-Museum
Schlußdorfer Str. 20, Tel. 04792/2575, info@torfschiffswerft-museum.de, www.torfschiffswerft-museum.de
Besichtigungen nach Voranmeldung – direkt nebenan befindet sich übrigens das **Fietscafé22**, Tel. 04792/9896563, info@fietscafe22.de, www.fietscafe22.de

{T}ourist-Information Worpswede
Auskünfte, Broschüren, Prospekte, Informationen, Karten und Tickets gibt es bei der **Worpsweder Tourist-Information.** Zum Gebäude – siehe Philine-Vogeler-Haus

Worpsweder Tourist-Information
Bergstr. 13, Tel. 04792/935820, info@worpswede-touristik.de, www.worpswede-touristik.de (QR-Code links)

{Ü}bernachtungen
In Worpswede und umzu gibt es vielfältige Übernachtungsmöglichkeiten.

Infos bei der Tourist-Information, eine aktuelle Übersicht finden Sie hier:

{V}ogeler-Museum – siehe Museumsverbund

{W}eihnachtsmarkt – siehe Xmas

{W}eyerbarger Sliekpadd – siehe Spaziergänge

{W}eyerberg

Am Wochenende ist der **Weyerberg**, der vom **Teufelsmoor** umgeben ist, das Ziel vieler Touristen, Jogger und Spaziergänger (mit Hunden) etc., die den Blick auf Worpswede von seiner höchsten Erhebung (54,4 m) aus genießen wollen.

Der Name Weyerberg bedeutet so viel wie »bewaldeter Hügel«. »Worps« bedeutet Hügel, »Wede« der Wald. In »Weyer« steckt die »dahergewehte« Düne. Der Begriff lässt sich aber auch mit Wäldchen übersetzen.

Bei guter Sicht reicht der Blick vom **Niedersachsenstein** bis in die Kreisstadt Osterholz-Scharmbeck. Wenn Sie einmal eine **Kohlfahrt** am Fuße des Weyerbergs – veranstaltet von den Gastgebern in Worpswede – machen möchten, so können Sie Karten und Informationen über die Worpsweder Tourist-Information bekommen.

Worpsweder Tourist-Information
Bergstr. 13, Tel. 04792/935820, info@worpswede-touristik.de, www.worpswede-touristik.de

Kohltour

In der kalten Jahreszeit trifft man vermehrt auf Gruppen, die dick eingemummelt, mit einem Eierbecher um den Hals und einem Bollerwagen im Schlepptau durch die Landschaft wandern. In gesamten Nordwesten Deutschlands gibt es diese Tradition: die Kohltour. Mit geckigen Spielen wie Teebeutelweitwurf, Liedergurgeln, Spaghetti-in-Makkaroni-Einfädeln usw. vertreibt man sich die Zeit in der Kälte, wobei der Verlierer jeweils einen Kurzen trinken muss. Aus Solidarität trinkt der Gewinner natürlich einen mit! Einen Kurzen gibt es übrigens auch an jeder Weggabelung oder Kreuzung. Nach etwa zwei bis drei Stunden Fußmarsch ist die feucht-fröhliche Angelegenheit in der Kälte dann endlich vorbei, aber die Kohltour noch lange nicht. Denn jetzt wartet ein deftiger Schmaus im Restaurant der Wahl: Kohl und Pinkel – traditionell wird der Grünkohl hier mit einer geräucherten Grützwurst (Pinkel), Kochwurst, Kasseler und Kartoffeln serviert.

{W}inter in Worpswede

Besonders reizvoll ist Worpswede auch im Winter, wenn die weißen Flocken das Künstlerdorf mit all ihrer Pracht bedecken. Gerade am Wochenende ist dann der Weyerberg das Ziel vieler Touristen und Dorfbewohner, die mit ihren Schlit-

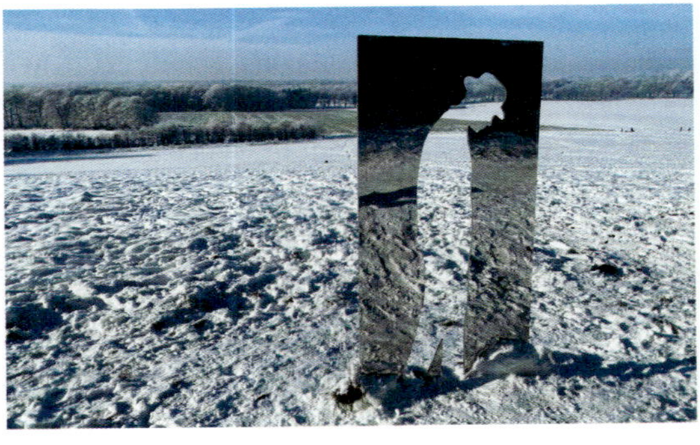

»Mann in der Ferne« auf dem Weyerberg im Winter – eines von zehn Motiven (»Worpsweder Spiegelungen«) des Künstlers Roland Darjes

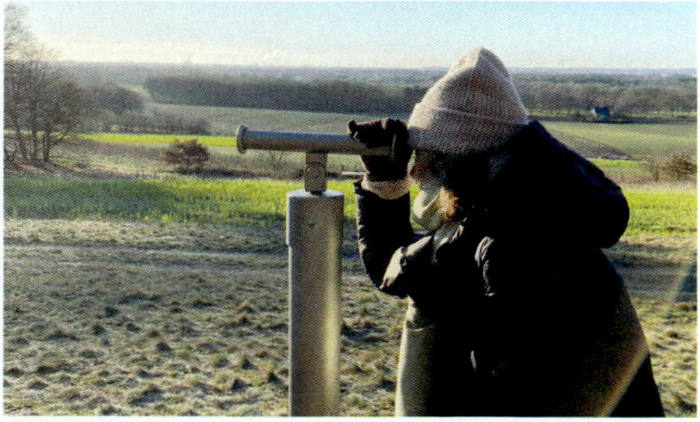

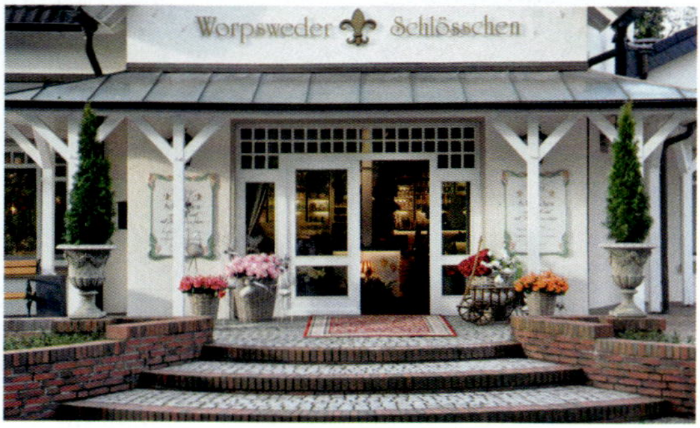

Eine Wolkenguckerin am Weyerbarger Sliekpadd betrachtet den Himmel ausschnitthaft mit einer Röhre (oben), Eingang zum Worpsweder Schlösschen (unten)

ten die Rutschpartie von der 54,4 Meter hohen Erhebung genießen.

{W}olkengucker

Auf dem Weyerbarger Sliekpadd haben Spaziergänger die Möglichkeit, den Himmel mit einem Wolkengucker ausschnitthaft zu betrachten. Der Platz, der sich direkt neben den Himmelsliegen am Susenbarg befindet, lädt Besucher zum Verweilen, Meditieren, Fotografieren u.v.m. ein – bestaunen Sie den von den berühmten Malern in ihren Gemälden so oft dargestellten Worpsweder Himmel und genießen Sie die Ruhe und den Weitblick – schon der Schriftsteller, Journalist und Laienprediger Manfred Hausmann (1898-1986), der früher für die SPD im Worpsweder Gemeinderat saß, schrieb: »Worpswede, das ist nicht nur eine Landschaft, sondern eine Himmellandschaft.«

{W}orpsweder Schlösschen

Das Worpsweder Schlösschen erinnert daran, dass Worpswede im 17. Jahrhundert fast Standort eines Schlosses geworden wäre. Durch den Dreißigjährigen Krieg war die schwedische Königin Christine Landesherrin der Region. Sie gab ihrem Verwandten, dem Landgraf von Hessen-Eschwege, ein Stück Land in der Nähe des Ortes. Hier sollte das Schloss entstehen.

Über Planungen und Vorbereitungen kam dieses Projekt jedoch kaum hinaus. Der Landgraf zog schon bald auf Seiten der Schweden in den schwedisch-polnischen Krieg (1654–60). Er starb und mit ihm starben die Pläne für das Schloss in Worpswede. Bis ins 20. Jahrhundert blieb aber ein als »Slottschün« (Schlossscheune) bekanntes Fachwerkhaus erhalten. Es war im Zuge der Arbeiten für das Schloss errichtet worden und musste nach 1930 Straßenbauarbeiten weichen.

Ein Schloss gibt es bis heute nicht in Worpswede. Besuchen kann man heute allerdings das Worpsweder Schlösschen, das mit seiner einzigartigen Architektur, der Beleuchtung und seinen ca. 20.000 Swarovski-Kristallen im Innenraum wahrlich wie ein kleines Schloss wirkt. Es ist ein Ort des Kunsthandwerks, der schönen Dinge und der Feinkost im Künstlerdorf und trägt seinen Namen als Hommage an den damals geplanten Schlossbau. Als Besuchermagnet mit liebevoll gestalteten Auslagen steht es einem echten Schloss kaum nach.

Worpsweder Schlösschen
Hembergstr. 5, Tel. 04792/9877990,
kontakt@worpsweder-schloesschen.de

{X}mas

Sollten Sie in der Weihnachtszeit in Worpswede sein, so ist der Worpsweder Weihnachtsmarkt empfehlenswert: Es findet i.d.R. im Dezember auf dem Dorfplatz in der Bergstraße (Parkplatz) statt.

Nicht verpassen sollten Sie auch den Weihnachtsmarkt in der »Music Hall« - dort bekommen die Besucher alljährlich in den malerischen Kulissen eines mittelalterlichen Dorfkerns im winterlichen Budenzauber Adventsschmuck, Handwerkliches und kleine Geschenkideen für die Weihnachtszeit zu sehen.

{Z}ionskirche

Die **Zionskriche** auf dem **Weyerberg** wurde 1757-59 erbaut, die Baumaßnahmen leitete der Moorkolonisator **Jürgen Christian Findorff**. Sehenswert sind in der Kirche der Kanzelaltar mit Rokoko-Ornamenten und die **Blumenmalereien** von **Paula Modersohn-Becker** sowie die **Engelsputten** von **Clara Westhoff** in den Zwickeln der Säulen auf der Empore. Diese »Strafarbeit« war den beiden vom Vorstand der Kirche auferlegt worden, nachdem sie an einem Sonntag im August 1900 den **Kirchturm** bestiegen, und durch das Läuten der Glocken einen Feueralarm auslösten. Die Gloger-Orgel von 1762 ist nicht erhalten, 2011/12 wurde das Instrument durch den Orgelbauer Henrik

Blick über den Worpsweder Friedhof mit der Zionskirche

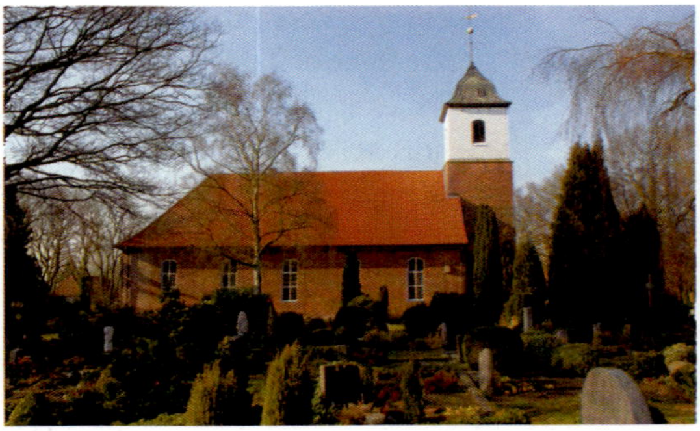

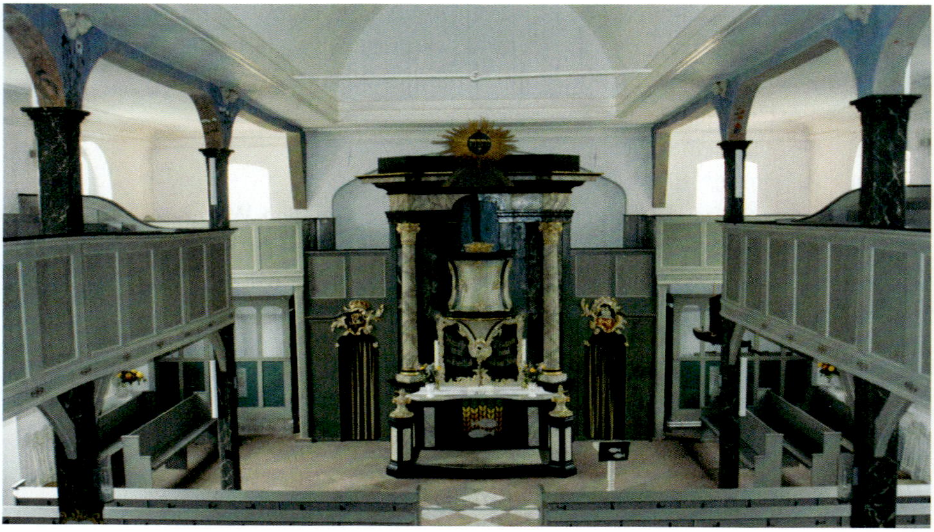

Blick in die Zionskirche mit dem Kanzelaltar

Ahrend in Anlehnung an das Orginal rekonstruiert. Der **Kirchturm**, die »Krone vom Weyerberg«, wurde 1798 angefügt. Mit seinem barocken Turmhelm war und ist er – wie die gesamte Kirche – ein beliebtes Motiv der Worpsweder Künstler.

Auf dem **Friedhofsgelände** rund um die Zionskirche haben viele berühmte **Künstler** und andere wichtige **Persönlichkeiten** ihre letzte Ruhe gefunden, u.a.:
Arste, Karl (1899 – 1942) (Maler, Schriftsteller), Bertelsmann, Walter (Maler, Grafiker) (1877 – 1963), Bötjer-Mallet, Sophie (Malerin) (1887 – 1966), Dammasch, Willy (Maler, Grafiker) (1887 – 1982), Dodenhoff, Heinz (Maler, Lyriker) (1889 – 1981), Dodenhoff, Rudolf (Fotograf) (1917 – 1992), Ende, Hans am (Maler) (1864 – 1918) – er wurde nach seinem Tod in Bremen auf dem Riensberger Friedhof beigesetzt und sein Grabstein wurde nach 1945 zum Worpsweder Friedhof gebracht und auf dem Grab seiner Frau aufgestellt, Fischer-Uwe, Bruno (Maler) (1915 – 1992), Huys, Bernhard (Benny) (Maler) (1895 – 1973), Kaufmann, Bernhard (Verleger) (1896 – 1980), Koenemann, Edwin (Schriftsteller) (1883 – 1960) – siehe auch Käseglocke –, Krummacher, Karl (Maler, Schriftsteller) (1867 – 1955), Licht, Ernst (Komponist) (1892 – 1965), Mackensen, Fritz (Maler) (1866 – 1953), Meyer-Osburg, Willy (Maler) (1934 – 2005), Modersohn-Becker,

Paula (Malerin) (1876 – 1907), Müller-Vogeler, Bettina (Hand- und Bildweberin – Tochter von Heinrich und Martha Vogeler) (1903 – 2001), Netzel, Friedrich (Fritz) (Galerist und Kunsthändler) (1891 – 1945), Netzel, Friedrich, jun. (Kunsthändler) (1929 – 1994), Netzel, Friedrich, sen. (Kaufmann, Buchbinder) (1854 – 1931), Ohler, Willi (Keramiker, Maler) (1888 – 1975), Oppel, Lisel (Malerin) (1897 – 1960), Peters, Udo (Maler) (1884 – 1964), Rief, Hans-Herman (Kunsthistoriker, Kurator und Fachautor, Archivar im Haus im Schluh und Sammler) (1909 – 2009), Saebens, Hans (Fotograf, Grafiker, Maler) (1895 – 1969), Sander-Plump, Agnes (Malerin) (1888 – 1980), Scharrelmann, Wilhelm (Schriftsteller, Erzähler) (1875 – 1950), Schiestl-Arding, Albert (Maler) (1883 – 1937), Schnaars-Vogeler, Martha (Weberin – Schwester von Bettina) (1905 – 1993), Uphoff, Fritz (Maler) (1890 – 1966), Uphoff-Schill, Lore (Malerin) (1890 – 1968), Vogeler, Jan (Professor für Philosophie in Moskau – Sohn von Heinrich Vogeler und seiner zweiten Ehefrau Sonja Marchlewska) (1923 – 2005), Vogeler, Martha (Malerin und Bildweberin) (1879 – 1961) (Ehefrau von Heinrich Vogeler), Wilke, Paul Ernst (Maler, Grafiker) (1894 – 1971), Wittler, Arrigo (Maler und Zeichner) (1918-2004) und Zurek, Maryan (Maler, Bildhauer) (1889 – 1943).

Ev. Luth. Kirchengemeinde
An der Kirche 1, Tel. 04792/96335, kg.worpswede@evlka.de, www.zionskirche.net

{Z}ugbrücke

Die Worpsweder **Hammebrücke** (Zugbrücke) in Neu Helgoland überquert die Hamme beim Ausflugslokal Hamme Hütte in **Neu Helgoland.** Dort gibt es auch idyllische Spazier- und Radwege durch die Hammeniederung.

Die Zugbrücke an der Hamme in Neu Helgoland im Winter bei Sonnenuntergang

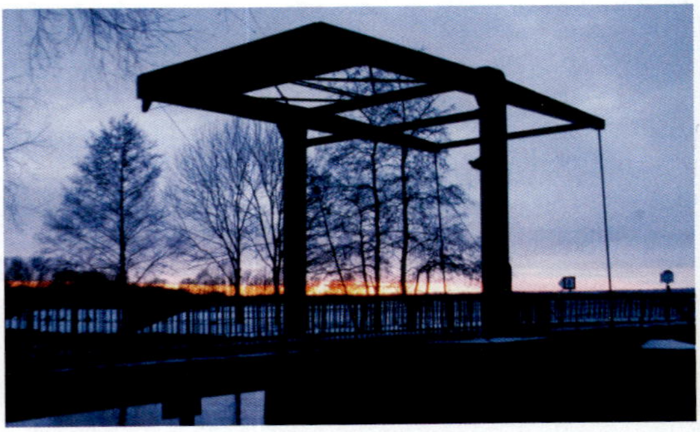

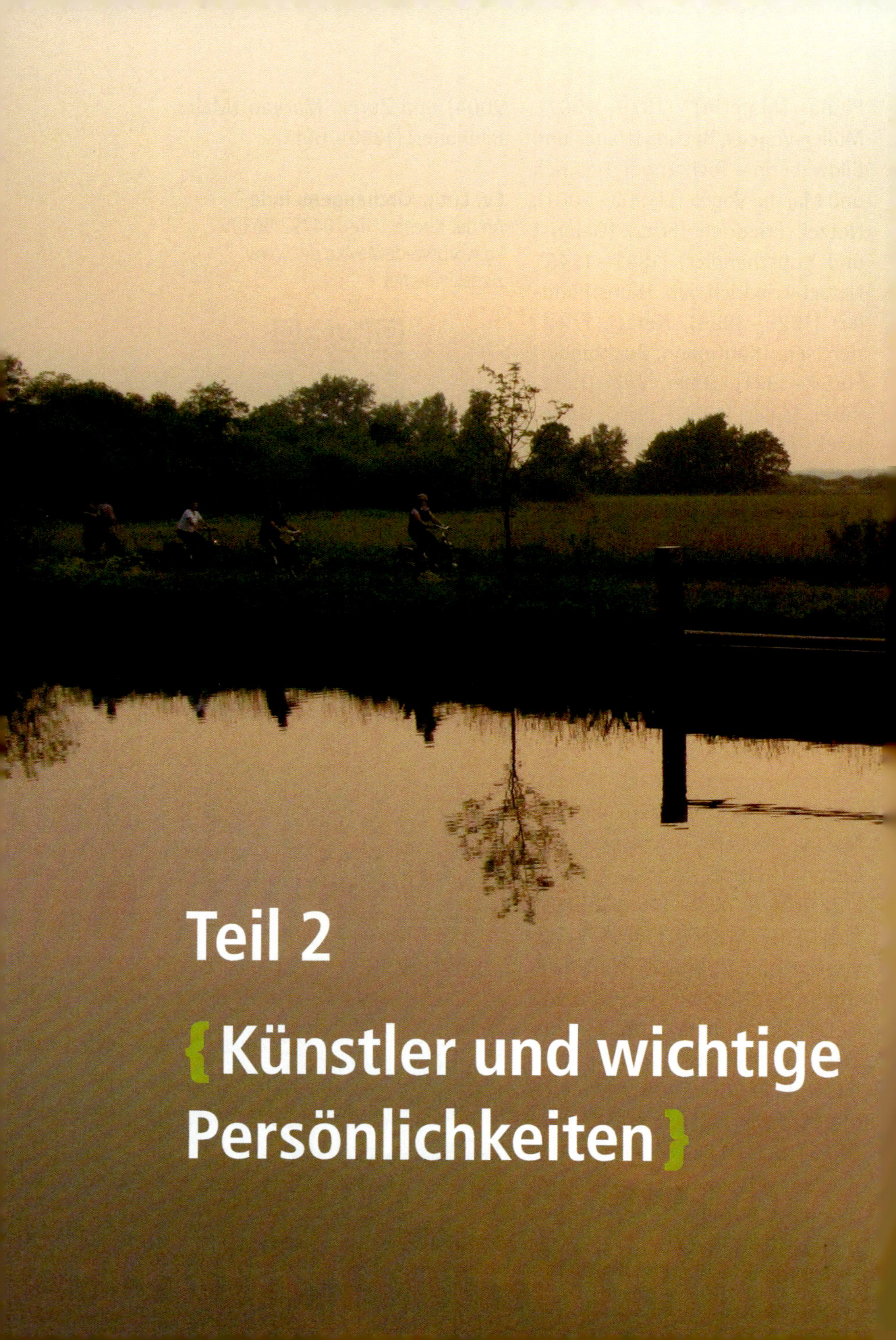

Teil 2

{ Künstler und wichtige Persönlichkeiten }

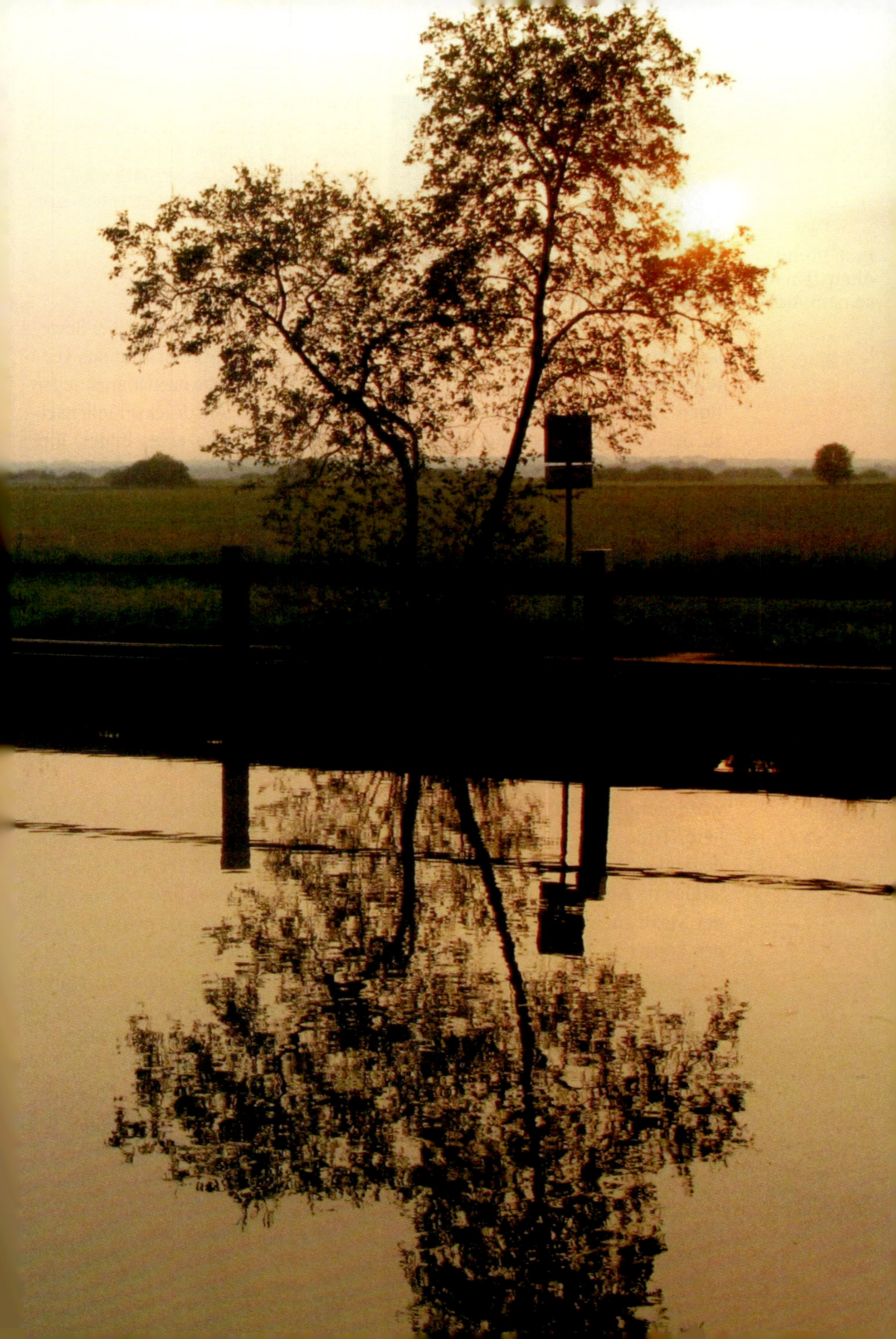

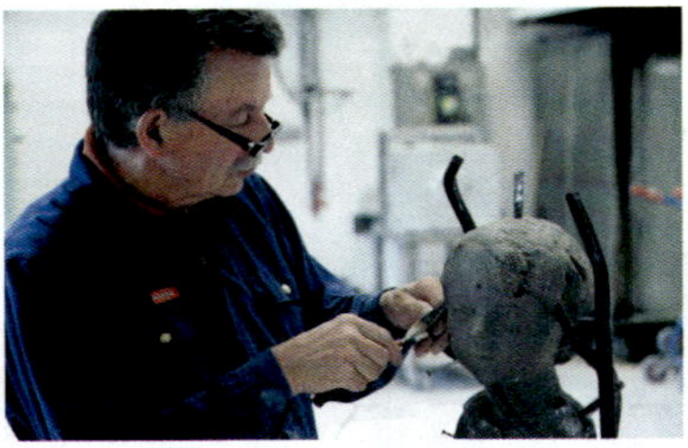

Prof. Bernd Altenstein in seinem Atelier

Im zweiten Teil dieses Buches erhält der Worpswede-Interessierte neben wichtigen Persönlichkeiten und Porträts zu den **Alten Worpswedern** vielfältige Kontaktmöglichkeiten (Rufnummern, Anschriften, Homepages etc.) zu diversen zeitgenössischen Künstlern, die aufgrund ihrer Vielzahl nicht alle in diesem Buch genannt werden können. Der Umfang der einzelnen Porträts hat keine Gewichtung und soll nicht auf die mehr oder weniger große Bedeutung des einzelnen Künstlers für Worpswede schließen lassen.

{A}ltenstein, Bernd

wurde am 29.4.1943 in Schlossberg/Ostpreußen geboren und ist ein deutscher Bildhauer. Von 1964 – 69 studierte Altenstein Bildhauerei an der Staatlichen Akademie der Bildenden Künste Stuttgart in der Klasse von Professor R. Daudert. Von 1970 – 75 war er wissenschaftlicher Assistent an der TU Braunschweig bei Professor Jürgen Weber. Altenstein lehrt seit 1975 an der Bremer Hochschule für Künste den Studiengang Plastik und ist Mitglied im Künstlersonderbund in Deutschland und der Darmstädter Sezession sowie Gründungsmitglied der Gesellschaft für Aktuelle Kunst in Bremen.

Skulpturen-Atelier

Atelier-Gemeinschaft mit der Bildhauerin Gisela Eufe, Prof. Bernd Altenstein, Bauernreihe 8b, Tel. Atelier: 04792/4647, Mobil: 0175/2046015, info@altenstein.com, www.altenstein.com

{A}nding, Renate

»Kunst ist ein Strom in ständiger Bewegung« – dieses Zitat ist Andings Leitmotiv auf der Suche nach immer neuen künstlerischen Ausdrucksmöglichkeiten zum Gestalten eines Bildes. Ihre Bilder verzichten auf Details zugunsten von Form und Farbe. Zuweilen verschwinden die Grenzen zwischen Gegenständlichkeit und Abstraktion.

Renate Anding (Malerei)

Alte Dorfschule, Schlußdorfer Str. 60, Tel. 04792/ 4244, Mobil 0170/5859177, anding@atelier-alte-dorfschule.de, www.atelier-alte-dorfschule.de

{A}rste, Karl (1899 – 1942)

(*24.2.1899 in Hannover; † 1942 bei Worpswede) war als deutscher Landschaftsmaler, Grafiker und Schriftsteller in Bremen und Worpswede tätig. Er liegt auf dem Friedhof neben der Zionskirche begraben. Als Sohn eines Malermeisters geboren, wollte er der dem Beruf seines Vaters nicht folgen, sondern lieber mit Farbe und Pinsel gestaltend arbeiten. Er besuchte die Kunstgewerbeschule in Bremen, belegte anschließend ein Studium an den Kunstakademien in Leipzig und München, bevor er sich 1932 in Worpswede niederließ. Ein Großteil seiner Werke ist der Neuen Sachlichkeit zuzuordnen (vgl. dazu: Holz, Donata, Im Strom der Zeit – Geschichte der Malerei – Worpswede Fischerhude Lilienthal). Arste zählt zur Nachwuchsgeneration der Alten Worpsweder Malergruppe. Ihm zu Ehren gibt es heute den Karl-Arste-Weg.

{B}alke, Hartmut Ernst

Der 1956 in Dortmund geborene Maler und Zeichner lebt seit über 20 Jahren in Worpswede. Nach einer langen abstrakten Phase malt und zeichnet er jetzt über die Welt und das Leben: sinnliche Wahrnehmung, Erotik & Vergänglichkeit. Ausgangspunkt für die Bilder sind meistens selbst aufgenommene Fotos von Menschen, Dingen und Landschaften. Dabei fließen durchaus bewusste und unbewusste Erinnerungen von Erlebtem in den Malprozess ein und bestimmen die Bildwerdung mit. Er arbeitet oft in Serien und Varianten.

Darüber hinaus führt Hartmut Balke als Gästeführer auf unterhaltsame, informative und durchaus humorvolle Weise durch Worpswede und seine Geschichte und Kunst.

Hartmut Ernst Balke

Wilhelm-Scharrelmann-Weg 3, Tel. 04792/310259, hartmut.balke@worpswede-fuehrung.de, www.worpswede-fuehrung.de/hartmut-balke

{B}ergund, Frank

Ur-Worpsweder des Jahrgangs 66, ist eigentlich in der Malerei zuhause und seit 2017 auch in der Fotografie. Die Neugier am Surrealismus ist schon in der Jugend durch Bilder von Dali oder Magritte geweckt worden. Dabei in einem Künstlerdorf aufzuwachsen und in jungen Jahren einigen Künstlern wie z.B. Harm Herman Hoffman über die Schultern schauen zu dürfen, inspirierte ihn Gedanken in Bildern fest zu halten. Seit frühester Jugend entstanden kleine surrealistische Bleistiftzeichnungen.

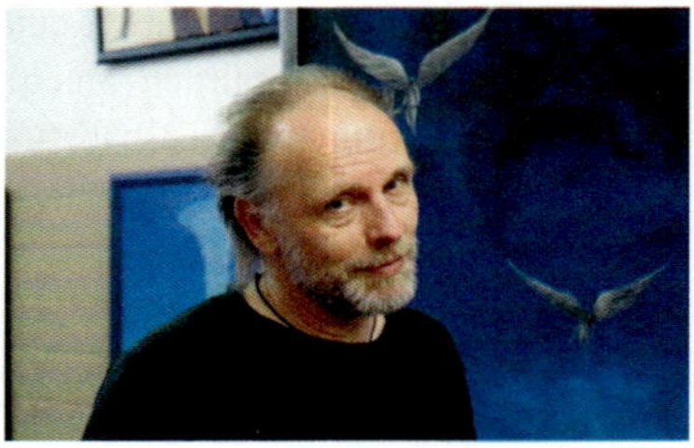

Maler und Fotograf Frank Bergund vor seinen surrealistischen Arbeiten

Nach einer Lehre zum Tischler und Raumausstatter führten ihn einige Jahre später Experimente mit Pinsel und Abtönfarben zu zahlreichen Arbeiten, die in einer ersten Ausstellung in der damaligen Künstlerkneipe Kandinsky im Kunstzentrum Alte Molkerei großen Anklang fand.

Über die Jahre zeichnete sich ein eigener künstlerischer Weg ab. Nach der experimentellen Phase mit Abtönfarbe entstehen seine Arbeiten heute vornehmlich in Öl auf Leinwand.

»Relativität der Wahrnehmung« und »Weltenraum« sind zwei Themen die sich in seinen Arbeiten immer wieder zeigen. Es sind visionäre Bilder von einer Welt in der nur einzelne Wesen, Tiere, und in den neueren Arbeiten, auch Menschen, ihren Raum zu finden scheinen. Bergund schafft hier eine große Raumtiefe, eine dritte Dimension. Dieses Raumgefühl

entwickelt er dadurch, dass er oft den Vordergrund schmal figürlich anlegt und gleichzeitig durch die Farbabstufungen im Hintergrund, die perspektivische Wahrnehmung verstärkt.
Auf der Suche nach Neuem, nach neuen Materialien, neuen Ideen und neuen Möglichkeiten kam F. Bergund 2016 zur Fotografie. Seit 2017 entstehen surrealistische Kompositionen/Collagen aus einzelnen freigestellten Bildelementen seiner Fotos. Wie in seiner Malerei ist auch in den sogenannten »compositions« immer wieder die Tiefe des Bildes ein wichtiges Element in seinen surrealistischen Arbeiten.

Frank Bergund
Surreale u. reale Malerei, Osterweder Str. 21, Mobil 0174/3117478, frank@bergund.de, www.bergund.de

{B}ertelsmann, Walter (1877–1963)
(* 2.1.1877 in Bremen; † 11.2.1963 in Worpswede), deutscher Landschaftsmaler, der sich als Worpsweder der Zweiten Generation einen Namen gemacht hat. Seine Werke lassen sich dem Impressionismus zuordnen. Bertelsmann wurde als »Wassermaler« bekannt, nachdem er als erster die Schönheit der Niederelbe und der Unterweser erkannte. Die Worpsweder Landschaft mit dem Weyerberg, Wiesen und Felder der Hammeniederung, Überschwemmungen und das stille Moor waren die Motive seiner Gemälde. 1902 kam der junge Bremer Kaufmann als Malstudent in die Künstlerkolonie, um bis 1904 Unterricht bei Hans am Ende zu nehmen. Ab 1905 konnte er in Worpswede sogar ein eigenes Atelier anmieten – nämlich das von Fritz Overbeck, der im selben Jahr mit seiner Familie nach Vegesack übergesiedelt war. 1910 war Bertelsmann in Leipzig auf der Ausstellung des Deutschen Künstlerbundes mit seinem Bild »Märzsonne« vertreten. 1912 heiratete er die Hamburger Malerin Erna Lundbeck (* 12.7.1880). Sie hatten 3 Kinder, der 1942 in Russland gefallene Sohn Jürgen Bertelsmann (* 18.2.1913) war ebenfalls Maler. Die beiden Töchter wurden Musikerinnen, Hilda wurde Pianistin und Renate Sängerin. Heute gibt es ihm zu Ehren den Walter-Bertelsmann-Weg sowie das Bertelsmann-Haus mit dem blau gestrichenen Ständerwerk. Es gehört zu den ältesten Bauernhäusern in Worpswede.

{B}öhme, Sabine
geboren in Naugard lebt seit 1977 in Worpswede und arbeitet dort als freischaffende Malerin mit dem künstlerischen Schwerpunkt Acrylmalerei. Seit 1986 betreibt sie ein Atelier in Worpswede und gibt dort Malkurse und Workshops zur Acrylmalerei. Von 1996 bis 2015 war sie Dozentin für Acrylmalkurse im Kunstverein Osterholz. Sie hat Ausstellungen im In- und Ausland und ist mit ihren Arbeiten in diversen öffentlichen Sammlungen vertreten. Ihr zentrales Thema ist die menschliche Gestalt. Dabei handelt es sich nicht um individuelle Abbilder, sondern um den Menschen an sich, in seinem Handeln, Leben, Fühlen. Meist als Schattenriss dargestellt, mit grafisch gestaltetem Umfeld. Das Reale, Zufällige und Alltägliche stellt sie in der ihr eigenen Bildsprache dar, teilweise in beinahe

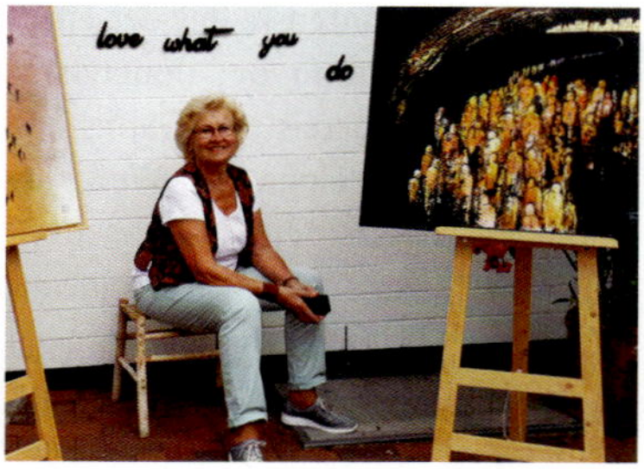

Malerin Sabine Böhme bei einer Ausstellung

gegenständlicher Malweise, häufig stark ins Abstrakte abweichend.
Seit geraumer Zeit befasst sie sich zudem mit der langen Tradition der Gemeinschaft von Menschen und Rabenvögeln, wobei sie Mythen, Sagen, Erzählungen und auch Reales aufgreift, um dieses abstrakt oder gegenständlich malerisch umzusetzen.

Sabine Böhme (Malerei)
Atelier: Rabienstraße 75, Tel. 04792/7039, sabine.boehme@worpswede.de, www.sabine-boehme.de. Kursinformationen und Atelierbesuche bitte auf Anfrage.

{B}ötjer-Mallet, Sophie (1887–1966)

(*11.7.1887 in Worpswede; †1966 in Worpswede). Ihre Kindheit verbrachte die Malerin und Kunstgewerblerin auf dem elterlichen Bauernhof, bevor sie 1920/21 an der Kunstgewerbeschule in Halle/Saale studierte. Im Anschluss war sie Kunstgewerblerin unter dem Architekten und Bildhauer Bernhard Hoetger und eine Schülerin von Albert Schiestl-Arding. Zu ihren Arbeiten gehören Gemälde – darunter Landschaftsmotive und Stillleben –, Bast- und Batikarbeiten sowie Stoffmalerei. Ihr zu Ehren gibt es den Sophie-Bötjer-Weg.

{B}reuer, Trudi

Interkultureller Schmuck: Jedes Teil, das die Künstlerin verarbeitet, knüpft an ihre Lebensgeschichte an – Perlen aus dem Tibet, altes Silber aus Turkmenistan oder dem Jemen, aber auch Termitenkanäle, Stachelschweinborsten, Korallen, Lava, Horn, Knochen oder tropische Samen, lauter exotisches Material, das Breuer während ihres über 30-jährigen Aufenthaltes in verschiedenen Kulturkreisen Asiens und Nordamerika gesammelt hat und jetzt in ihrem Schmuck verwendet. So sind fast alle ihre Ketten exotischer Schmuck und »Kleine Weltreisen um den Hals«.

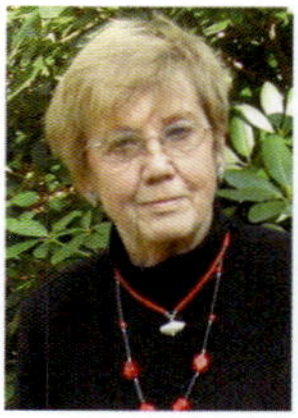

Trudi Breuer fertigt einzigartige Schmuckstücke

Trudi Breuer (Schmuckdesign)
Am Kniependamm 53, Tel. 04792/4028, trudibreuer@hotmail.com

{B}rexendorf, Eva

»Die Welt in einem Sandkorn sehen und den Himmel in einer wilden Blume. Die Unendlichkeit in deiner Handfläche halten und die Ewigkeit in einer Stunde.« Dieses Zitat drückt die Aussagekraft der Bilder von Eva Brexendorf aus. Raum und Zeit scheinen miteinander verschmolzen. Ihre Traumlandschaften evozieren eine Bildtiefe, die ständig etwas Neues an die Oberfläche dringen lässt. Diesen besonderen Effekt erreicht sie durch eine aufwendige Technik.

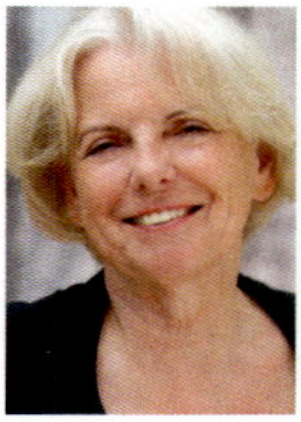

Malerin Eva Brexendorf

Atelier Eva Brexendorf (Malerei)
Straßentor 1, Tel. 04792/ 955944, Mobil 0170/2824777, mail@atelier-eva-brexendorf.de, www.atelier-eva-brexendorf.de

{B}ußfeld, Annette

Von der Zeichnung zur Skulptur - so begann der Weg von Annette Bußfeld vor 30 Jahren. Inspiriert und fasziniert von den ersten kunsthistorischen Zeugnissen der Menschheit, entdeckte sie das Ausdrucksstarke und Eigenwillige in der Dreidimensionalität. Es hat sie bis heute nicht wieder losgelassen. Sie reist gern durch andere Länder, Kulturen und Zeiten. Sie experimentiert mit allem was für ihr gegenwärtiges Thema erforderlich ist. Ihre Skulpturen sind im Atelier vor Ort, in Ausstellungen zu sehen und zu verkaufen.

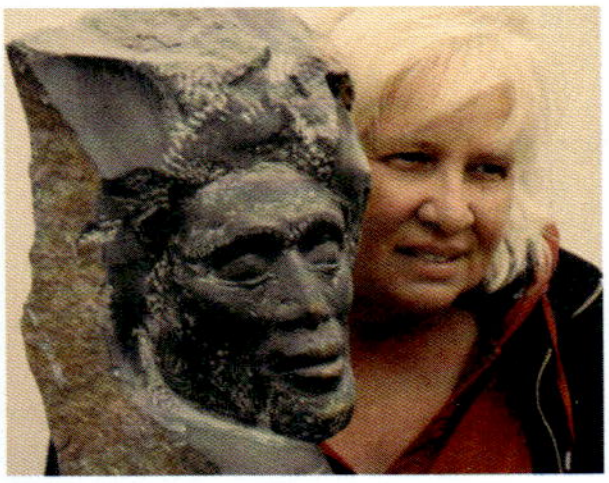

Sie unterrichtet seit 19 Jahren an den verschiedensten Orten, an Fachhochschulen, Kunstschulen, in Künstlerhäusern, im In- und Ausland und in ihrem Atelier B in Worpswede.

Atelier B
Neu-Bergedorfer Damm 34, Mobil: 0174/6598214, info@atelierbussfeld.de, www.skulpturpur.de

{C}löer, Nicole

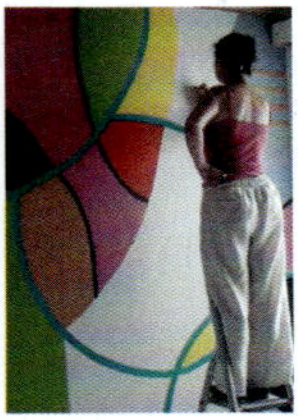

ansässig in Seehausen von 2010 bis 2015. Sie ist geboren 1969 in Bremen. Im Alter von 11 Jahren besuchte sie zum ersten Mal die Große Kunstschau in Worpswede und war fasziniert von dem großformatigen Ölbild Vogelers »Sommerabend« oder »Das Konzert«. Sie begann, ihre Puppenstube in ein Modell eines Jugendstilhauses zu verwandeln und setzte sich intensiv mit der europäischen Bewegung des Jugendstils auseinander. So bereiste sie Darmstadt, Paris, Wien, Barcelona, um Werke im Original zu betrachten. Ihre künstlerische Ausbildung an der Kunstakademie Münster bei Professor H.-J. Kuhna, der sie 1996 zur Meisterschülerin ernannte, beendete sie mit teils großformatigen Ölgemälden, welche sich an der flächigen, ornamentalen Darstellungsweise des Jugendstils orientierten. Sie nannte diese Werkreihe Neo-Jugendstill, wobei sie sich als »Jugend« der Generation 68 verstand. In kunstgeschichtlichen Seminaren der Akademie wurde sie mit dem Spätwerk Vogelers bekannt. Nach dem Studium zog es sie zurück in die Heimat nach Norddeutschland, aber da ihre Bewerbung für ein Stipendium in Worpswede abgelehnt wurde, realisierte sie 2010 den Aufenthalt in der Region auf eigene Faust mit einem Umzug nach Seehausen. Insbesondere das Vogeler-Jahr 2012 ermöglichte ihr eine abschließende Auseinandersetzung mit seinem umfassenden Werk. Daraufhin konnte sie 2013 ihre eigene, 2003 angefangene Arbeit »Winter – aus heiterem Himmel« mit einem Übergang zu ihrer Schwungtechnik für sich erfolgreich beenden und im Zuge ihrer ersten Einzelausstellung »Im Stil der Jugend« 2014 im Rathaus Grasberg präsentieren. Die Frage, welcher Schelm dort die Holzmarienkäfer ihrer Arbeit »Die Armee der Freiwilligen« von der Jugendstilfliese gestohlen hat, ist bis heute ungeklärt ...

Nicole Cloeer
www.nicolecloeer.de,
nicole-cloeer@t-online.de

{C}ymontkowski, Heinz

lebt und arbeitet seit über zehn Jahren in der Region Teufelsmoor. Seine Malerei, Zeichnungen und Aquarelle greifen die Landschafts- und Kulturregion Teufelsmoor auf. Aber auch Themen, die nicht im Mittelpunkt des öffentlichen Interesses stehen, sind Gegenstand seiner Arbeit. Die kulturpolitischen Themen begleiten ihn seit Jahrzehnten. In einer bemerkenswerten Art und Weise setzt er Ideen und Konzepte zu zeitgeschichtlichen Themen nicht nur in Worpswede, sondern auch überregional in seiner Kunst um. Seine Malerei, Objekte und Zeichnungen stellen die Sinnfrage an die eigene Zeit. Gemeindegrenzen, Landesgrenzen und nationale Grenzen Überschreiten bestimmen seine künstlerischen Inhalte und Tätigkeiten. Aber auch das Alltägliche aus der Natur und dem Lebensraum – wie Wolkengebilde, Tanz und Akt – wird in seiner Malerei und seinen Zeichnungen sichtbar. Ausstellungen Region Teufelsmoor (Auswahl) Wolken über Worpswede Kunst verstärken – von der Linie zum Bild Worpswede – Moskau – Kasachstan New York – Wallhöfen Kunst im öffentlichen Raum (Auswahl) Gedankenfreiraum (Bodeninstallation) Worpswede.

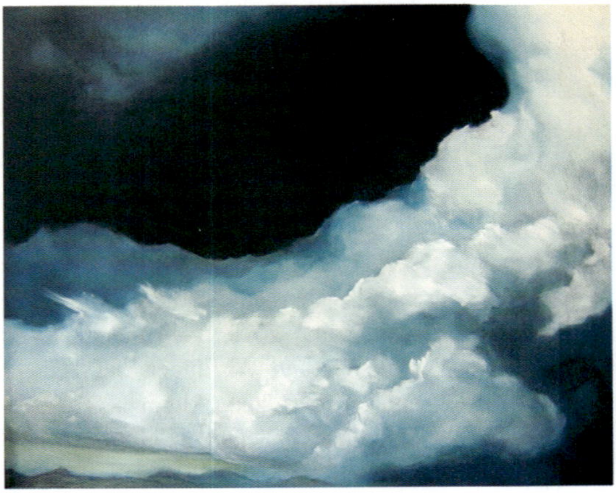

Wolkengebilde Öl auf Leinwand 80 x 100 cm von Heinz Cymontkowski

Heinz Cymontkowski
www.heinz-cymontkowski.de

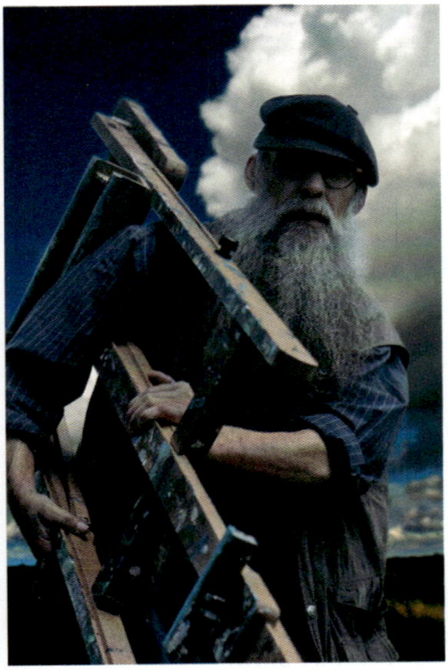

Künstler Heinz Cymontkowski

{D}ämmig, Bettina

(geb. 1965 in Flensburg) ist seit Kindheitstagen auf das Innigste mit der Region Teufelsmoor verbunden. Schon als 10-Jährige war ihr, fasziniert von Besuchen u.a. des Hauses im Schluh, klar, dass sie irgendwann im eigenen Niedersachsenhaus mit Atelier und Galerie Bilder malen würde. Dieser Kindheitstraum ging 2018, nach den üblichen Irrungen und Wirrungen des Lebens, endlich in Erfüllung. Mit dem Kauf eines Bauernhauses von 1752 in Worpswede/ Neu Sankt Jürgen in schönster Lage, mit unendlichem Weitblick über das Hepstedter Moor, konnte sie die Idee, ein Haus der offenen Tür für Familie, Freunde und Kunstinteressierte zu schaffen, verwirklichen. Inspiriert durch die wunderschönen Himmel über dem Teufelsmoor, entstehen im eigenen Atelier sowohl in Acryl gemalte Worpsweder Landschaften, wie auch abstrakte Acrylbilder in leuchtenden Farben. Als absolute Autodidaktin entstehen Acrylbilder unterschiedlichster Stilrichtungen aus dem Herzen heraus, ohne irgendwelchen Vorbildern nachzueifern. Ihre Verbundenheit mit Dänemark (hun taler dansk) und ihrer Heimatstadt Flensburg drücken sich in ihren maritimen Bildern aus.

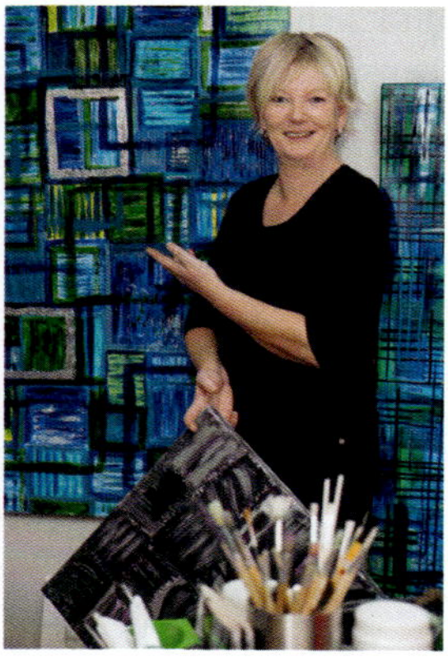

Atelier ACRYLYKKE

Bettina Dämmig, Am Schiffgraben 12, Mobil: 0177/8230965, info@atelier-acrylykke.de, www.atelier-acrylykke.de

{D}ammasch, Willy (1887–1983)

(* 1887 in Berlin; † 1983 in Lilienthal), aufgewachsen im Berliner Arbeiterbezirk Wedding wurde Dammasch ein bedeutender Maler des Expressionismus. Nach seinem Studium in Berlin ließ er sich 1922 in Worpswede nieder. Heute gibt es zu Ehren des Malers, den Willy-Dammasch-Weg, der die Bergstraße mit der Hembergstraße verbindet.

{D}odenhoff, Heinz (1889–1981)

(*9.3.1889 in Tarmstedt; † 1983 in Lilienthal) war ein Maler und Lyriker, der zur Zweiten Generation der Worpsweder Künstler gehörte. Nach seinem Schuldienst und einer Ausbildung zum Maler an der Kunstschule Lübeck zog er 1925 mit seiner Frau Anna und den beiden Söhnen Erwin und Rudolf nach Worpswede, wo er sich mit einigen Künstlern der Ersten Generation wie Fritz Mackensen, Otto Modersohn und Heinrich Vogeler anfreundete. Da seine Pension nicht für seinen Unterhalt reichte, versuchte sich Dodenhoff als Kunsthändler und Mitte der fünfziger Jahre waren seine Gedichte plötzlich mehr gefragt als seine Bilder. 1960 trennte er sich von seiner Frau, verließ Worpswede und zog zu seiner Freundin Lieselotte Hoff nach Langen bei Bremerhaven. In dieser Zeit schuf er – getrieben von der Sehnsucht nach Worpswede – einige seiner schönsten Bilder. Als Lieselotte 1979 verstarb, ging Dodenhoff zu seiner Familie nach Worpswede zurück, wo bis zu seinem Tode blieb.

{D}odenhoff, Rudolf (1917–1992)
(* 12.2.1917 in Worpswede; † 31.10. 1992 in Worpswede) war der Sohn des Malers und Lyrikers Heinz Dodenhoff. Nach dem Abitur absolvierte Dodenhoff eine Fotografenlehre in München, bevor sich nach dem Krieg die Möglichkeit ergab, in seinem Heimatdorf ein Fotogeschäft zu eröffnen. Seine Mutter Anna Dodenhoff war die Inhaberin eines Textilwarenladens im Dorf. Sie kaufte für ihren Sohn ein Grundstück in der Bergstraße, das damals zum Armenhaus der Gemeinde gehörte und als Kartoffelacker diente. Auf dem früher im Gemeinderat umstrittenen Grundstück wurde 1947 der erste Neubau in Worpswede nach dem Krieg errichtet. Dodenhoff setzte sein in Wien begonnenes Psychologiestudium in Hamburg fort. Das 1948 neu eröffnete Fotogeschäft in der Bergstraße übernahm die aus Hannover stammende Fotografin Ruth Schapitz, die seine große Liebe wurde: 1950 heirateten die beiden, 1952 wurde Sohn Rolf geboren, 1957 der zweite Sohn Jan, der heute noch etwas außerhalb des Worpsweder Ortskerns lebt.
Dodenhoff, der auch das erste Farbfotolabor in Norddeutschland besaß, fotografierte hauptsächlich norddeutsche Motive wie Museumssanlagen, alte Bauerngehöfte, die Landschaft und ihre Birken. Nach seinem Tod kaufte der Fotograf Dieter Weiser das Geschäftshaus sowie das umfangreiche Fotoarchiv mit Hunderttausenden historischer Schwarzweiß- und Farbaufnahmen vor allem aus den Jahren 1934 bis 1960. Diese Dodenhoff-Sammlung, die die Geschichte Worpswedes und der Teufelsmoor-Region dokumentiert, erwarb 2016 der Landkreis Osterholz, um zu verhindern, dass das bedeutsame Bildmaterial dem Zugriff der Öffentlichkeit entzogen wird.

{E}nde, Hans am (1864–1918)
(* 31.12.1864 in Trier; † 9.7.1918 in Stettin) kam 1889 erstmals nach Worpswede und gehörte neben Fritz Mackensen und Otto Modersohn zu den Begründern der Worpsweder Künstlerkolonie (Gründergeneration). Er baute sein Domizil (heute Hotel Buchenhof) neben Heinrich Vogelers Barkenhoff, heute das Heinrich-Vogeler-Museum.

Hotel Buchenhof /
Ostendorfer Str. 16, Tel. 04792/93390, info@hotel-buchenhof.de, www.hotel-buchenhof.de

Sein durch die Ausbildung an der Münchner Akademie beeinflusster Stil war lichthell in der Farbigkeit und klassisch in der Komposition. Als Maler war der Porträtist vor allem Landschafter; Idylle und Pathos sind in seinem Werk harmonisch vereint. Einflussreich wurde am Ende in Worpswede auch als Radierer, zu seinen Schülern in dieser Technik zählte u.a. Heinrich Vogeler.
Am Ersten Weltkrieg nahm Hans am Ende freiwillig teil, er starb 1918 an den Folgen einer schweren Verwundung im Lazarett. Beigesetzt wurde er in Bremen auf dem Riensberger Friedhof, nach 1945 wurde sein Grabstein zum Worpsweder Friedhof gebracht und auf dem Grab seiner Frau aufgestellt. Zu

seinen Ehren gibt es heute den Hans-am-Ende-Weg in Worpswede und im benachbarten Osterholz-Scharmbeck die Hans-am-Ende-Straße.

Weitere Infos
www.hansamende.de

{E}ufe, Gisela
Die Bildhauerin wurde in Carolinensiel (Ostfriesland) geboren, absolvierte von 1985–93 ein Bildhauerstudium. Bekannt wurde sie durch Ausstellungen im In- und Ausland, gewann diverse Kunstpreise und hat seit 1995 eine Ateliergemeinschaft mit Prof. Bernd Altenstein. Über ihre Werke sagt die Künstlerin: »Formale Strenge und Schönheit klarer Proportionen bestimmen meine Skulpturen. Sie sind Interpretationen der weiblichen Gestalt. Patina oder farbige Fassungen geben meinen Bronzen einen besonderen Reiz.«

Gisela Eufe (Bildhauerin / Skulptur)
Atelier-Gemeinschaft mit dem Bildhauer Prof. Bernd Altenstein, Bauernreihe 8b, Tel. Atelier: 04792/4647, Mobil: 0160/97954172, info@bildhauerin-worpswede.de, info@skulptur-gisela-eufe.de, www.bildhauerin-worpswede.de, www.skulptur-gisela-eufe.de

{F}indorff, Jürgen Christian
(*22.2.1720 in Lauenburg; †31.7.1792 in Worpswede). Der »Vater aller Moorbauern« erwarb sich besondere Verdienste bei der Moorbesiedlung. Zunächst mit Vermessungsarbeiten, ab 1771 als königlicher Moorkommissar, trug er maßgeblich zur Gründung vieler Dörfer zwischen Bremervörde, Osterholz und Ottersberg bei. Findorff gab Rat und Hilfe bei der Anlage der Hofstellen, der Bodenbearbeitung, beim Bau von Brücken, Dämmen, Gräben und Kanälen sowie beim Verschiffen des Torfes. Er baute den Osterholzer Hafen mit dem Hafenkanal sowie den Hamme-Oste-Kanal als Verbindung zwischen Weser und Elbe. Beim Bau der Worpsweder Zionskirche bewährte er sich als Bauleiter, während die Kirchen in Grasberg und Gnarrenburg auf seine Pläne zurückgehen. An ihn erinnert u.a. das Findorff-Denkmal in Worpswede. Er ruht auf dem ca. 45 km von Worpswede entfernten Iselersheimer Friedhof (bei Bremervörde), wo ihm zu Ehren eine Gedenkstätte eingerichtet und das Findorff-Haus aufgebaut wurde.

{F}ischer, Christoph
Die Tierplastik ist eine seiner Werk-Reihen. Durch die Umsetzung von Naturbeobachtung in die ihm eigene Formsprache gestaltet der in Mayen/Eifel geborene Fischer Tierplastiken in zeitloser Gültigkeit. Das Tiermotiv erscheint in seinen Booten und Mauern: Tierdarstellungen auf einer fantasievollen Reise, Mauern geben den Motiven einen eigenen Raum. In der Serie Tiefe zeigt Fischer

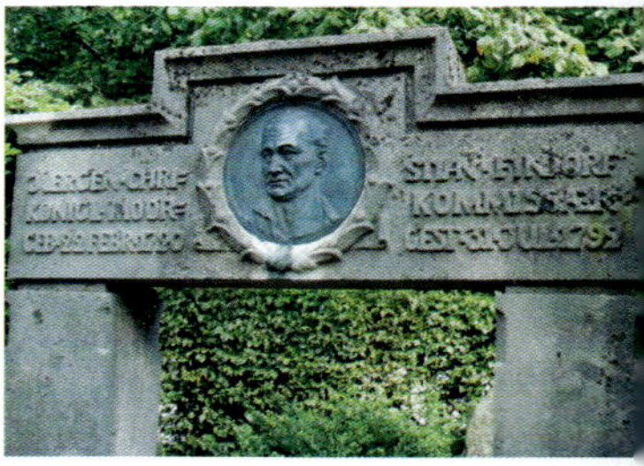

Rechts: Die Findorff-Gedenkstätte in Iselersheim

die geheimnisvolle (Unterwasser-) Welt der Fische in Verbindung mit der (Überwasser-)Welt der Boote. Seine bevorzugten Materialien sind Terrakotta, Eisen und Bronze.

Atelier Christoph Fischer (Skulptur)
Bauernreihe 8b, Tel. 04792/3648, info@fischer-worpswede.de, www.bildhauer-worpswede.de

{F}riedrichs, Helga
Die Goldschmiedin Helga Friedrichs ist in Emden geboren und absolvierte dort ihre Goldschmiedeausbildung. Seit 1979 lebt sie mit ihrer Familie in Worpswede-Hüttenbusch und eröffnete 1985 ihre eigene Werkstatt. Auf der Suche nach ausgefallenen Oberflächenstrukturen entdeckte sie die Mokume Gane (Holzmaserung in Metall), eine alte japanische Technik, deren Ursprung in der japanischen Schwertschmiedekunst liegt, bekannt ist der Damaszenerstahl. Für die Herstellung eines Mokume-Gane-Barrens verschweißt sie Bleche aus unterschiedlichen Metallen – Silber, Kupfer, Gold oder Palladium. Durch Prägen, Fräsen, Einkerben, Verwinden und Schmieden werden diese Barren so bearbeitet, dass zarte Zeichnungen im Metall entstehen, teils von streng geometrischer oder auch von organischer Form, die an gemasertes Holz erinnern. Seit 2016 ist sie Mitglied der Mokume-Gane-Artisten, einem Zusammenschluss von Goldschmieden unterschiedlicher europäischer Länder (www.mokumeganeart.eu). Ein anderer Bereich ihrer Arbeit ist das Foldforming. Dazu faltet sie dünne Edelmetalle wie ein Origamipapier, schmiedet das Metall und entfaltet es wieder. So entstehen voluminöse, bizarr sich windende und doch leichte, stabile Objekte. Ihre Arbeiten sind in verschiedenen Galerien im In- und Ausland vertreten.

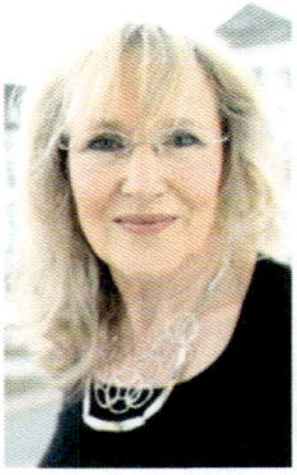

Goldschmiedin Helga Friedrichs

Helga Friedrichs
Auf den Bergen 23, Tel. 04794/891, mail@helga-friedrichs.de, www.helga-friedrichs.de

{F}uchs, Brigitta
Zeitlose und ausgefallene Kleidungsstücke, überwiegend aus Seide, werden im eigenen Atelier gefertigt. Alle Teile sind in verschiedenen Farbkombinationen erhältlich und von beiden Seiten tragbar. Zusätzliche Akzente werden durch Handbemalung, Druck, farbige Applikationen und aus Naturmaterialien handgefertigte Broschen gesetzt.

Brigitta Fuchs (Textildesign)
Hüttenbuscher Str. 14, Worpswede-Hüttenbusch, Tel. 04794/1345, fuchsbremen@web.de – bitte Terminvereinbarung

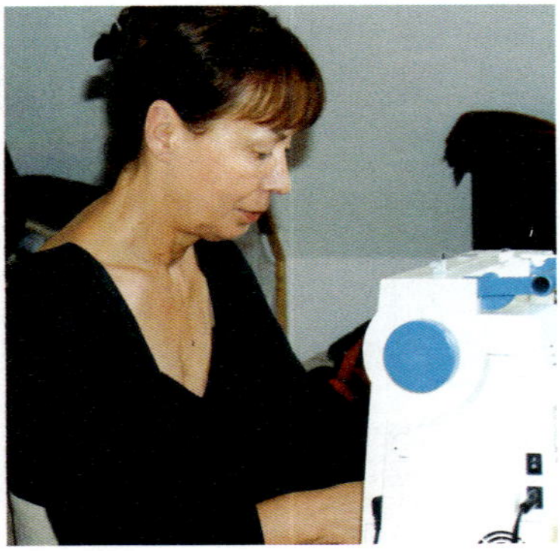

Textildesignerin Brigitta Fuchs bei der Arbeit

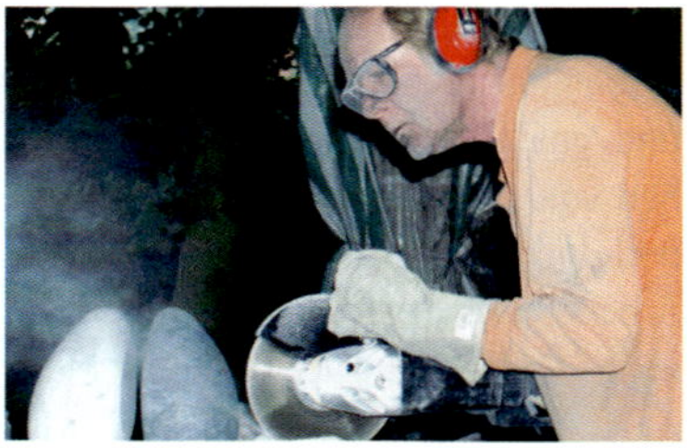

Bildhauer Hans-Jürgen Fuchs

{F}uchs, Hans-Jürgen
»Schwerpunkte der Arbeit sind Steinbildhauerei sowie Design von Wohnaccessoires, überwiegend aus Marmor und Schiefer in Kombination mit anderen Materialien. Allen Arbeiten gemein sind die klaren und harmonischen Formen. Daneben beschäftige ich mich wieder zunehmend mit der Fotografie.«

Hans-Jürgen Fuchs (Bildhauerei, Design & Fotografie)
Hüttenbuscher Str. 14, Worpswede-Hüttenbusch, Tel. 04794/1345, fuchsbremen@web.de – bitte Terminvereinbarung

{G}rübler, Steffi
Geboren wurde die Künstlerin in Leipzig. Ihre Malerei ist geprägt durch lange Auslandsaufenthalte und viele Reisen. Seit 2008 wohnhaft in Worpswede – künstlerische Ausbildung in Luxemburg. Ihre Werke sind experimentell, expressionistisch, auch abstrahiert in Öl, Acryl und Mischtechniken, auch Collagen, Drucke, Monotypien und neu auch Pouring.

Steffi Grübler (Malerei)
Vor Weyerdeelen 31, Tel. 04792/953401, steffi.gruebler@worpswede.de

{H}artmann, Josef
Gefesselt von der Gestaltung in Form und Farbe entstehen Bilder des Impressionismus in Öl sowie klassische Aquarelle bis zur Klassischen Moderne. Landschaftsbilder entstehen in der Natur. In seinen Bildern liebt der Maler mehr die Harmonie der Farben als starke Kontraste. Biografie: Geboren 1938 in Hannover, Ausbildung als Maler. 1963 Besuch der Malerschule in Buxtehude mit den Schwerpunkten Farbenlehre, Perspektive und anschließende Meisterprüfung. Seit 1980 intensive Beschäftigung mit der Kunst. Es folgten private Studienjahre bei verschiedenen Künstlern. In der Malschule Helga Henschel-Holterdorf in Worpswede ca. zehn Jahre experimentelle Malerei in verschiedene Richtungen. Malstudienfahrten in die Provence und Toskana. Einzel- und Gemeinschaftsausstellungen im In- und Ausland. Erlangung mehrerer Preise. Seit 2001 Galerie mit

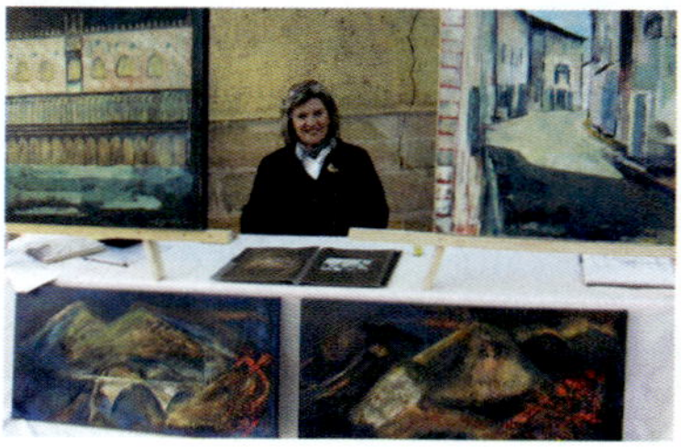

Steffi Grübler mit ihren Kunstwerken

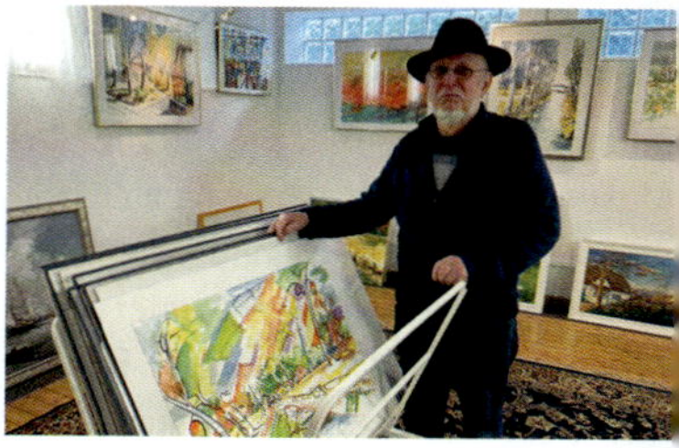

Maler Josef Hartmann in seinem Atelier in der Bergstraße

ausschließlich eigenen Werken in Öl und Aquarell.

Josef Hartmann (Malerei)
Atelier: Bergstr. 16a, Tel. 04792/951376

{H}eine-Vollberg, Barbara
Die Natur im Allgemeinen und die menschliche Natur im Besonderen mit all ihren bizarren Auswüchsen sind häufig Gegenstand ihrer Arbeiten. Sie spürt den Absurditäten und Abgründen des vermeintlich normalen Lebens nach. Dabei setzt sie kleine Alltagsbefindlichkeiten ebenso in Szene wie gesellschaftliche Problematiken und Missstände. Sie arbeitet figürlich in verschiedenen Techniken, in der Pastellzeichnung, der Radierung, sowie in der Acryl- und Ölmalerei. Nicht selten sind ihre Arbeiten von Ironie und hintergründigem Humor geprägt. Ihre Arbeiten waren Teil diverser Gruppenausstellungen im In- und Ausland und sind vertreten in privaten Sammlungen in Deutschland und der Schweiz. Sie leitet Kurse und Workshops u.a. im eigenen Atelier.

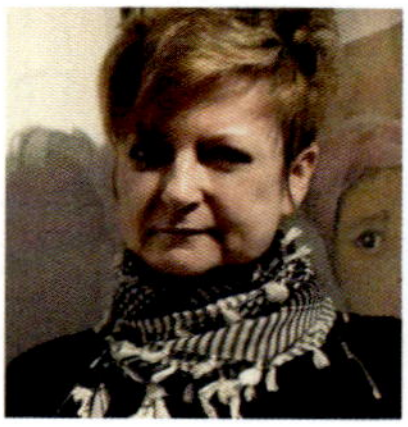

Künstlerin Barbara Heine-Vollberg

Barbara Heine-Vollberg (Malerei, Grafik, Kurse)
Tel. 04792/2393, b.heine-vollberg@gmx.de, www.babadesign.de

{H}oetger, Bernhard (1874–1949)
(*4.5.1874 in Hörde; †18.7.1949 in Interlaken/Schweiz) war ein deutscher Bildhauer, Maler und Kunsthandwerker des Expressionismus.

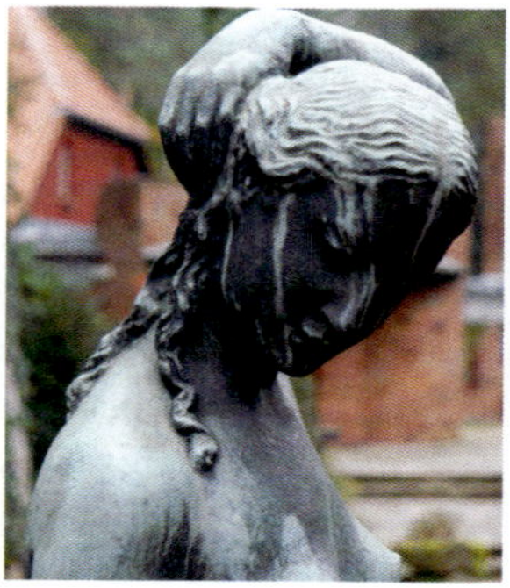

Skulptur »Jugend« von Bernhard Hoetger vor dem Kaffee Worpswede

Bevor der Sohn eines Schmieds Leiter der Kunsttischlerei von Franz Goldkuhle wurde, absolvierte er von 1888 bis 1892 eine Bildhauerlehre in Detmold. Später bezeichnete Hoetger die Zeit in der Kunsttischlerei Goldkuhles wegen des rauen Handwerkertons als seine Fron- und Sklavenjahre. Diese dauerten bis etwa 1896 – danach schloss sich seinem Studium an der Kunstakademie Düsseldorf ein Aufenthalt in Paris an, wo er von den Werken Rodins beeinflusst wurde, in dessen Werkstatt er Paula Modersohn-Becker kennenlernte. 1911 wurde Hoetger, der sich später auch mit den Werken Gaudis beschäftigte, in die Darmstädter Künstlerkolonie berufen.
Inspiriert durch Paula Modersohn-Becker fand er 1914 seinen Weg über Fischerhude, wo er drei Ateliers unterhielt, nach Worpswede. Aus der Bekanntschaft und wachsenden Freundschaft mit dem Bremer Kaufmann Ludwig Roselius ergab sich die Aufgabe seines Lebens: Als autodidaktischer Architekt gestaltete er die Bremer Böttcherstraße neu und schuf dabei u.a. auf der Ostseite der kleinen Verbindungsgasse zwischen Markt und Weser ein expressionistisches Meisterstück (Haus Atlantis), das er 1931 vollendete. Aber nicht nur in Bremen, sondern auch in Worpswede sind die Spuren seines

Wirkens sichtbar: Noch heute erinnern an Hoetger, der ab 1934 zunächst in Berlin tätig war und 1946 in die Schweiz übersiedelte, wo er 1949 starb, das Kaffee Worpswede (Kaffee Verrückt), der Hoetger-Garten im Diedrichshof, die Große Kunstschau und diverse Skulpturen (u.a. Buddha sowie das zwischen 1916 und 1919 errichtete Grabmal Werden und Vergehen für Paula Modersohn-Becker auf dem Worpsweder Friedhof), der Niedersachsenstein auf dem Weyerberg sowie das 1921 erbaute Hoetger-Wohnhaus (Hoetger-Hof), in dem heute Das Kreative Haus beheimatet ist, an sein Schaffen.

{H}orn, Nadja

Die Bilder der 1966 geborenen Künstlerin stehen für eine Kunst der Farbexperimente, die weniger die Ratio und mehr die Gefühle ihrer Betrachter anspricht. Sie schafft keine Bilder für den Moment, sondern ätherische Farbräume. Mit ihrem Schritt in die Welt der abstrakten Malerei entwickelte und perfektionierte Horn ihre Methode zur Schöpfung von Bildern fließender Farben. Ausgewählte kontrastierende Farbtöne verschiedener Konsistenzen und Eigenschaften werden ihrem vermeintlich zufälligen Verlauf überlassen. Die Eingriffe jedoch, die in ihren Arbeiten kaum zu bemerken sind, beeinflussen entscheidend die jeweiligen Bildergebnisse. Ihre Kontraste und Harmonien, die Verläufe und Mischtöne sollen den Betrachter unmittelbar ansprechen. In ihrem Atelier arbeitet die Künstlerin mit Ölfarben und Pigmenten auf meist großflächigen Leinwänden mit fließendem und abstraktem Komponieren von Farben, ohne dass dabei die Abbildung von Gegenständen beabsichtigt ist.

Die Farbtöne wirken spielerisch untereinander und harmonieren gleichzeitig in ganz besonderer Weise durch brillante Farbabstufungen.

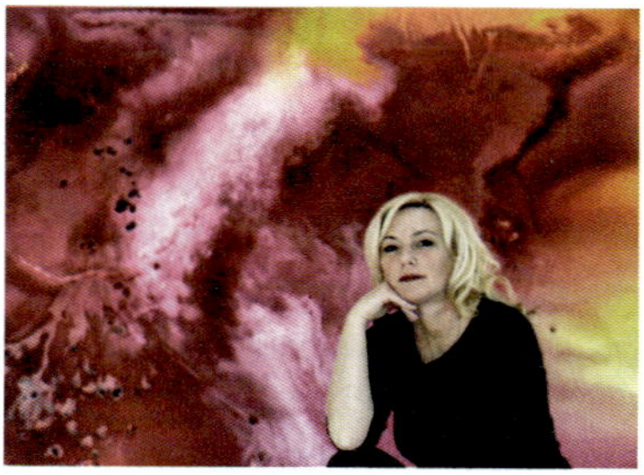

Nadja Horn vor einem ihrer Gemäde

Atelier Nadja Horn
Am Schützenhof 7a, Mobil 0178/1389827,
nadja.horn@online.de, www.nadjahorn.de

{H}uys, Bernhard (1895–1973)

(*25.2.1895 in Oesede, Kreis Osnabrück; †4.12.1973 in Worpswede) war ein deutscher Maler. Nach dem Abitur in Osnabrück studierte er in Münster ein Semester Zahnmedizin, bevor er als Soldat in den Ersten Weltkrieg eingezogen wurde. Nach dem Krieg tingelte er – unfähig sich auf einen bürgerlichen Beruf vorzubereiten – als fahrender Scholar mit seiner Gitarre durch die Welt, arbeitete als Kellner und als Gelegenheitsarbeiter in einem Torfwerk und in einem Kalischacht.

Besonders achtete er darauf, dass er in jedem Jahr Zeit fand, Worpswede zu besuchen, das er seit 1917 kannte

– mit seiner Gitarre war er hier eine große Attraktion. 1929 wurde Huys in Worpswede sesshaft, heiratete und fand einen Beruf, mit dem er seine Familie ernähren konnte. Nach einer einjährigen Tischlerlehre fing er an, Rahmen zu entwerfen und zu fertigen, die durch seine eigene Technik – Blattgold mit dünndeckender Farbe – bald bekannt wurden. Neben seiner Arbeit als Tischler zeichnete er viel, was er schon in seinen letzten Schuljahren getan hatte. Eine besondere Vorliebe hatte er für die Bilder von Otto Modersohn und Fritz Mackensen, der sein Talent erkannte und ihn unterrichtete. In der Worpsweder Kunstschau war er seither ständig mit Bildern vertreten.

Am 25.8.1943 wurde Huys von der Bremer Gestapo verhaftet, weil er von einer Nachbarin wegen Abhörens von englischen Sendern gezielt denunziert worden war. Nach der Verbüßung seiner fast zweijährigen Haftstrafe erlebte er seine eigentlichen fruchtbaren Schaffensjahre, in denen seine besten Bilder – Landschaften im Nebel oder Schnee, aus wenigen sanften Farbwerten – entstanden. Sieben Jahre vor seinem Tod wurde Huys, für dessen Bilder der in Blau-, Violett- und Rosatönen gestaltete Himmel charakteristisch ist, im Alter von 71 Jahren mit dem Niedersächsischen Verdienstorden erster Klasse für sein Engagement bei den Freunden Worpswedes ausgezeichnet, deren Mitbegründer und langjähriger Vorsitzender er war. In Worpswede gibt es im Neubaugebiet dem Maler zu Ehren den Bernhard-Huys-Ring.

{K}ohring, Miriam

geboren 1969 in Bremen, absolvierte ihre Ausbildung zur Goldschmiedin 1991. Ihre Meisterprüfung legte sie 1999 ab. Die Arbeiten zeichnen sich durch eine klare Formensprache aus, eine ihrer Vorlieben liegt in der Arbeit mit großen exklusiven Farbsteinen. Ihre individuellen Einzelstücke fertigt sie in eigener Werkstatt, außerdem bietet sie Goldschmiedekurse an.

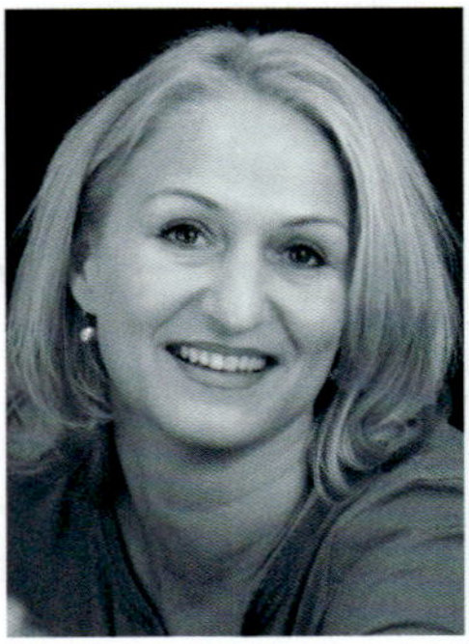

Die Goldschmiedin Miriam Kohring bietet auch Kurse an

Atelier Miriam Kohring
Tel. 04792/2030,
www.goldschmiedekurse-worpswede.de

{K}ollmar, Alfred (1886–1937)

(* 15.2.1886 in Besigheim; † 18.3. 1937 in Worpswede). Der Maler nahm nach einer Banklehre, der Arbeit bei einer Handelsfirma in London und einem Aufenthalt in Shanghai 1908 auf Empfehlung seines Vaters sein Studium an der Weimarer Kunsthochschule auf, wo Fritz Mackensen lehrte. Er war im Grunde erst durch das Scheitern einer weltlichen Karriere zur Kunst gekommen und gehörte zum Kern einer kleinen Gruppe Worpsweder Expressionisten mit einer stilistisch eigenwilligen und geheimnisvollen Malerei, die sich aus seiner inneren Befindlichkeit, aus Ängsten und Visionen speiste und dafür die Sprache des Expressionismus als Ausdrucksmittel fand. Während seiner kurzen Schaffenszeit malte er Blumen, Stillleben, Landschaften, Menschen der Region, Madonnen und Bilder von Besig-

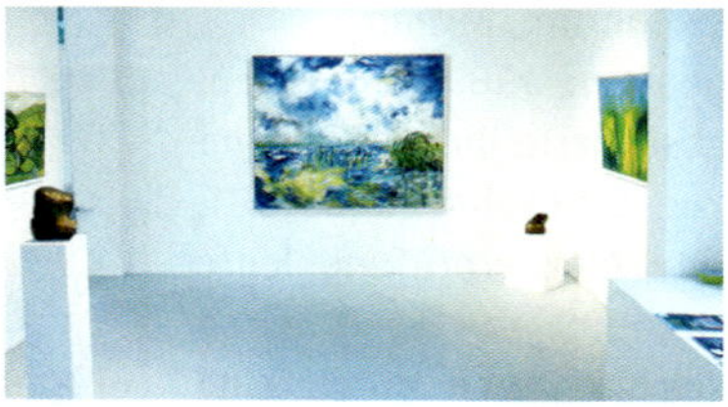

Ausstellung von Hella Kühnel

heim. Seine Werke zeugen vom Leben eines Menschen, der durch Erkrankung nicht den Weg eines Kaufmanns ging, wie es bei der Familie Kollmar, die mit dem Bau einer Ölmühle am Neckar 1845 die Ansiedlung von Industrie in Besigheim eingeläutet hatte, nahe lag. Er wurde zum Außenseiter, der seiner künstlerischen Begabung folgte. Mit finanzieller Förderung seiner Familie gelangte er 1919 nach Worpswede, wo er als Alkoholiker seinem Leben im März 1937 ein Ende setzte.

{K}rummacher, Karl (1867–1955)
(*8.4.1867 Elberfeld; †20.6.1955 in Worpswede) gehört zur Gründergeneration und wurde als Sohn eines Pfarrers geboren. Er studierte in Düsseldorf und kam erst auf Umwegen 1899 nach Worpswede – zwischenzeitlich war Krummacher Redakteur der Berliner Zeitschrift Deutsche Kunst, berichtete über Ausstellungen und verfolgte die Entwicklungen der aktuellen Kunstszene – und malte im Gegensatz zu seinen berühmten Kollegen impressionistisch, da er das Werk der französischen Vorbilder genau kannte. Im Vordergrund seines künstlerischen Interesses standen Motive des bäuerlichen Lebens. Dem Maler und Schriftsteller zu Ehren gibt es heute in Worpswede den Karl-Krummacher-Weg.

{K}ühnel, Hella
»Landschaft / Naturstücke« - innere und äußere Natur – geht davon aus, dass sich unser Natur- und Landschaftsempfinden in engem Zusammenhang mit dem Prozess der Zivilisation herausgebildet hat, der die Natur technisch zu beherrschen lehrte - bis zu ihrer möglichen Zerstörung. Dabei zeigen die weltweiten Katastrophen einmal mehr, wie wichtig es für den Menschen ist, im Einklang mit der Natur zu leben; einer Natur, die wir doch selber auch sind. »In meiner Malerei versuche ich dafür eine Sprache zu finden«, so die 1947 in Eckernförde geborene Malerin.

Hella Kühnel (Malerei)
Am Kniependamm 25, Worpswede, Neu-St. Jürgen, Tel. 04792/2746, atelier-hella-kuehnel @ewe.net, www.atelier-hella-kuehnel.de

{L}andt, Ina und Markus
Kunst im öffentlichen Raum. Zwischen Lindenbäumen und Fahnenmasten installieren die Künstler mit Bändern und Leinen in der Mitte des Künstlerortes einen ephemeren Ausstellungsraum. Graphische Blätter wie Holz- und Kupferdrucke – befestigt an Wäscheklammern, werden in der Luft hängend präsentiert. Diese Form der Kunstvermittlung steht in der Tradition Albrecht Dürers.

Ina & Markus Landt Kunstgraphik
Findorffstr. 17, Tel. 04792/951748, imlandt@web.de, www.kunstgraphik.blogspot.com + www.ina-markus-landt.de

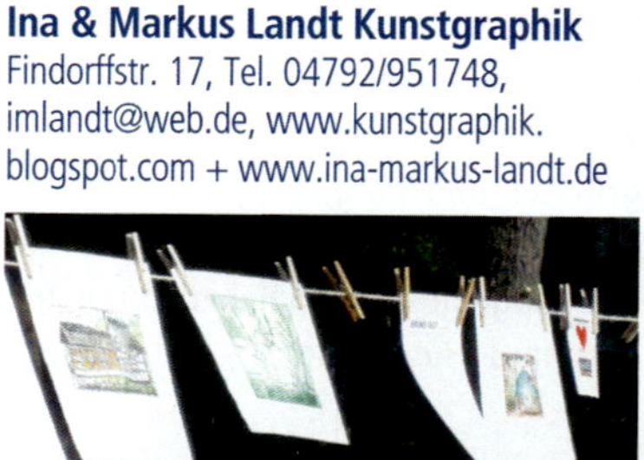

Rechts: Kunst an der Wäscheleine von Ina und Markus Landt

{M}ackensen, Fritz (1866–1953)
(*8.4.1866 in Greene bei Kreiensen; †12.5.1953 in Worpswede) war der erste Maler in der Gründergeneration in Worpswede. Ab 1884 kam er als Student der Düsseldorfer Kunstakademie auf Einladung der Kaufmannstochter Mimi Stolte regelmäßig in den Sommermonaten ins Künstlerdorf – kurz darauf folgte sein Studienkollege Otto Modersohn. 1889 entschlossen sich die beiden, nicht mehr an die Akademie zurückzukehren. Damit war der Grundstein für die erste Worpsweder Malervereinigung gelegt und die Auszeichnung von Mackensens Gemälde Gottesdienst im Freien leitete den schnell wachsenden Ruhm des Künstlerdorfes ein. Der Name Worpswede etablierte sich in der deutschen Kunstlandschaft. 1895–1904 war Mackensen in Worpswede beheimatet , er unterrichtete u.a. Paula Modersohn-Becker, Georg Harms-Rüstringen und Clara Rilke-Westhoff. An der Kunsthochschule Weimar übernahm er 1908 eine Professur und wurde 1910 Direktor. 1918 kehrte Fritz Mackensen nach Worpswede zurück und leitete von 1933 bis 1935 die Nordische Kunstschule in Bremen (heute HfK). Er starb als letzter aus der Gründergeneration, die das Dorf im Moor weltberühmt machten. Sein malerisches Werk – trotz der Landschaftsbezogenheit im Figürlichen – hat seinen Schwerpunkt in naturalistischen Studien bäuerlichen Lebens, aber auch in einer heroischen Verklärung des Einfachen. Sein Grab befindet sich auf dem Worpsweder Friedhof. Ihm zu Ehren gibt es in Worpswede den Fritz-Mackensen-Weg.

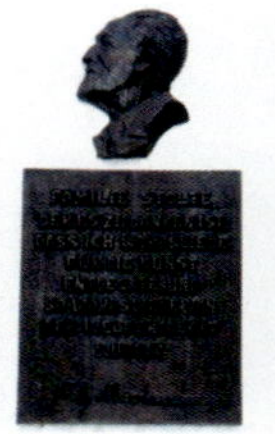

Gedenktafel für Fritz Mackensen am Kaufhaus Stolte

{M}arinović, Božica
(*29.4.65 Sisak/Kroatien), nach ihrem Fotodesign-Studium an der Lazi Akademie/Stuttgart eröffnete sie eine erfolgreiche Werbeagentur. Es folgten Weiterbildungen des Interior Designs und Personal Coachings im In- und Ausland. Die Mutter von zwei erwachsenen Söhnen lebt und arbeitet seit 1998 in Worpswede. Ihre Fotografien begeistern – auch in zahlreichen renommierten Kunstkalendern – durch eine besondere Form- und Farbästhetik. Sie kann auf langjährige Erfahrungen zurückgreifen, in denen sie erfolgreich vielschichtige und innovative Raumkonzepte für Konzerne, mittelständische Unternehmen und Privatpersonen realisierte. Wenn man die von ihr gestalteten Räume und Möbel betrachtet, fällt ihre Liebe zu besonderen Materialien und ihr spezieller Sinn für Schönheit ins Auge. Gekonnt arbeitet sie mit spannungsreichen Kontrasten, exquisiten Farbtönen und verbindet – sehr ausbalanciert – Antikes mit neuem Design. So entstehen ausdrucksstarke und poetische Räume. In achtsamer Einstimmung auf die individuellen Wünsche ihrer Auftraggeberinnen und Auftraggeber und deren Umgebung erschafft sie gemeinsam »Wohlfühlräume«, eine Art »Kunst im Sozialen«.

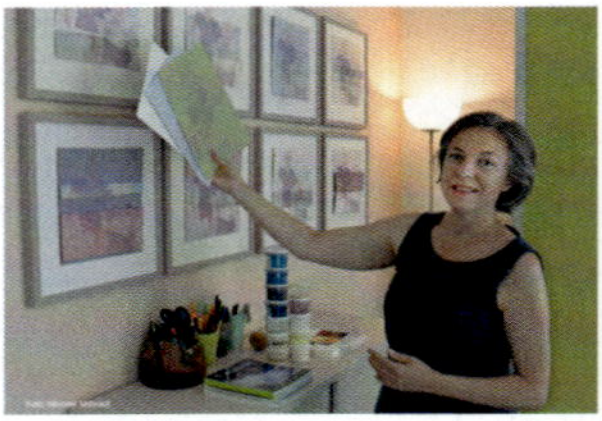

Božica Marinović

Atelier miribo Božica Marinović
Osterweder Straße 46 B, 04792/9544921, Mobil 0177/4836229, info@miribo.com, miribo.com

{M}edebach, Rabea

Die Wolkenmalerin wurde 1983 in Zeven geboren und war bereits als Kind von den sich stets wandelnden Naturphänomenen fasziniert. Ausflüge mit der Familie nach Worpswede und Fischerhude verstärkten die Liebe zu dieser besonderen Landschaft sowie den uneingeschränkten Blick auf die Weite des Himmels. Die Wolken lassen sie auch nach vielen Jahren der malerischen Auseinandersetzung bis heute nicht los. Die Leichtigkeit und Schwerelosigkeit und das nicht greifbare verändernde Element bildnerisch zu realisieren, bewegt die Künstlerin. Himmel und Erde treffen aufeinander, laufen auseinander und fließen ineinander, bis sie sich in ungegenständliche Farblandschaften verlieren. Die Farbe ist in den Malereien dem Motiv übergeordnet. Sie orientiert sich an Formen aus der Natur, tritt jedoch auch autonom auf. Farbräume lassen landschaftliche Assoziationen erkennen. Ihre Malerei versteht sie als Beziehung zwischen Himmel und Erde.

»Ich kann träumen ohne Schlaf und fliegen ohne Flügel, weil ich Wolken male.«

Rabea Medebach (Malerei)

Molkereistraße 14, 28870 Fischerhude, Mobil: 0174/1650136, rabea@musikmalerei.com, www.musikmalerei.com

{M}odersohn, Otto (1865–1943)

(*22.2.1865 in Soest/Westfalen; †10.3. 1943 in Rotenburg/Wümme) gehörte zu den ersten und beständigsten Malern in Worpswede. Nach seinem 1884 an der Kunstakademie Düsseldorf begonnenen und ab 1888 in Karlsruhe fortgesetzten Studium traf er sich im Juli 1889 mit Fritz Mackensen und Hans am Ende in Worpswede, wo sie die Künstlerkolonie Worpswede gründeten.

In seiner Jugend favorisierte er die Landschaft als Motiv, nach seinem Umzug nach Worpswede neigte er zu einer expressionistischeren Farbwahl, wobei seine Lieblingsmotive Landschaften (wie das Teufelsmoor) blieben. 1897 heiratete er Helene Schröder und ein knappes Jahr später wurde 1898 die gemeinsame Tochter Elsbeth (†1984) geboren. Danach verließ Modersohn die Künstlervereinigung. Seine Frau starb im Jahr darauf.

Schon ein Jahr später hatte er in der Malerin Paula Becker eine neue Liebe gefunden, die sie 1901 mit der Hochzeit krönten. Nach vorübergehender Trennung kehrten sie 1907 zusammen nach Worpswede zurück, wo im selben Jahr ihre Tochter Mathilde (»Tille«, †1998) geboren wurde. Paula Modersohn-Becker starb kurz nach der Geburt an einer Embolie.

Modersohn zog 1908 ins benachbarte Fischerhude, wo er seine dritte Ehefrau Louise Breling kennen- und

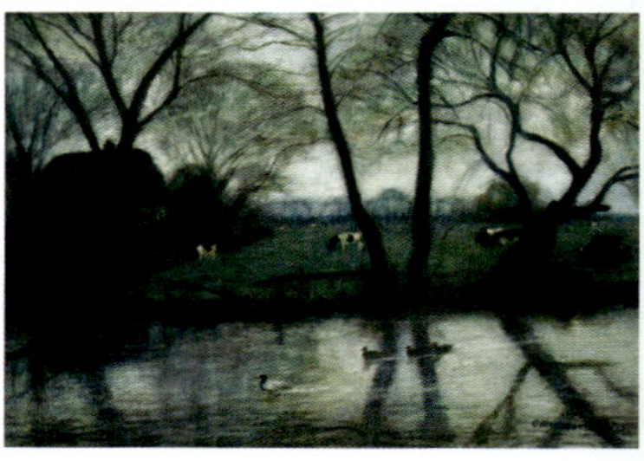

»Vorfrühling an der Wümme« (in Fischerhude), 1941 (Privatbesitz)

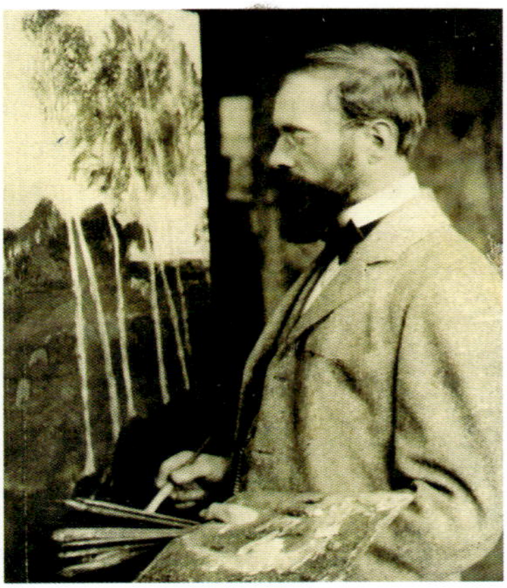

Der Maler Otto Modersohn an der Staffelei

liebenlernte. 1909 heiratete das Paar und in den darauffolgenden sieben Jahren wurden die beiden Söhne Ulrich (*1913; †1943) und Christian (*1916; †2009) geboren.
Die letzten sieben Jahre vor seinem Tod war Modersohn, dessen Malstil sich mit seinem Umzug nach Fischerhude und dem Tod seiner zweiten Frau geändert hatte (die Farben wurden dunkler, die Darstellung schroffer), auf einem Auge erblindet. Ein Jahr vor seinem Tod wurde er zum Professor ernannt.

Besuchertipp
Museum am Modersohn-Haus
(Leitung: Sigrid und Bernhard Kaufmann), Hembergstr. 19, Tel. 04792/4777 und 04794/354 (Verwaltung), info@museum-modersohn.de, www.museum-modersohn.de

Das Modersohn-Haus gehörte Otto Modersohn 1897 – 1921, hier lebte und starb auch Paula Modersohn-Becker. Heute kann der Besucher im Museumsanbau bedeutende Werke der Künstler erleben und gerahmte Worpsweder Repliken erwerben.
Weitere Informationen zum Leben einer der Gründer der Künstlerkolonie finden Sie auch in Fischerhude.

Otto-Modersohn-Museum
In der Bredenau 95, 28870 Fischerhude, Tel. 04293/328, info@modersohn-museum.de, www.modersohn-museum.de

Weitere Infos
www.fischerhude.com

{M}odersohn-Becker, Paula

(1876 – 1907)

(* 8.2.1876 in Dresden-Friedrichstadt; † 20.11.1907 in Worpswede) wurde als drittes von sieben Kindern des Ingenieurs Carl Woldemar Becker und dessen aus der Thüringer Adelsfamilie von Bültzingslöwen entstammenden Ehefrau Mathilde geboren. Die Malerin war eine der bedeutendsten Vertreterinnen des frühen Expressionismus, wobei sie in den knapp 14 Jahren ihrer künstlerischen Schaffenszeit 750 Gemälde, etwa 1.000 Zeichnungen und 13 Radierungen schuf, die die bedeutendsten Aspekte der Kunst des frühen 20. Jahrhunderts in sich vereinen.
Bis zu ihrem 13. Lebensjahr lebte Becker mit ihrer Familie in ihrer

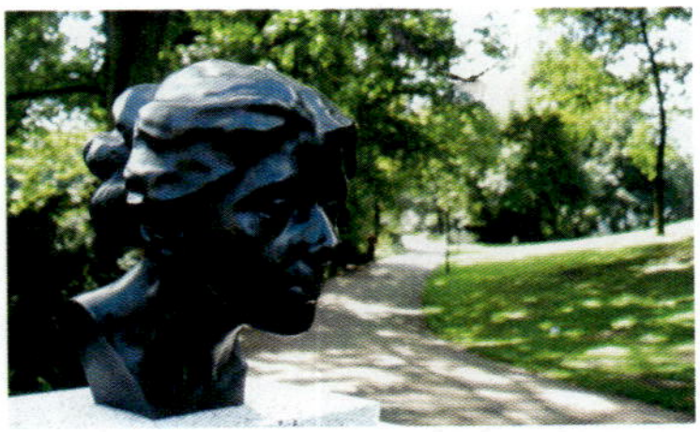

Die Büste von Paula Modersohn-Becker bei der Kunsthalle in Bremen wurde von Clara Westhoff gefertigt

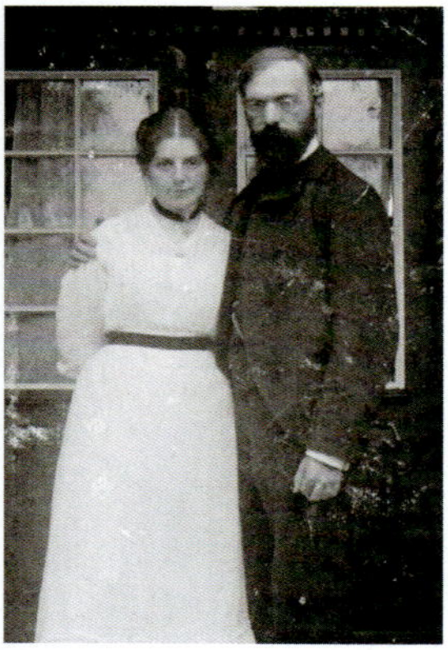

Paula Modersohn-Becker und Otto Modersohn

Geburtsstadt, bis ihr Vater seine Beamtenstelle verlor. Er zog mit seiner Familie 1888 nach Bremen, wo er eine städtische Stelle als Baurat annahm und Paula Becker ihr erstes kleines Atelier hatte. Auf Wunsch ihrer Eltern ging sie im Frühsommer 1892 nach England, wo sie bei einer Tante in der Nähe von London Haushaltsführung und Englisch lernen sollte. Dank der Unterstützung ihres Onkels erhielt sie auch Kunstunterricht und besuchte später eine private Kunstschule.

Ab 1893, in dem sie im Frühjahr erstmals Bilder des Worpsweder Künstlerkreises bei einer Ausstellung in der Kunsthalle Bremen von Otto Modersohn, Fritz Mackensen, Fritz Overbeck, Hans am Ende und Heinrich Vogeler gesehen hatte, besuchte Paula Becker auf den ausdrücklichen Wunsch ihres Vaters hin in Bremen ein Lehrerinnenseminar. Sie erhielt weiterhin privaten Malunterricht. Im September 1895 bestand sie das Examen und durfte im Frühjahr 1896 nach Berlin fahren, um dort an einem Kurs des Vereins der Berliner Künstlerinnen teilzunehmen, da ihr der Zutritt zu einer Kunstakademie als Frau verwehrt war. 1897 wurde sie zu der ersten Malklasse von Jeanne Bauck zugelassen. Im Sommer desselben Jahres besuchte Becker anlässlich der Silberhochzeit ihrer Eltern bei einem Familienausflug erstmals Worpswede, wo sie sich in die Landschaft, die Einsamkeit des Ortes und die dort angesiedelte Künstlerkolonie verliebte. Im Januar 1898 zog sie – unterstützt von ihren Eltern – nach Worpswede und wurde bei ihren Malstudien von Fritz Mackensen gefördert.

Anfangs empfand Becker den Kunstunterricht bei Mackensen, bei dem sie auch Freundschaft mit seiner zweiten Schülerin Clara Westhoff schloss, als sehr hilfreich, doch schon Ende 1898 kam sie zu der Überzeugung, dass er nicht der richtige Lehrer für sie sei.

Im Dezember 1899 stellte sie zwei ihrer Gemälde und einige Studien in der Kunsthalle Bremen aus – wenige Tage später brach sie in der Silvesternacht nach Paris auf, wo sie im darauffolgenden Jahr an der Académie Colarossi studierte und den von ihr hochgeschätzten Maler und ihren späteren Ehemann Otto Modersohn zum ersten Mal persönlich traf.

Im Juni 1900 kehrte Becker nach Worpswede zurück und die Beziehung zu Otto Modersohn intensivierte sich. Am 12.9.1900 – knapp drei Monatve nach dem Tod seiner Ehefrau Helene – verlobte sich Otto Modersohn mit der jungen Malerin. Die Heirat am 25.5.1901 hatte Paula Modersohn-Becker von dem Zwang befreit, einem Beruf nachgehen zu müssen, um für

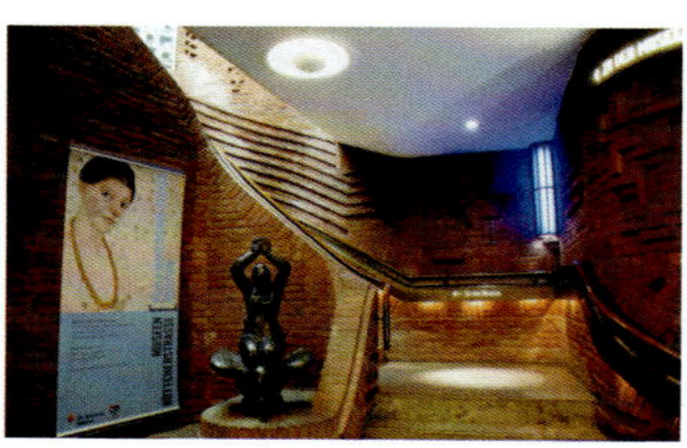

Aufgang zum Paula Modersohn-Becker Museum in der Bremer Böttcherstraße

ihren Unterhalt zu sorgen, so dass sie sich ganz ihrer Kunst widmen konnte.
Im Frühjahr 1903 kehrte sie mit der Zustimmung ihres Mannes für zwei Monate nach Paris zurück, von wo sie im März zahllose künstlerische Anregungen mitbrachte. Am 14.2.1905 reiste Modersohn-Becker erneut nach Paris, um dort Zeit mit ihrer Schwester verbringen zu können – Otto Modersohn wollte seine Frau wie bei dem Mal zuvor nicht nach Frankreich begleiten.
Am 23.2.1906 verließ sie Worpswede und ihren Ehemann und richtete sich in ihrer Lieblingsstadt Paris ein spartanisches Atelier ein. Ein halbes Jahr später bat sie ihren Mann, in die Scheidung einzuwilligen – wenige Tage später widerrief sie jedoch ihren Wunsch und bat Otto Modersohn, zu ihr zu kommen. Dieses Mal folgte Otto Modersohn der Einladung seiner Frau nach Paris, wo das Paar den Winter verbrachte.
Im März 1907 kehrte Paula Modersohn-Becker gemeinsam mit ihrem Mann nach Worpswede zurück, wo sie überglücklich feststellte, dass sie ein Kind erwartete. Doch die zuvor herbeigesehnte Schwangerschaft belastete sie seit ihrem Beginn und schränkte sie zu ihrem Unmut in ihrer Malerei ein. Am 2.11.1907 brachte sie schließlich nach einer schwierigen Geburt ihre Tochter Mathilde (Tille, † 1998) zur Welt. Nach einer vom Arzt verordneten Bettruhe durfte die Malerin am 20.11. erstmals wieder aufstehen, woraufhin eine Embolie einsetzte, an der Paula Modersohn-Becker 18 Tage nach Mathildes Geburt im Alter von nur 31 Jahren starb.

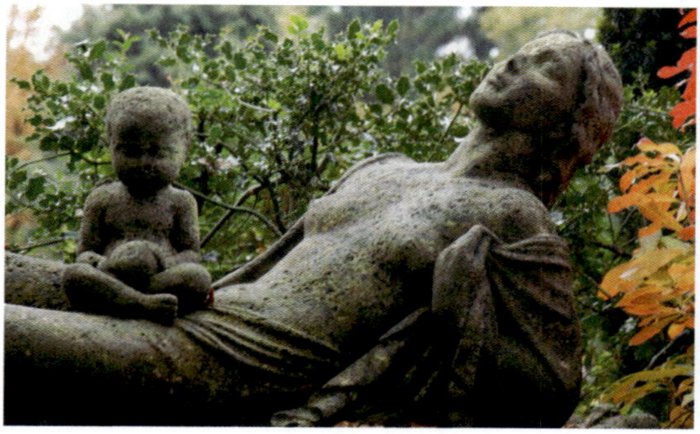

Das Grabmal von Paula Modersohn-Becker auf dem Worpsweder Friedhof wurde 1916 – 19 von Bernhard Hoetger gestaltet und zeigt eine sterbende Mutter

Links zu Paula Modersohn-Becker
www.paula-modersohn-becker.de
www.paulamodersohnbeckerstiftung.de

Paula Modersohn-Becker Museum
in der Böttcherstraße in Bremen
www.museen-boettcherstraße.de

Ausstellungen in Worpswede
Große Kunstschau Worpswede
(s.a. Museen), Lindenallee 5, Tel. 04792/1302, info@kulturstiftung-ohz.de, www.worpswede-museen.de/grosse-kunstschau/grosse-kunstschau.html, Verwaltung Tel. 04792/9887880

Museum am Modersohn-Haus
(Leitung: Sigrid und Bernhard Kaufmann), Hembergstr. 19, Tel. 04792/4777 und 04794/354 (Verwaltung), info@museum-modersohn.de, www.museum-modersohn.de

Worpsweder Kunsthalle, Bergstraße 17, Tel. 04792/1277, info@kulturstiftung-ohz.de, www.worpswede-museen.de/worpsweder-kunsthalle/worpsweder-kunsthalle.html

In Worpswede gibt es der Malerin zu Ehren heute den Paula-Modersohn-Becker-Weg und in der benachbarten Kreisstadt Osterholz-Scharmbeck die Paula-Becker-Straße. Im Jahr 2010 wurde zum ersten Mal der Paula Modersohn-Becker Kunstpreis verliehen (Infos unter www.pmb-kunstpreis.de). 2016 wurde das viel zu kurze Leben der heute weltberühmten Künstlerin im Kinofilm »Paula – Mein Leben soll ein Fest sein« verfilmt (www.paula-film.de).

{O}berer, Klaus

Nicht fotografischer Realismus interessiert den 1937 in Basel/Schweiz geborenen Oberer, »sondern der Ausdruck einer Erscheinung. Durch die optische Konzentration auf das Wesentliche wirkt das Bild kontemplativ. Bei der vielfachen Vergrößerung erhält die Fotografie eine impressionistische Bildqualität, in der Details unwichtig werden, Raumtiefen sich in Flächen auflösen und das Abgebildete entmaterialisiert wird. Man könnte es malerische Fotografie nennen.«

Klaus Oberer (Fotografie & Grafik)
Lindenallee 25a, Tel. 04792/955070, Mobil 0152/28995380, oberer.ks@gmx.de

{O}berer-Cetto, Sabine

Die Arbeiten der 1945 in Worpswede geborenen Künstlerin zeichnen sich durch eine klare Formgebung aus. Gold- und Silberkombinationen präsentieren sich geometrisch streng. Interessante Steine sind in vegetativ anmutende freie Formen gefasst. Auf das glatte Polieren der Schmuckstücke wird verzichtet, so dass die handwerkliche Arbeit lebendig spürbar bleibt.

Sabine Oberer-Cetto (Schmuckobjekte in Gold und Silber)
Lindenallee 25a, Tel. 04792/955070, Mobil 0152/01720658, oberer.ks@gmx.de

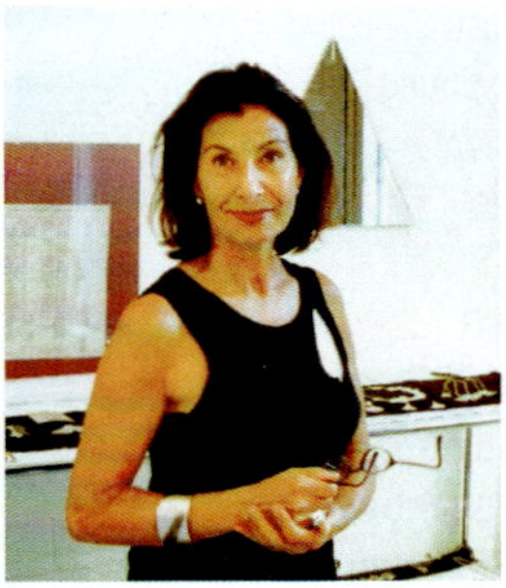

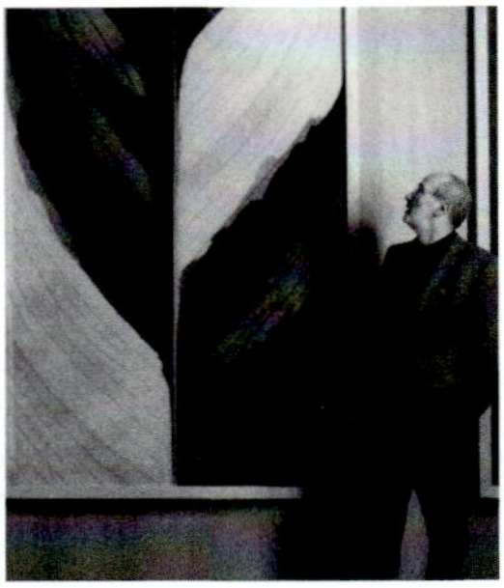

Klaus Oberer vor einer seiner Arbeiten

Schmuckdesignerin Sabine Oberer-Cetto in ihrem Atelier

{O}elze, Richard (1900–1980)

(* 29.6.1900 in Magdeburg; † 27.5. 1980 in Gut Posteholz bei Hameln) war ein deutscher Maler des Surrealismus. Der Sohn einer Magdeburger Arbeiterfamilie besuchte ab 1914 die Kunstgewerbeschule Magdeburg und schloss eine Ausbildung zum Lithographen an und absolvierte an derselben Schule von 1919–21 ein Studium als Stipendiat. Nebenbei erlernte er im Abendstudium das Aktzeichnen. 1921–25 war Oelze Student am Bauhaus, zunächst in Weimar bei Johannes Itten, später in Dessau, wo er 1929 einen Lehrauftrag am Bauhaus erhielt. In Dresden lebte er von 1926–29, wo er sich an einer Ausstellung der »Dresdner Secession« beteiligte, die 1929 und 1930 in Ascona in der Schweiz, danach bis 1932 in Berlin zu sehen war. Nach einem längeren Aufenthalt am Gardasee lebte Oelze in den Jahren 1932–36 in Paris, wo er Bekanntschaft mit André Breton, Salvador Dalí, Paul Éluard und Max Ernst machte. Nach dieser Zeit kehrte er bis 1937 in die Schweiz zurück und reiste kurz darauf nach Italien weiter. 1938 zog er nach Deutschland und ließ sich 1939 in der Künstlerkolonie Worpswede bei Martha Vogeler im Haus im Schluh nieder. Von 1941 – 45 leistete er Kriegsdienst und geriet in Gefangenschaft. Nach dem Zweiten Weltkrieg kehrte Oelze nach Worpswede zurück, wo er bis 1962 in ärmlichsten Verhältnissen in einem kleinen Gartenhäuschen lebte und arbeitete.

Mit seiner Lebensgefährtin, der Künstlerin Ellida Schargo von Alten (1911 – 1991), zog er später nach Posteholz bei Hameln um. 1959 war er Teilnehmer der documenta II, 1964 der documenta III in Kassel. 1965 wurde Oelze, der Träger des Max-Beckmann-Preises war, mit dem Karl-Ernst-Osthaus-Preis der Stadt Hagen sowie dem Großen Kunstpreis des Landes Nordrhein-Westfalen und dem Lichtwark-Preis der Hansestadt Hamburg ausgezeichnet. Er war Mitglied der Akademie der Künste Berlin. 1980 erhielt Oelze den Niedersachsenpreis der Kategorie Kultur. Die Stadt Magdeburg benannte nach ihm eine Straße, den Oelzeweg. In Worpswede gibt es im Neubaugebiet dem Maler zu Ehren den Richard-Oelze-Ring.

{O}hler, Willi (1888–1975)

(* 18.12.1888 in Hanau; † 17.8.1975 in Worpswede) ist heute vorwiegend als Keramiker bekannt. In seiner Schaffenszeit hat er aber auch auch diverse impressionistische Gemälde erstellt. Nach der Ausbildung in der Buchdruckerei seines Vaters besuchte Ohler die Zeichenakademie in Hanau, bevor

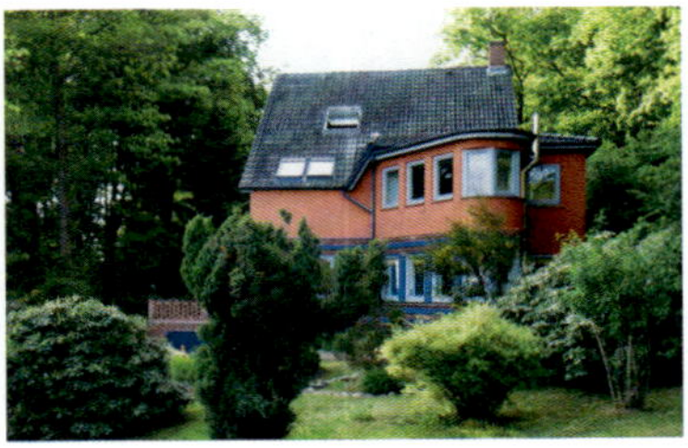

Das Ohler-Haus auf dem Weyerberg

er in Berlin Bildhauerei, Architektur und Malerei studierte. Nach dem Ersten Weltkrieg erlernte Ohler das Töpfern und übernahm eine Keramikwerkstatt im Odenwald. Ausstellungen in Oldenburg und Bremen führten den jungen Keramiker zu einer Begegnung mit Bernhard Hoetger, der ihn schließlich für eine Zusammenarbeit in seinen Worpsweder Kunsthütten gewann. 1926 baute Ohler sich eine eigene Werkstatt auf, – während des Zweiten Weltkrieges nahm er eine Stelle als Zeichenlehrer in Stade an und beendete wegen Brennstoffmangels seine Tätigkeit als Töpfer. Nach dieser Phase entstanden zahlreiche Ölgemälde, Pastelle und Zeichnungen (s.a. Holz, Donata, Im Strom der Zeit – Geschichte der Malerei).

Das weinrot-blau gestrichene Ohler-Haus am Susenbarg auf dem Weyerberg wurde 1930 gebaut. Vom Susenbarg am Willi-Ohler-Weg – im Winter besonders bei den Rodlern beliebt – hat man einen wunderschönen Weitblick über den Westhang des Weyerberges hinüber auf die Hamme-Landschaft und Geestrand, nach Ritterhude und Osterholz-Scharmbeck im Westen sowie der südwestlich gelegenen Hansestadt Bremen.

{O}ppel, Lisel (1897–1960)
(* 14.10.1897 in Bremen; † 11.7.1960 in Worpswede) wurde als siebtes Kind des Oberrealschullehrers Professor Dr. Alwin Oppel geboren und war eine leidenschaftliche Malerin. Sie führte ein abwechslungsreiches wie abenteuerliches Leben, das sie in Briefen, einem Tagebuch, vor allem aber in Zeichnungen, Aquarellen und Ölgemälden festgehalten hat. Anders als bei Paula Modersohn-Becker war es »bei uns selbstverständlich, dass ich eines Tages Malerin werden musste«, erinnerte sie sich. Das lag wohl auch daran, dass in der Familie ihrer aus der Schweiz stammenden Mutter zwei Tanten Malerinnen waren. So konnte Oppel ohne Umwege von 1914–18 in München und Bremen Malerei studieren. Eine deutliche Beziehung gibt es zu Paula Modersohn-Becker: Als deren Briefe und Tagebuch-Aufzeichnungen 1917 von Sophie Gallwitz erstmals ausführlicher veröffentlicht wurden, bewirkte ihre Lektüre, dass die junge Malerin 1919 dauerhaft nach Worpswede zog. Bestärkt wurde sie darin durch den Bremer Walter Müller, der bald darauf Bettina Vogeler heiratete, eine Tochter von Heinrich Vogeler. Mit Heinrichs Frau Martha verband Oppel schon bald eine lebenslange Freundschaft, so dass sie zu ihr ins Haus im Schluh zog.

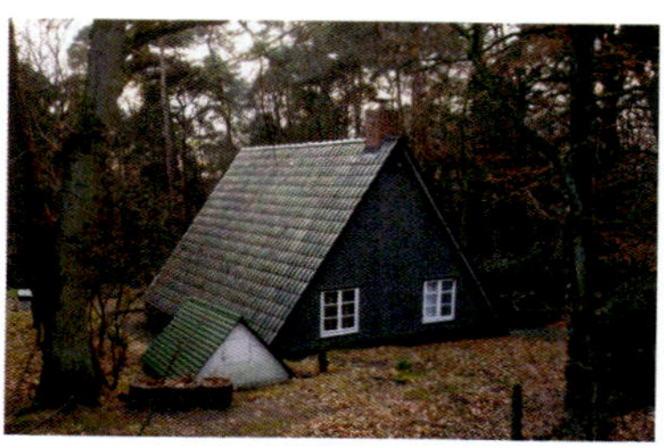
Das Nurdachhaus von Lisel Oppel am Niedersachsenstein auf dem Weyerberg

Oppel machte während ihrer Schaffenszeit zahlreiche Reisen, die sie manches Mal auch impulsiv unternahm, obwohl sie von ihrer Malkunst allein nicht leben konnte. So arbeitete sie in den Krisenjahren nach dem Ersten Weltkrieg im Emsland auf einem Bauernhof und verdiente sich später in Italien am Golf von Salerno als Keramikerin ihren Lebensunterhalt. Dass sie ihre Touren, etwa 1936 in Kalabrien, als Anhalterin unternahm, bot zusätzliche Anreize, Land und Leute kennenzulernen. Während ihres zweiten Italien-Aufenthalts, der immerhin fünf Jahre dauerte, wurde 1932 ihr Sohn Claudio auf Ischia geboren. Immer wieder zog es Lisel Oppel aber nach Worpswede zurück. Wie ihre Vorgängerin Paula Modersohn-Becker orientierte sie sich an Gauguin und van Gogh, malte in kraftvoll leuchtenden Farben, setzte mit expressivem Duktus blaue Begrenzungslinien in Landschaftspartien. Besonders verbunden fühlte sich Oppel der Aquarellmalerei.
Anlässlich des 136. Geburtstages von Heinrich Vogeler erhielt der Barkenhoff im Dezember 2008 eine großzügige Schenkung ihrer Werke von ihrem Sohn Claudio Oppel (darunter Ölgemälde, Aquarelle, Zeichnungen, Notizen, ein Tagebuch und Briefe). Oppel ruht auf dem Friedhof bei der Zionskirche. In Worpswede erinnert heute der Lisel-Oppel-Weg – der wohl schönste Panoramaweg am Weyerberg – an die Malerin aus der Zweiten Generation, die im nahegelegenen Nurdachhaus

am Niedersachsenstein wohnte. Der Weg bietet einen herrlichen Blick in die Hammelandschaft, der bei gutem Wetter bis in die nahegelegene Kreisstadt Osterholz-Scharmbeck reicht.

{O}tto, Waldemar (1929–2020)
(* 30.3.1929 in Petrikau/Polen; † 8.5. 2020 in Worpswede) Zeit seines Lebens war er seinem früh gewählten und gegen alle herrschenden Kunstrichtungen fest gebliebenen figürlich-konkreten Arbeitsansatz stets treu geblieben. An der Berliner Hochschule für bildende Künste begann er 1948 ein Studium der Bildhauerei. Einer seiner ersten großen Erfolge gelang ihm 1957 im Alter von nur 28 Jahren mit der Auszeichnung durch den Preis der Großen Berliner Kunstausstellung. 1973 wurde Otto zu einer Professur an die Hochschule für Künste Bremen berufen. Internationale Bekanntheit erlangte er durch verschiedene weitere Auszeichnungen, Arbeitsaufenthalte und Ausstellungen wie zum Beispiel in Irland, Chile oder in der St. Petersburger Eremitage. Die Schwerpunkte seines Schaffens verlagerten sich im Laufe der Jahre von der realistischen Figur zu einer formalen Darstellung, die sich auf den Torso konzentriert. Dessen reduzierte Konzeption schließt folgerichtig das Erzählerische immer mehr aus, und die Aufmerksamkeit setzt auf die eigentliche bildhauerische Fragestellung: Wie viel bzw. wie wenig braucht es, um die hochkonzentrierte Beziehung zwischen einer Figur, ihrer inneren Bewegtheit und ihrem Ausdruck zum Umraum sichtbar werden zu lassen? In Worpswede

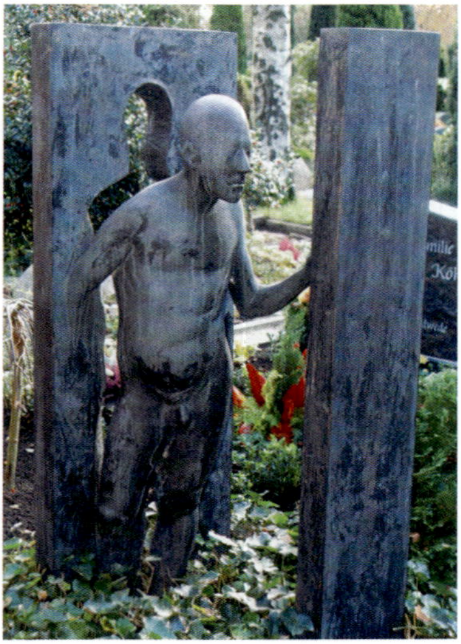

»Der Übergang« auf dem Friedhof Worpswede ist ein Kunstwerk von Prof. Waldemar Otto

hat der Künstler u.a. den Bacchusbrunnen vor dem Kaffee Worpswede sowie das Grabmal »Der Übergang« auf dem Friedhof geschaffen.

{O}verbeck, Fritz (1869–1909)
(* 15.9.1869 in Bremen; † 7.6.1909 in Bröcken bei Bremen-Vegesack; eigentlich August Friedrich) wurde als Sohn eines technischen Direktors des Norddeutschen Lloyds geboren und studierte nach dem Abitur am Alten Gymnasium 1889 – 1893 an der Düsseldorfer Kunstakademie. Dort lernte er Otto Modersohn und Fritz Mackensen kennen, die ihn überredeten, in die Künstlerkolonie Worpswede zu kommen.
Erstmals reiste Overbeck 1892 in das Dorf im Moor, bevor er zwei Jahre später ganz an diesem Ort blieb. Er nahm sich zunächst eine Wohnung und richtete sich 1896 auf dem Weyer-

berg ein Atelier ein. Hier malte er Bilder einsamer Moorlandschaften – seine Gemälde leben von einer koloristischen Deutung der Moorlandschaft, von stimmungsvollen Inszenierungen einfachster Motive durch Farbe. Der Himmel als Raum des reinen Lichts spielt in vielen Arbeiten Overbecks eine übergeordnete Rolle.

1897 heiratete er seine Schülerin Hermine Rothe. Ihr gemeinsamer Sohn Fritz Theodor Overbeck († 1983) erblickte am 2.8.1898 das Licht der Welt. Als Worpswede durch eine ständig wachsende Zahl von anreisenden Künstlern unruhig zu werden begann, verließ Fritz Overbeck 1905 als erster aus der Gruppe der Alten Worpsweder Maler das Dorf und zog mit seiner Familie nach Bröcken bei Vegesack, wo er sich auf Strand- und Dünenlandschaften der Nordsee spezialisierte. Im Alter von nur 39 Jahren starb Fritz Overbeck 1909 überraschend an einem Hirnschlag. Seine letzte Ruhestätte fand er auf dem Waller Friedhof in Bremen. Im zu Ehren gibt es heute auf dem Weyerberg den Fritz-Overbeck-Weg sowie in der benachbarten Kreisstadt Osterholz-Scharmbeck die Overbeckstraße.

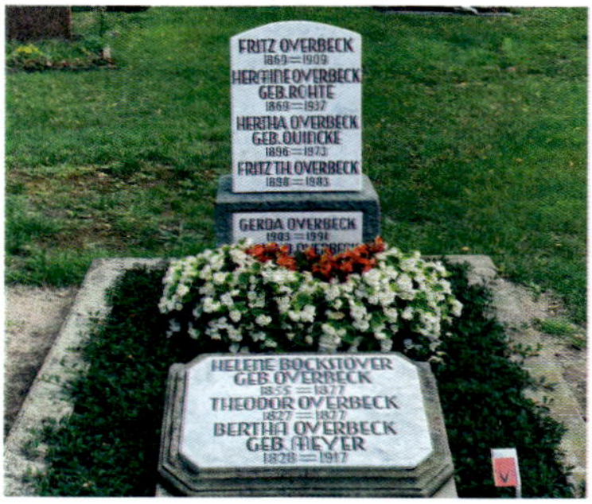
Das Familiengrab von Fritz Overbeck in Bremen-Walle

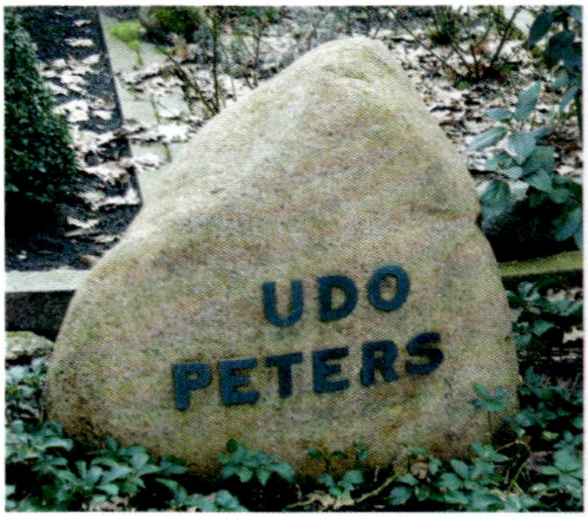

Grab des Künstlers Udo Peters auf dem Worpsweder Friedhof

Weitere Infos
www.fritz-overbeck.de

Ausflugstipp Overbeck-Museum
Stiftung Fritz und Hermine Overbeck e.V., Altes Packhaus Vegesack, Alte Hafenstraße 30, 28757 Bremen, Tel. 0421/ 663665, info@overbeck-museum.de, www.overbeck-museum.de

{P}eters, Udo (1884–1964)
(* 17.1.1884 in Hannover; † 18.3. 1964 in Worpswede). Im Werk des Malers verbinden sich Elemente des Neoimpressionismus mit Tendenzen zum Expressionismus. An den Weyerberg kam er erstmals 1906, jedoch verließ Peters den Ort für kurze Zeit wieder 1908 kehrte er in die Künstlerkolonie zurück, um den Rest seines Lebens zu bleiben. Im Vordergrund seines künstlerischen Interesses standen für Peters Landschaftsmotive, wobei de Mensch lediglich als kleiner Akzen dargestellt wurde. In der regionale Kunstgeschichte gilt er nicht nur al anerkannter Maler, sondern auch al Chronist des Dorfes, da er nahezu all Plätze und Straßen Worpswedes i seinen Bildern festhielt (vgl. dazu Holz

Donata, »Im Strom der Zeit«). Ihm zu Ehren gibt es heute in Worpswede den Udo-Peters-Weg.

{P}ick, Hans (1931–2014)
(*23.2.1931 in Düren/Rheinland; †7.5.2014 in Bremen) war in der näheren Umgebung von Worpswede ansässig. Die Veranlagung zum Malen hatte er von seinem Vater, dem Kunstmaler Prof. Michael Pick (1910–1983). Bis 1973 war Pick in der Chemie tätig. Gesundheitliche Probleme zwangen ihn zur Aufgabe seiner Tätigkeit. Dadurch begann er, sich als Autodidakt mit der Malerei zu beschäftigen. Seine Vorliebe für Moorlandschaften spiegelt sich in seinen Motiven wider. Grenzenlose ins scheinbare Nichts führende Landschaften, bizarre, ausgeprägte Wolkenbilder in dunkle, satte Farben getaucht, verleihen seinen Bildern eine schwere, dramatische Ausdrucksweise, die die Sensibilität des Künstlers spürbar werden lassen. Der Maler liebte die grenzenlose Einsamkeit der Worpsweder und Fischerhuder Landschaft, denn sie bedeutete für ihn auch gleichzeitig eine unendliche Geborgenheit. Und dieses Gefühl mochte er auch gerne beim Betrachten seiner Bilder wecken. Er soll verweilen, sich in der heutigen hektischen Zeit für einen kurzen Moment ausweichen können. Gleichzeitig wollte Pick mit seinen Bildern den Menschen auffordern, Achtung und Demut der Natur gegenüber walten zu lassen. Trotz großen Erfolges seiner Ausstellungen (u.a. Worpswede, Bremen, auf Sylt, Berlin, München und im Ausland z.B. Kanada) war es sein Wunsch, möglichst im Hintergrund zu bleiben und im Stillen zu wirken.

{R}eylaender, Ottilie (1882–1965)
(*19.10.1882 in Wesselburen; †29.3.1965 in Berlin). Die Malerin hat eine besondere kunsthistorische Bedeutung für Worpswede. Sie kam 1897 in den Künstlerort, wo sie eine Lehre beim Maler Fritz Mackensen machte. Er zeigte seinen Schülerinnen genaues Zeichnen vor der Landschaft und dem Modell. In dieser Zeit lernte Reylaender auch Mackensens Schülerin Paula Modersohn-Becker kennen, die schon in frühen Jahren ihren eigenen Stil hatte, der nicht im Einklang mit ihrem Meister stand. So malte Reylaender mit ihrem Vorbild Modersohn-Becker Porträts von Armenhäuslern und Bauern – inspiriert durch viele Studienreisen ins Ausland (u.a. Frankreich, Italien, Mexico) entwickelte sie während ihrer Schaffenszeit nach einer anfangs akademischen Malweise ihres Lehrers einen individuellen expressiven Stil.

{R}ilke, Rainer Maria (1875–1926)
(*4.12.1875 in Prag; †29.12.1926 in Valmont sur Territet/Schweiz), eigentlich René Karl Wilhelm Johann Josef Maria Rilke. Er war einer der bedeutendsten Lyriker deutscher Sprache. Daneben verfasste er Erzählungen, einen Roman und Aufsätze zu Kunst und Kultur sowie zahlreiche Übersetzungen von Literatur und Lyrik u.a. aus der französischen Sprache. Sein umfangreicher Briefwechsel bildet

einen wichtigen Bestandteil seines literarischen Schaffens.
1895 begann Rilke Literatur, Kunstgeschichte, Philosophie in Prag zu studieren, wechselte ab 1896 zur Rechtswissenschaft und setzte seine Studien ab September in München fort. Im Herbst 1900 hielt sich Rilke zu einem längeren Besuch bei Heinrich Vogeler in Worpswede auf. Vogeler veranstaltete im Weißen Saal seines Barkenhoffs sonntägliche Treffen, wo neben Otto Modersohn, Paula Modersohn-Becker, Carl Hauptmann auch die Bildhauerin Clara Westhoff verkehrte. Westhoff und Rilke heirateten im folgenden Frühjahr. Im Dezember 1901 wurde ihre Tochter Ruth († 1972) geboren. Bereits im Sommer 1902 gab Rilke die gemeinsame Wohnung auf und reiste nach Paris, um dort eine Monografie über den Bildhauer Auguste Rodin (1840 - 1917) zu verfassen. Die Beziehung zwischen Rilke und Westhoff blieb Zeit seines Lebens bestehen, doch war er nicht der Mensch für ein bürgerliches und ortsgebundenes Familienleben. Gleichzeitig drückten ihn finanzielle Sorgen, die durch Auftragsarbeiten nur mühsam gemildert werden konnten. Seit 1923 hatte Rilke mit großen gesundheitlichen Beeinträchtigungen kämpfen, die mehrere lange Aufenthalte im Sanatorium nötig machten. Auch der lange Paris-Aufenthalt von Januar bis August 1925 war ein Versuch, der Krankheit durch Ortswechsel und Änderung der Lebensumstände zu entkommen. Erst kurz vor Rilkes Tod wurde seine Krankheit als Leukämie diagnostiziert, und zwar in einer damals noch wenig bekannten Form. Der Dichter starb im Schweizer Sanatorium Valmont sur Territet bei Montreux und wurde am 2.1.1927 in der Nähe seines letzten Wohnorts auf dem Bergfriedhof von Raron im Wallis westlich von Visp beigesetzt. Ihm zu Ehren gibt es heute in Worpswede den Rilkeweg.

Weitere Infos

www.rilke.de
www.rainer-maria-rilke.de

{R}ilke-Westhoff, Clara (1878 – 1954)
(*21.9.1878 in Bremen; †9.3.1954 in Fischerhude) war eine deutsche Bildhauerin. Bereits im Alter von 17 Jahren zog Westhoff nach München und besuchte dort eine private Malschule. 1898 nahm sie bei Fritz Mackensen in Worpswede Zeichen- und Modellierunterricht. In Worpswede freundete sie sich u.a. mit Otto Modersohn und Paula Modersohn-Becker an. Außerdem war sie häufig Gast auf dem Barkenhoff des Künstlers Heinrich Vogeler. Dort lernte sie 1900 auch ihren späteren Ehemann, den Dichter Rainer Maria Rilke kennen.
1899 setzte Westhoff bei Carl Seffner und Max Klinger in Leipzig sowie 1900 bei Auguste Rodin in Paris ihre Ausbildung als Bildhauerin fort. Ein Jahr später heiratete sie am 28.4. Rainer Maria Rilke, und sie zogen in ein Nachbardorf Worpswedes, nach Westerwede. Dort mietete Rilke ein Haus, für dessen Innenausstattung sein Freund Heinrich Vogeler gesorgt hatte. Im Dezember 1901 kam die gemeinsame Tochter Ruth († 1972) auf die Welt.

Bereits im Sommer 1902 gab Rilke die gemeinsame Wohnung auf und zog nach Paris, um dort eine Monografie über Auguste Rodin zu verfassen. Westhoff folgte ihm kurze Zeit später, die Tochter brachte sie zu den Großeltern. Die Ehe war jedoch zerbrochen, da Rilke offenbar nicht für ein bürgerliches Familienleben geschaffen war. Die freundschaftliche Beziehung zwischen Rilke und Westhoff blieb bestehen. Im Jahr 1919 siedelte Westhoff mit ihrer Tochter nach Fischerhude über, wo sie bis zu ihrem Tod lebte. Aus ihrem Wohnhaus mit Atelier wurde später das Café im Rilke-Haus.

Café im Rilke-Haus
Tel. 04293/1385, info@cafe-im-rilke-haus.de, www.cafe-im-rilke-haus.de

Genau gegenüber des Cafés befindet sich eine schöne und liebevoll eingerichtete Ferienwohnung.

Ferienwohnung
www.ferienwohnung-cafe-im-rilke-haus.de

{R}ingeling, Stefan

Die Themen des Malers Stefan Ringeling sind variantenreich und bewegen sich zwischen Stillleben, Landschaft, Innenräumen und dem Meer. Stets bleibt er seiner Malweise treu, die unaufgeregt und präzise daherkommt und gerade deshalb den Blick auf das Wesentliche freihält. Ringelings Farben sind leuchtend und die Bilder von großen Farbkontrasten geprägt. Seine Arbeiten sind allesamt Kommentare zum Leben in der Gegenwart.

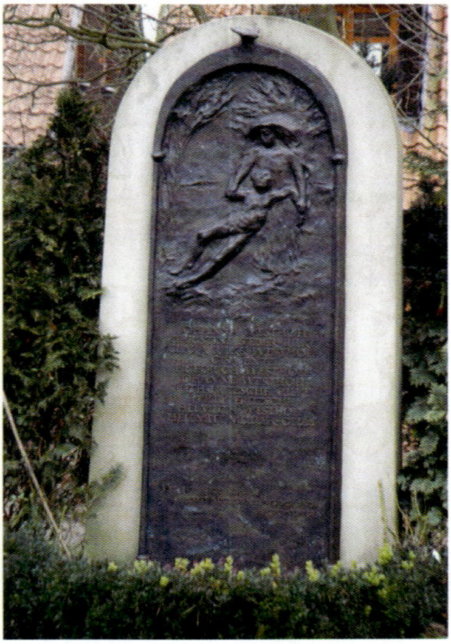

Der Grabstein von Clara Rilke-Westhoff auf dem Friedhof in Fischerhude

Stefan Ringeling (Malerei)
Straßentor 1, Tel. 04792/9878945, mail@stefanringeling.org, www.stefanringeling.org

{R}ipke-Bolinius, Ingrid

Das keramische Anliegen der Künstlerin ist die Reduzierung auf Form und Material. Zu sehen bekommen Sie bei ihr individuelle Gefäße und Gefäßobjekte, sowie Teekannen und Teeschalen aus Porzellan, formschön und zweckmäßig zugleich.

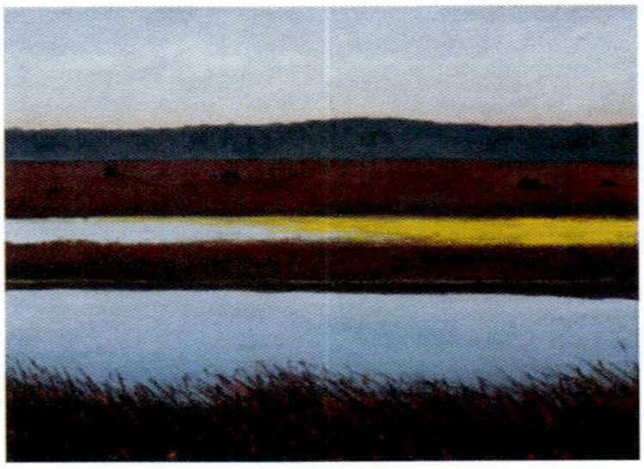

Gemälde von Stefan Ringeling: Teufelsmoor 3, 2020, Öl auf Leinwand

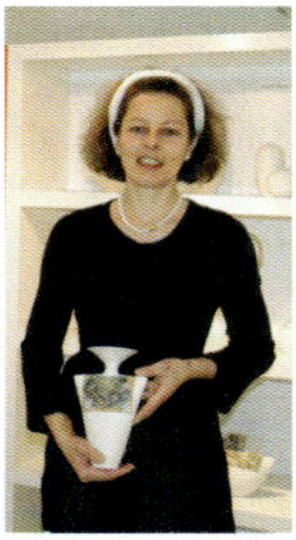

Keramikerin Ingrid Ripke-Bolinius

Ingrid Ripke-Bolinius
Albert-Schiestl-Weg 12, Tel. 04792/3445, ripkebolinius@t-online.de, www.ripke-bolinius-keramik.de

{R}utenberg, Ingeborg

Mitten im Herzen Worpswedes, in einer kleinen Passage in der Bergstraße 32, befindet sich zwischen Kunst und Kunsthandwerk das Verkaufsatelier von Glasdesignerin Ingeborg Rutenberg. Die Glasdesignerin veredelt mit ihrer besonderen Sandstrahltechnik und viel Kreativität seit vielen Jahren hochwertiges Glas, das sie in ihrem Worpsweder Geschäft präsentiert. Neben einer vielfältigen Auswahl an Glaskreationen in verschiedenen Formen und Größen, die zum Verkauf stehen, kann der interessierte Besucher auch beim Bearbeiten der gläsernen Einzelstücke zuschauen. Jedes einzelne Glasdesign wird per Hand hergestellt, ist daher ein echtes Unikat. Auf Wunsch bietet die Künstlerin auch Sonderanfertigungen an, z.B. Fotos oder Firmenlogos auf zuvor ausgesuchtem Wunschglas an. Ob personalisierte Türschilder oder selbst entworfene Glasmuster, der Kunde kann seiner Kreativität in Form und Motiv freien Lauf lassen und gemeinsam mit der Künstlerin sein Wunschglas designen. Nach dem Entwurf stellt Ingeborg Rutenberg dann in Handarbeit eines ihrer einzigartigen Glas-Unikate her. Ob zum Bestellen, zum Kaufen oder einfach nur zum Ansehen und Bewundern der hochwertigen Glasentwürfe, Glasdesignerin Ingeborg Rutenberg freut sich über jeden Besucher und beantwortet gerne Ihre Fragen zu den Glas-Kreationen und ihrer Entstehung.

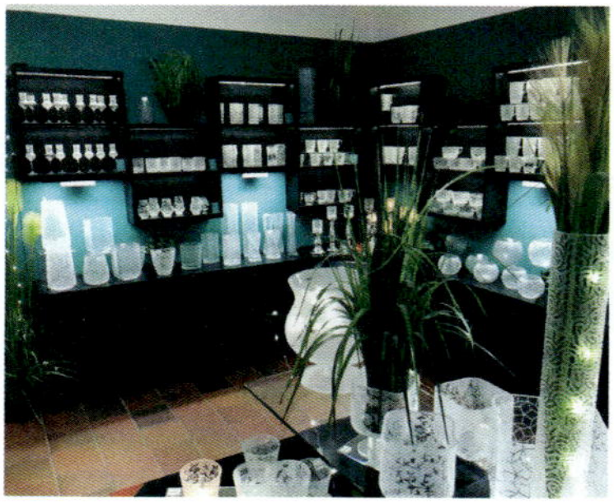

Das Verkaufsatelier von Glasdesignerin Ingeborg Rutenberg liegt zentral in der Bergstraße

DieGlasDesigner
Ingeborg Rutenberg (Inh.), Bergstr. 32, Tel.: 04792/9879375, info@dieglasdesigner.de, www.dieglasdesigner.de

{S}aebens, Hans (1895–1969)

(*25.3.1895 in Bremen; †16.10.1969 in Worpswede). Der Maler, Grafiker und Fotograf hatte sich vor allem auf norddeutsche Landschaften spezialisiert. In seinen frühen Jahren schuf er ein beachtenswertes grafisches und malerisches Werk. Saebens studierte zunächst in seiner Geburtsstadt Bremen an der Kunstschule, um 1914 an die Leipziger Akademie für Grafik zu wechseln. Um 1930 entdeckte er die Fotografie als neues Ausdrucksmittel. Durch den großen Erfolg gab er schließlich seine grafischen Arbeiten auf und lebte bis zu seinem Tod in seinem Atelier in der Lindenallee in Worpswede, in dem der bekannte Fotograf und ehemalige Saebens-Schüler Horst Wöbbeking (†2020) lebte. Saebens hat seine letzte Ruhe zusammen mit seiner Frau Eugenie von

Garvens (Saebens) auf dem Worpsweder Friedhof neben der Zionskirche gefunden.

{S}ander-Plump, Agnes (1888–1980)
(* 1.5.1888 in Bremen; † 23.12.1980 in Lilienthal) war eines von sechs Kindern der alten Bremer Kaufmannsfamilie Plump. Sie absolvierte ihr Studium in Bremen und wurde ebenso wie ihre malende Schwester Ruth Plump von Lovis Corinth unterrichtet. Sander-Plump kam 1926 nach Worpswede. Bekannt wurde sie vor allem für ihre Kinderbilder, da sie es verstand, das Wesen eines Kindes sehr einfühlsam mit seinem augenblicklichen Ausdruck zu erfassen. Ihr Patenkind war der spätere Bundespräsident Karl Carstens.

{S}chäfer-Pieper, Christel
»Leben und arbeiten als Einheit, dies kann ich mit meiner Atelierwerkstatt in unserem idyllisch gelegenen Haus in Worpswede verwirklichen. Hier habe ich die Muße und Kraft, meine Produktlinien zu entwerfen und bestehende Keramikdesigns weiterzuentwickeln und zu pflegen. Im direkten Kontakt mit den Interessenten und Kunden auf ausgewählten Kunsthandwerkermärkten, sowie in meiner Atelierwerkstatt biete ich meine Keramikprodukte an. Töpferkurse können Sie leider bei mir nicht besuchen, aber Ferien in unserem stilvoll eingerichteten Ferienhaus, das gleich gegenüber meiner Atelierwerkstatt liegt, verleben. Erleben Sie von hier aus das künstlerische Flair Worpswedes« (Quelle: www.schaefer-pieper.de).

Christel Schäfer-Pieper (Töpferei)
Auf der Heidwende 25a, Tel. 04792/ 1554, toepferei@schaefer-pieper.de, Termine nach Vereinbarung

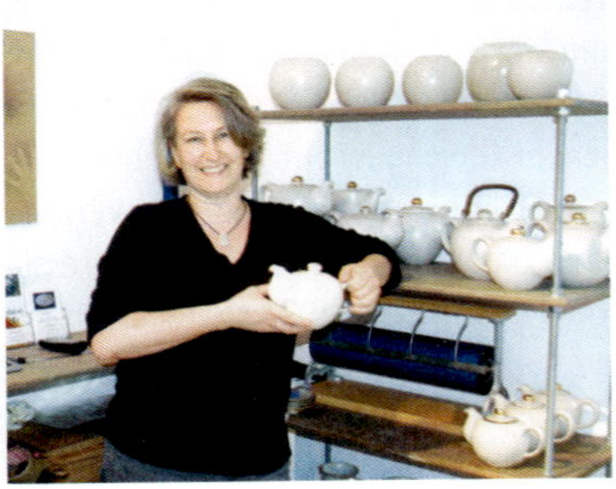

Keramikerin Christel Schäfer-Pieper in ihrer Töpferei

{S}charrelmann, Wilhelm
(1875–1950)
(* 3.9.1875 in Bremen; † 18.4.1950 in Worpswede) besuchte in Bremen nach der Domschule das Seminar an der Hamburger Straße, wo er sich zum Lehrer ausbilden ließ. Von 1895–1921 engagierte er sich der Pädagoge für die Bremer Schulreformbewegung, deren prominentester Kopf Fritz Gansberg war. Daneben schrieb Scharrelmann Romane, Erzählungen und Bühnenstücke für Jugendliche und Erwachsene. Nach dem Ersten Weltkrieg verstärkte sich sein schriftstellerisches Schaffen, wofür er 1921 den Schuldienst quittierte und sich in Worpswede niederließ. Bis zu seinem Tode arbeitete und lebte im abgelegenen **Tannenhof** auf dem Weyerberg. Im Künstlerdorf gibt es dem Lehrer und Schriftsteller zu Ehren heute den Wilhelm-Scharrelmann-Weg.

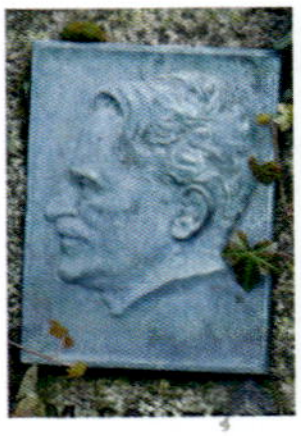

Porträttafel auf dem Grab von Wilhelm Scharrelmann auf dem Worpsweder Friedhof

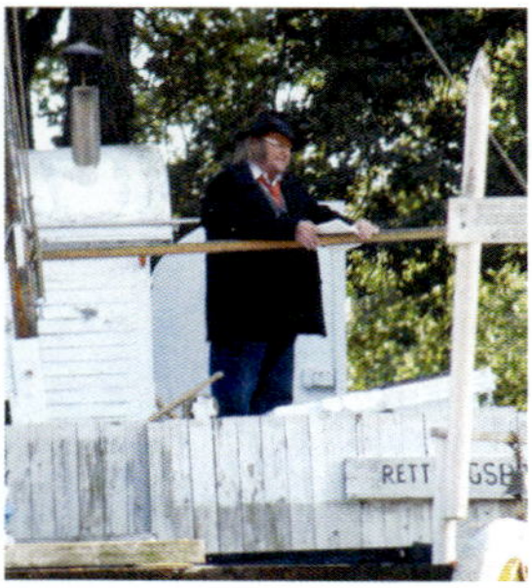

Der 2006 verstorbene Schriftsteller Johannes Schenk bei einer Lesung auf seinem Boot am 25.7.2002

{S}chenk, Johannes (1941–2006)
(*2.6.1941 in Berlin; †4.12.2006 in Berlin). Der Schriftsteller wuchs in Worpswede auf und fuhr von 1955–62 als Matrose auf verschiedenen Frachtschiffen zur See. Danach übte er Gelegenheitstätigkeiten aus, u.a. war er Gärtner, Straßenarbeiter und Buchhändler. Ende der sechziger Jahre war er als Bühnenarbeiter an der Berliner Schaubühne am Halleschen Ufer beschäftigt, wo er später an Theateraufführungen für junge Arbeiter mitwirkte. 1969 hatte er mit Freunden das Kreuzberger Straßentheater gegründet, das Schenks Stücke aufführte. 1986–92 betrieb er in einem Berliner Fabrikgebäude das »Schenk'sche Sonntagscafé«, das vor allem durch seine literarischen Lesungen bekannt wurde und in dem der Maler A. R. Penck mit seiner »Penck-Band« auftrat. In seinem Buch »Fliegender Wechsel« beschrieb Klaus Schlesinger das Café. In den neunziger Jahren zog Schenk zurück nach Worpswede, wo er in einem Zirkuswagen lebte und sich auch als Maler versuchte. Er lebte abwechselnd in Worpswede und Berlin und war der Lebensgefährte der Malerin Natascha Ungeheuer. Schenk begann als Verfasser von Theaterstücken und Lyrik in Agitprop-Manier; seine Sympathie galt den Unterdrückten und Unterprivilegierten, denen er in seinen Texten die Utopie eines anderen Lebens zu vermitteln versuchte. Unter dem Einfluss ausgedehnter Lektüre nehmen in seinen späteren Gedichten und Prosawerken die Motive der Sehnsucht und das Thema Seefahrt einen immer breiteren Raum ein. Schenk war Mitglied des Internationalen PEN-Zentrums deutschsprachiger Autoren im Ausland. 1979 war er Writer-in-Residence am Oberlin College in Oberlin (Ohio). Er erhielt u.a. 1989 ein Autoren-Stipendium der Stiftung Preußische Seehandlung und 1997 die Ehrengabe der Deutschen Schillerstiftung. Sein (marodes) Boot »Gaaguim« lag bis 2013 an der Ecke Bergstraße/Lindenallee gleich neben dem Philine-Vogeler-Haus.

{S}chiestl-Arding, Albert (1883–1937)
(*27.4.1883 in Erding; † 14.2.1937 in Bremen) begann 1901 sein Studium an der Akademie der Bildenden Künste in München bei Ludwig Herterich. Er verließ die Akademie jedoch bereits 1903, um Privatunterricht bei den Münchner Malern Victor Ehemann und Carl Weinhold zu nehmen. 1905 beteiligte er sich erstmals an einer Ausstellung in München. Ab 1906 arbeitete Schiestl-Arding als Dekorationsmaler und Fotoretuscheur in Bremen. 1914 meldete er sich freiwillig zum Kriegsdienst, der ihn an die Somme und nach Flandern führte. 1918 ging er nach Worpswede, um dort als freier Maler zu arbeiten. Schon um 1922 fand seine Malerei zu jenem Gleichgewicht zwischen Naturwiedergabe und Ausdrucksverlangen, das so typisch für den expressiven Realismus ist. 1923 stellte er für ein erstes größeres Ausstellungsvorhaben sein malerisches Werk zusammen, das aber kurz darauf bei einem Brand seines

Hauses zerstört wurde. Völlig mittellos verbrachte Schiestl-Arding die Jahre 1924/25 in Bremen, wo er nach einem seelischen und körperlichen Zusammenbruch in einer Nervenheilanstalt untergebracht wurde. Bald wendete er sich jedoch wieder der Malerei zu und kehrte 1926 nach Worpswede zurück, wo eine erste Einzelausstellung stattfand. Es begann eine Phase intensiver malerischer Tätigkeit. Ab 1927 war Schiestl-Arding jährlich in der »Juryfreien Kunstschau Berlin« vertreten, beteiligte sich an den Ausstellungen der »Münchner Neuen Sezession« und der Worpsweder Kunstschau. 1928 arbeitete er an Porträtaufträgen in Düsseldorf, in den 1930er Jahren dominierten Stillleben sein Schaffen. 1936 erkrankte der Künstler an Lungentuberkulose und verstarb 1937 in Bremen (Quelle: www.kettererkunst.de). In Worpswede gibt es dem Maler zu Ehren heute den Albert-Schiestl-Weg.

{S}chiffner, Heide

Die Malerin nähert sich ihren Schwerpunktthemen in unterschiedlichen Techniken. Neben Radierung und Ölmalerei arbeitet sie mit Acryl-, Aquarellfarben und Stiften auf Leinwand und Papier. Im realistischen bis abstrahierenden Stil versucht sie zu ergründen, was unter der Oberfläche liegt. Dabei lässt sie sich inspirieren von der Natur. Sie möchte die Schönheit der weiten Landschaft und der dort lebenden Pflanzen und Tiere darstellen, sowie auf die Zerbrechlichkeit durch die Gier der Menschen hinweisen. Durch das Auftragen vieler

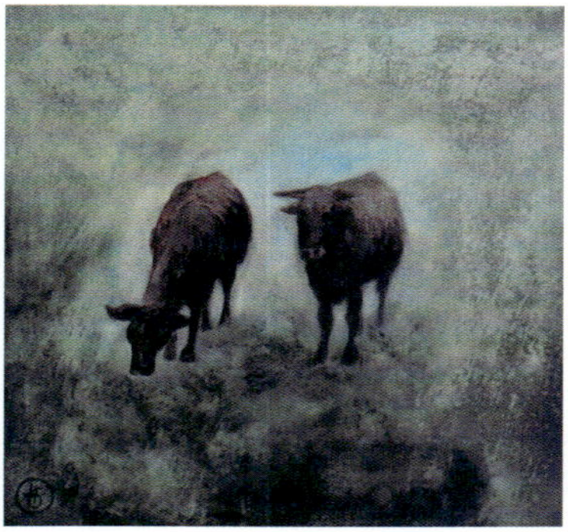

Gemälde von Heide Schiffner

Farbschichten werden feinste Nuancen erzielt und die Leuchtkraft gesteigert.

Heide Schiffner (Malerin)
Auf den Bergen 19, Worpswede-Hüttenbusch, Tel. 04794/713, heideschiffner@web.de, www.heideschiffner.de

{S}chill, Anna (Malerin)

Die im zentralsibirischen Novosibirsk gebürtige russische Malerin Anna Schill kam 2018 nach Deutschland. Nicht zuletzt auch die deutschen Wurzeln ihrer Familie gaben dazu einen Impuls. Sie studierte an der Kunstakademie in Novosibirsk freie Malerei und Kunstpädagogik, war bereits in Russland als Malerin aktiv, sowie Leiterin einer Kunstschule für Kinder und Erwachsene. Über die Jahre machte sie viele Erfahrungen mit verschiedenen Maltechniken. Schwerpunkte liegen

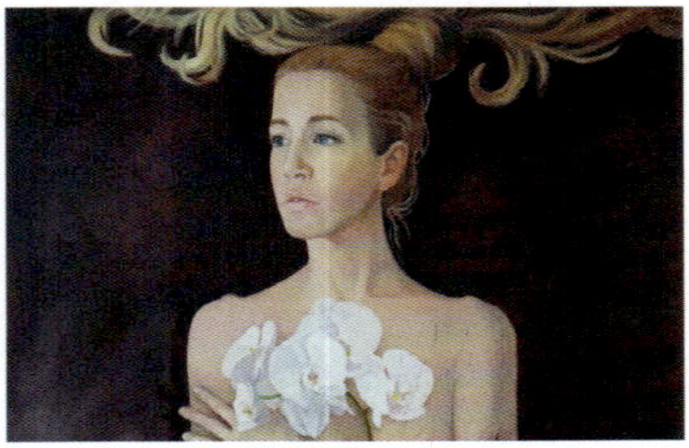

Gemälde von Anna Schill

heute in der der klassischen Öl- und Aquarellmalerei. Neben vielen Arbeiten in Bereich der Landschaftsmalerei und der Stillleben, ist ihr Schwerpunkt mittlerweile im Bereich eines »realistischen Symbolismus« anzusiedeln. Aktuell arbeitet sie an einer größeren Serie von Bildern, welche ausgehend von einem Porträt im Zentrum mit verschiedenen symbolhaften Elementen und Einbindungen arbeitet. Die Darstellungen sind in mittelgroßen Formaten und mit hoher kunsthandwerklicher Fertigkeit erstellt. Die Künstlerin nimmt auch Auftragsarbeiten entgegen. Ihr Atelier und ihre Arbeiten sind nach Terminvereinbarung zu besichtigen.

Anna Schill (Malerin)
Im Schluh 71, 27726 Worpswede,
Tel. 0176/22041004, schillanna1986@gmail.com, www.annaschill.de

{S}chill, Lore (1890–1968)
(*18.8.1890 in Düsseldorf; †28.1.1968 in Worpswede) wuchs als viertes Kind des Düsseldorfer Kunstprofessors Adolf Schill (1848–1911) auf. Sie studierte an der Kunstgewerbeschule in Düsseldorf und besuchte eine private Malschule. Ihren späteren Ehemann Fritz Uphoff lernte sie bei ihrem ersten Besuch in Worpswede kennen. 1913 begann sie sich in dem angemieteten Atelier in Düsseldorf der figürlichen Darstellung zu widmen. Ein schweres Beinleiden zwang Lore Uphoff 1940, ihr Malen in der Landschaft aufzugeben. Seitdem malte und zeichnete sie bis zu ihrem Tod vorwiegend Blumenstillleben. Das Grab von Lore Uphoff-Schill befindet sich zusammen mit dem ihres Ehemannes Fritz Uphoff auf dem Worpsweder Friedhof neben der Zionskirche.

{S}chwarzer, Norbert
In den frühen siebziger Jahren entstanden während seiner Ausbildung zum Goldschmied erste Farbstiftminiaturen. Seither formuliert Schwarzer, der 1954 in Sandhausen (Kreis Osterholz) geboren wurde, Bilderzählungen und Paraphrasen auf die ältere Worpsweder Kunst, in kleinen wie in großen Formaten, sowohl mit spitzem Farbstift als auch mit dem Spachtel in Öl. Schwarzer hatte erfolgreiche Ausstellungen in Worpswede, Düsseldorf, Budapest, Magdeburg, Halle/Westfalen und Bremen sowie zahlreiche öffentliche Ankäufe. 1992 wurde er mit dem Kunstpreis der Volksbank Osterholz ausgezeichnet.

Norbert Schwarzer (Maler und Goldschmied)
Villa Mackensen, Fritz-Mackensen-Weg 11, Tel. 04792/2835, norbert.schwarzer@ewetel.net, www.norbertschwarzer.de

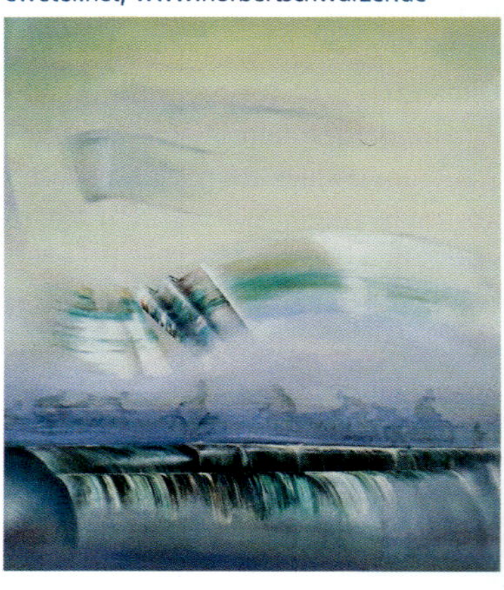

Öl-Gemälde von Norbert Schwarzer: »Fahrradtour im Blockland«

{S}eibt, Elke
studierte Kunst und Deutsch an der Universität in Bremen und war Mitglied der Künstler-Galerie ART 99 in Worpswede.
In den Acrylbildern und Aquarellen spielt die Natur eine ganz wesentliche Rolle, besonders der stetige Wandel und die innere Entsprechung im Menschen. Wichtig ist ihr auch die Auseinandersetzung mit Polarität als Urprinzip des Seins. Dabei interessiert sie besonders der Spannungsbogen der Gegensätze in ihrer wechselseitigen Beziehung. Aus diesem Prozess entstehen Bilder, die auf die Einheit, den Einklang aller Gegensätze verweisen.

Elke Seibt
Vor Weyerdeelen 41, Tel. 04792/2288, elkeseibt@web.de, www.elkeseibt.de

{S}eijger, Ilse-Marie
Die Malerin wurde 1945 in Worpswede geboren und zeichnet sich durch ihre mit unterschiedlichen Malmitteln und Techniken geschaffenen Werke in gegenständlicher, abstrakter oder gegenstandsloser Form aus: »Mich reizt besonders die expressive und experimentelle Malerei.«

Ilse-Marie Seijger (Bilder, Radierungen, Zeichnungen und Drucke)
Mühlendamm 14a, Worpswede-Hüttenbusch, Tel. 04794/96026, seijger@ewetel.net, www.seijger.de

{S}pring, Andrea Christiane
»Ich begebe ich mich tief ins Unterbewusstsein auf die Suche nach meinen inneren Bildern und Geschichten aus Licht und Schatten. Diese zu finden, an die Oberfläche des Bewusstseins zu locken, sichtbar zu machen, auf vielfältige Art zu transformieren… ermöglicht mir die Malerei.« Aus Liebe zur Farbe: Noch fast am Anfang ihrer kreativen Entwicklung steht die Malerin und Lyrikerin Andrea Christiane Spring, als sie mit 50 Jahren das Atelier Meermaid Art in Braunschweig gründet. Nach künstlerischer Ausbildung in Berlin und diversen Studienreisen wählt sie die klassische Landschaftsmalerei in Öl als Ausdrucksmittel für ihre Kunst und gibt seitdem auch Malkurse in dieser Nass-in-Nass Maltechnik.
Nur ein Jahr und zwei Ausstellungen später verlegt Spring ihren Lebensmittelpunkt mitsamt Atelier nach Worpswede. Dort beginnt sie als freischaffende Künstlerin unter anderem mit Acrylic Pouring Art zu experimentieren. Diese ergebnisoffene Kunstform, bei der abstrakte Formen und fraktale Muster auf

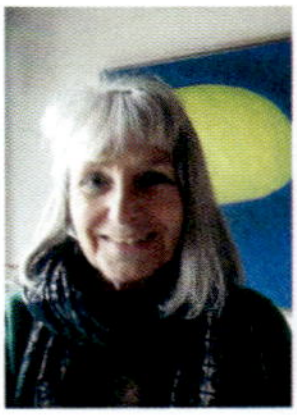
Künstlerin Elke Seibt

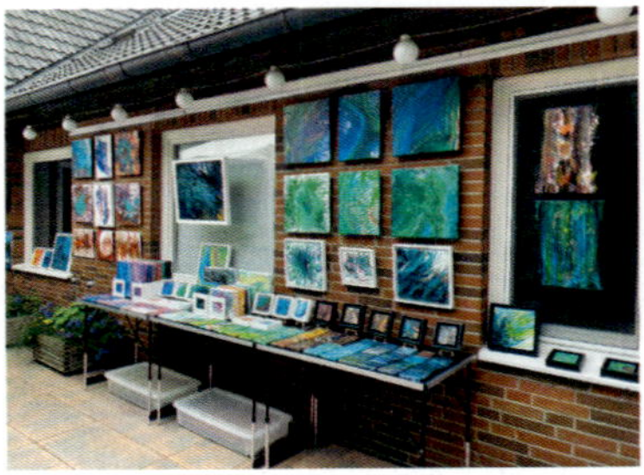
Werke von Andrea Christiane Spring bei der Open Air-Ausstellung anlässlich der Offenen Ateliers Worpswede

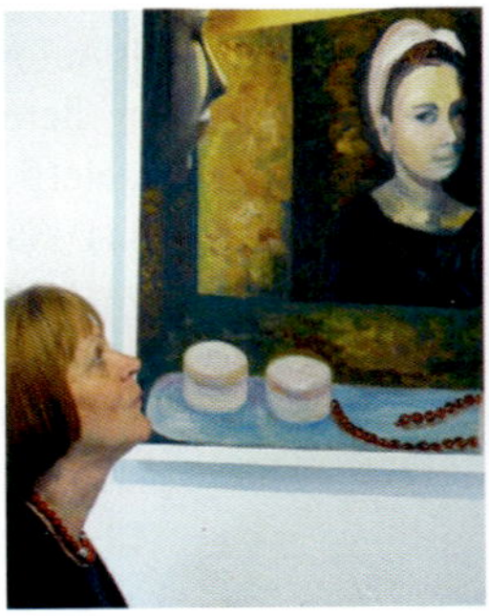
Malerin Ilse-Marie Seijger

der Leinwand entstehen, lädt den Betrachter in faszinierend detailreiche Bildwelten ein. Aus den gesammelten Erfahrungen entwickelt sie nach und nach ihre eigene symbolhafte, fast poetische Bildersprache, die ihren intuitiv gemalten Werken einen erzählenden Ausdruck gibt. Hierin spiegelt sich auch die andere Leidenschaft von Andrea Christiane Spring wider: die Lyrik, das Malen mit Worten.

Andrea Christiane Spring
(Malerei, Lyrik), Atelier Meermaid Art, Feldstraße 31, Worpswede-Hüttenbusch, Mobil 0151/14147146, info@meermaid-art.de, www.meermaid-art.de, Workshops im Atelier auf Anfrage

{S}tahlberg, Frank-Martin

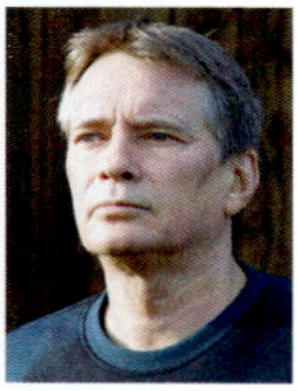

Künstler Frank-Martin Stahlberg

*2.1.1957 in Bad Salzuflen. 1977 Abitur am Kunstgymnasium Detmold (Christian-Dietrich-Grabbe-Gymnasium); Kunstschulung und -studien bei Hans Helmut von Rath. Studium der Pädagogik und Psychologie in Hamburg. 1980 – 97 vorwiegend Ölmalerei, Zeichnungen und Keramiken. Seit 1982 wohnhaft in Worpswede. 1985 bis heute bei RME in Bremen als Modellierer und Designer beschäftigt. Ab 1998 als Autor und Illustrator tätig; Studien im Bereich Illustration bei Marco Paoletti (Florenz) und Dr. Andy Penaluna (Wales). In den Jahren 1998 – 2022 entstanden 8 Fantasybücher, ein Kinderbuch, sowie 5 Bildbände; weitere sind in Arbeit. Vorwiegende Techniken: Aquarell, Acryl, Airbrush-Acryl-Aquarell-Mischtechnik, Pastell. Seit 1997 zahlreiche Beteiligungen und Einzelausstellungen in Deutschland, Belgien, Italien, Österreich und den Niederlanden. Verheiratet, fünf Kinder. Mitglied im Airbrush Fachverband e.V., Mitglied der »Sylter Kunstfreunde«, Organisator des »Worpsweder Künstlertreffs«.

Frank-Martin Stahlberg
Hüttenbuscher Str. 36, Worpswede-Hüttenbusch, Tel. 04794/964866, Mobil 0172/1356425, stahlberg@web.de, www.stahlberg-art.de

{S}tolte, Mimi (1857 – 1941)

(* 1857 in Worpswede; † 1941 in Worpswede). Der Familie Stolte, insbesondere der Haustochter Emilie Sophie Wilhelmine Auguste (Mimi) Stolte, ist es zu verdanken, dass Worpswede vom unbedeutenden Moordorf zur weltbekannten Künstlerkolonie aufstieg. Das Kaufhaus Stolte in der Findorffstraße ist mit einer fast 200-jährigen Tradition wohl das älteste Geschäft im Dorf. 1884 lud Mimi Stolte den Kunststudenten Fritz Mackensen, den sie bei ihrer Tante in Düsseldorf kennengelernt hatte, in ihr Elternhaus nach Worpswede ein. Dort lebte er einige Zeit, später kam er mit seinen Freunden in das Moordorf zurück, um sich dauerhaft als Künstler dort niederzulassen. So entdeckte Mackensen Worpswede für die Kunst und dadurch wurde der Ort zum Weltdorf.
Beim Stolte-Haus, in dem sich heute »Mimis Erbe« (www.mimis-erbe.com) befindet, verweisen ein Porträt von Mackensen und der auf der Tafel angebrachte Text auf diesen wichtigen Teil der Dorfgeschichte Worpswedes. Zu

Ehren der Stoltes gibt es in Worpswede heute den Stoltes Weg, der oft auch als »Verlobungsweg« bezeichnet wird, da sich zwischen den Hecken früher häufig die Liebenden trafen.

Weitere Informationen
www.kaufhaus-stolte.de

{S}vobodová-Rinke, Ivanka gibt der Farbe einen Raum. So groß, entgrenzt und weit, wie der Betrachter ihn sich denken vermag. Ihre Bilder sind meditative Farbräume, die eintauchen lassen in Farbe und Klang, Ruhe und pulsierende Bewegung. Die Künstlerin wurde 1951 in Tschechien geboren und wuchs dort auf. An den Kunsthochschulen in Kiel und Hamburg studierte sie Malerei, anschließend folgten Studienreisen und Stipendienaufenthalte, u.a. in Frankreich und Kanada, Einzel- und Gruppenausstellungen und schließlich das Angebot eines Gastateliers in Worpswede. Seit 1984 hat sie hier ihr dauerhaftes Domizil. 2006 wurde sie mit dem Kunstpreis des Landkreises Osterholz ausgezeichnet und 2014 bekam sie den Bernhard Kaufmann-Preis (1. Jurypreis, 3. Publikumspreis).

Ivanka Svobodová-Rinke
Neu Bergedorfer Damm 48, Tel. 04792/1445, ivanka-rinke@web.de

{S}zerbakow, Feodor (1911–2009) (*20.2.1911 in Eckertsdorf/Ostpreußen; †2009 in Seebergen). 1928 verließ der Vertreter der impressionistischen Malerei seine Heimat und kam nach Stettin, um Maler zu werden. Weil er kein Geld hatte, bezahlte er seinen Kunstlehrer mit Tuschezeichnungen. Auch später noch wurden seine Förderer mit Bildern entlohnt. Als der masurische Bauernjunge mit der Natur im Herzen und dem Pinsel in der Hand nach Berlin zog, um an der Kunsthochschule bei Buchholz, Hentschke und Lange Malerei zu studieren, waren die stillen Wälder seiner Heimat entfernter denn je. 1933 verließ er die Großstadthektik, den schnellen Alltagstrubel, den Lärm und die wieselnden Menschen und zog mit seiner Frau Frieda nach

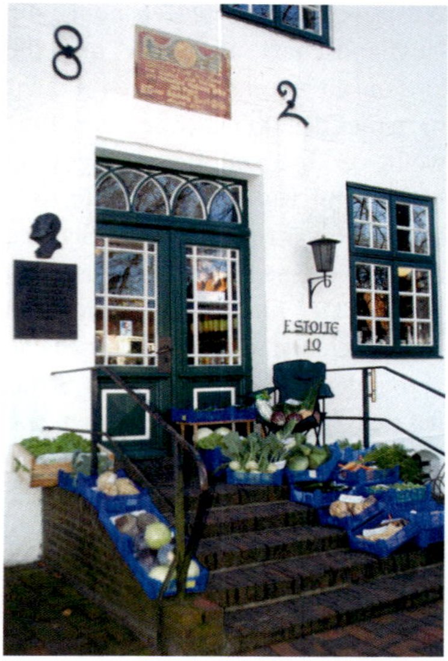

Das Kaufhaus Stolte befand sich in der Findorffstraße, heute »Mimis Erbe«

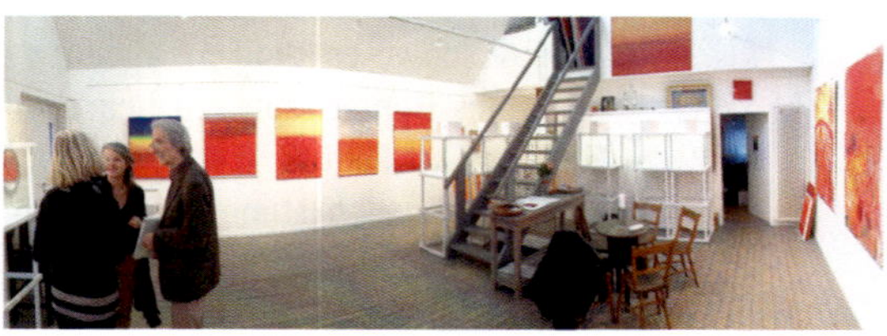
Ausstellung von Ivanka Svobodová-Rinke

Worpswede. Das Teufelsmoor, die Flusslandschaft, die Stille und die Einsamkeit in ihrer ganzen Pracht hatten es dem Künstler angetan. Dort wollte er bleiben. Der große Otto Modersohn wurde sein Vorbild, sein Lehrer. Er war sein gelehriger Schüler, ohne die eigene Handschrift zu verlieren. Meister und Zögling arbeiteten zusammen und waren künstlerisch eng verbunden. Bald war aus dem Schüler selbst ein Meister geworden. Das Ende seines künstlerischen Schaffens kam mit dem Zweiten Weltkrieg. Auch lange nach dem Krieg ruhten Pinsel und Palette, zu schwer lasteten die Erlebnisse der Jahre. Es folgten längere Studienaufenthalte in der Südsee. Gelegentliche Ausstellungen gab es noch, doch er hatte inzwischen ein anderes Steckenpferd entdeckt, das ihn zu wissenschaftlicher Neugier trieb: die Botanik. Szerbakow lebte mit der Familie zurückgezogen und züchtete auf einem dafür kultivierten Ödland exotische Blumen und Zierpflanzen. Erst in den siebziger Jahren setzte er seine Malerei fort, Erfolg und Anerkennung blieben nicht aus. Szerbakow wurde durch seine Landschaftsbilder vom Teufelsmoor bekannt, die Weite der Landschaften lädt den Betrachter nicht nur zum Verweilen ein, sie wecken außerdem die Sehnsucht, die unberührte Natur zu entdecken, das Ziehen schwerer Wolken als faszinierendes Himmelsspiel zu begreifen (Quelle: Kurt Pillnick, »Feodor Szerbakow – Die Kunst bestimmt sein Leben«, Großbuchbinderei Kuhlmann, Oldenburg 1991).

{T}appert, Georg (1880–1957) (*20.10.1880 in Berlin; †17.11.1957 in Berlin). Nach einer Lehre als Schneider und zwei Berufsjahren in verschiedenen Schneiderwerkstätten, begann sein Weg in die bildende Kunst, als ihm Max Liebermann, der Präsident der Berliner Secession, bescheinigte, »dass in demselben Anlagen sind, die des Ausbildens werth wären«. Der junge Tappert ging mit diesem Empfehlungsschreiben an die Karlsruher Akademie. In Weimar wurde 1904 der Deutsche Künstlerbund gegründet, dessen Mitglied auch Tappert wurde. Die frühen Einflüsse auf Tappert kamen von Gauguin, Cézanne und Munch. 1906, bevor der junge Künstler nach Worpswede übersiedelte, hielt er sich 1905 als freier Maler und Grafiker in Berlin auf und zeigte seine Werke in einer ersten Einzelausstellung bei Paul Cassirer. In Worpswede, wo Tappert Paula Modersohn-Becker kennenlernte, gründete er 1907 eine private Kunstschule. 1909 nach Berlin zurückgekehrt, beteiligte sich Georg Tappert an den Sezessions-Ausstellungen. In der neu gegründeten Schule für freie und angewandte Kunst setzte der Maler seine Tätigkeit als Kunstlehrer zusammen mit Moritz Melzer fort. Die Ablehnung der Werke von Tappert und 27 anderen Künstlern für die 20. Ausstellung der Sezession führte zur Gründung der Neuen Sezession 1910 und ihrer ersten Ausstellung im Mai des gleichen Jahres. Tappert war bis zur Auflösung 1914, neben dem Präsidenten, Max Pechstein, der 1. Vorsitzende der Vereinigung. 1911 führte die Forderung nach einer freien, vielfältigen Kunst zur Berliner Ausstellung der ›Juryfreien‹, an der der Künstler teilnahm. Als Lehrer an der Königlichen Kunstschule und der Berlin-Wilmersdorfer Kunstgewerbeschule war Tappert bis zur Einberufung in den Kriegsdienst 1915 tätig. Die Gründung der Novembergruppe wurde bedeutend für Tapperts Kunstschaffen nach seinem Militärdienst im Jahr 1918. Ziele der Gruppe waren neue Formen einer volksnahen Kunst, die auch er verfolgte. 1919 nahm der Künstler seine Lehrtätigkeit an der Staatlichen Kunstschule wieder auf, wo er mit 41 Jahren zum Professor ernannt wurde. Bis 1924 unterrichtete Tappert daneben an der Reimann-Schule. 1937 wurde Tappert in einer Zeit der politischen Verfemung aus seiner Lehrtätigkeit entlassen, weiteres künstlerisches Schaffen war ihm untersagt, so dass sein Weg in die innere Emigration führte. Mit großem Einsatz widmete sich der 65-Jährige 1945 dem Wiederaufbau der Hochschule für Kunsterziehung. Tappert nahm die eigene künstlerische Arbeit nicht wieder auf, unterrichtete jedoch noch bis zum Jahr 1953. In diesem Jahr zog Tappert sich von der Lehrtätigkeit zurück und heiratete im hohen Alter noch seine Nichte Annalise Friedrich. In Worpswede gibt es dem Maler zu Ehren heute im Neubaugebiet den Georg-Tappert-Weg.

{U}phoff, Carl Emil (1885–1971) (* 17.3.1885 in Witten an der Ruhr; †21.8.1971 in Worpswede). Der Maler, Bildhauer und Schriftsteller war das

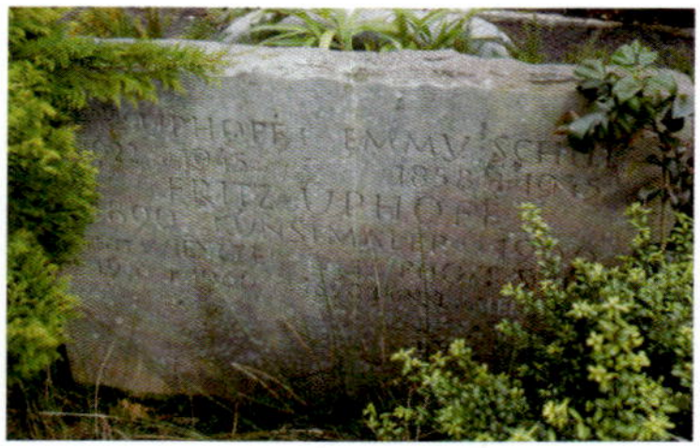

Familiengrab Uphoff auf dem Worpsweder Friedhof

neunte Kind einer recht mittellosen Hammerschmied-Familie. Er machte zunächst eine Kaufmannslehre im Textilgroßhandel in Hannover und versuchte sich im Schreiben von Gedichten. Während er mehrere Jahre in verschiedenen Städten seinen Beruf ausübte, fühlte er sich immer mehr zur Kunst hingezogen und wandte sich der Malerei zu. Uphoff kam durch eine Einladung von Heinrich Vogeler nach Worpswede und beschloss 1911, sich hier anzusiedeln. Er gehört damit zur Zweiten Künstlergeneration der Worpsweder Maler. Uphoff arbeitete zuerst zurückgezogen in dem Atelier auf dem Brünjeshof, das vor ihm Paula Modersohn-Becker genutzt hatte. 1913 heiratete er, seine Schwiegermutter kaufte und übereignete dem frisch vermählten Paar den Brünjeshof.

Später wandte er sich wieder verstärkt, auch angeregt von seinem damaligen Nachbarn Bernhard Hoetger, der Bildhauerei zu. Nach dem frühen Tod seiner ersten Frau heiratete er 1921 erneut. Die bald siebenköpfige Familie lebte ausschließlich von den Einkünften seines künstlerischen Schaffens. Zusammen mit seinem Bruder Fritz Uphoff, dem Maler und Grafiker, und dem Schriftsteller Ludwig Tügel (1889 – 1972), gründete Carl Emil Uphoff die Werkgemeinschaft Worpswede, die in den Jahren 1920 – 24 kostbare, mit expressionistischen Grafiken illustrierte Buchwerke herausgab. Uphoff nahm das Schreiben wieder auf und verfasste Monografien, z.B. über Paula Modersohn-Becker (1920), aber auch zahlreiche Aufsätze, Gedichte und Romane.

Zum Ende des Krieges wurde der Brünjeshof durch ein Feuer zerstört. Mit dem Wiederaufbau wurde erst zwei Jahre später begonnen. Nach seiner Rückkehr lebte er, enttäuscht vom Leben, die folgenden Jahre sehr zurückgezogen im Atelierhaus in seinem Garten auf dem Brünjeshof.

{U}phoff, Fritz (1890 – 1966)

(*26.6.1890 in Witten; †18.3.1966 in Worpswede) war ein deutscher Maler und Grafiker, der nach der Absolvierung einer Lehre als Zeichner für Glasmalerei in seinem Geburtsort Witten an der Kunstgewerbeschule in Elberfeld studierte. Später wechselte er nach München und besuchte dort ebenfalls die Gewerbeschule sowie die Malschule Knirr. Hier lernte er Aloys Wach kennen, der hier ebenfalls Schüler war.

Nach seiner schulischen Ausbildung reiste Uphoff lange Zeit durch Belgien, Frankreich, Niederlande und Österreich. Viele seiner Bilder, die in dieser Zeit oder auch später in Worpswede entstanden, waren die künstlerische Ausbeute seiner Reisen. Uphoff beschäftigte sich in seinen Werken oft mit den Eindrücken aus dem Arbeitermilieu im Ruhrgebiet.

1913 ließ er sich in Worpswede nieder, wo er im gleichen Jahr die Malerin Lore Schill (Tochter des Düsseldorfer Prof. Adolf Schill) heiratete. Mit ihr und seinem Bruder, dem Maler Carl Emil Uphoff, gründete er 1918 die Werkgemeinschaft Worpswede für Buchkunst. Mit Beginn der dreißiger Jahre rückte die Natur ins Zentrum seines Schaffens, der seinen Landschaftsradierungen und Holzschnitten ein besonderes Interesse beimaß, außerdem malte er Porträts, Landschaften und Stillleben in Öl auf Hartfaserplatten. Das Grab von Fritz Uphoff befindet sich zusammen mit dem seiner Frau Lore Uphoff-Schill auf dem Worpsweder Friedhof neben der Zionskirche.

{V}innen, Carl (1863 – 1922)

(*28.8.1863 in Bremen; †16.4.1922 in München) lebte auf dem Familiengut Osterndorf bei Beverstedt. Er zählt nur bedingt zum engen Kreis der ersten Worpsweder Maler. In den Anfangsjahren war er ein wichtiges Element der Gruppe und wurde anlässlich der bedeutenden Ausstellung 1895 in München noch der Führer der Worpsweder Maler genannt. Wenige Jahre später distanzierte er sich von der Malervereinigung und wollte fortan nicht mehr mit ihr in Verbindung gebracht werden. Sein malerisches Werk lebt von einer monumentalen Naturauffassung, die er an Moorlandschaften ebenso wie an Meeresdarstellungen entwickelte (Quelle: www.grosse-kunstschau.de).

{V}ogeler, Heinrich (1872–1942) (* 12.12.1872 in Bremen; † 14.6.1942 im Kolchos Budjonny bei Kornejewka, Karaganda, Kasachstan) war ein deutscher Maler, Grafiker, Architekt, Designer, Pädagoge, Schriftsteller und Sozialist. Er war das jüngste und zugleich letzte Mitglied der Alten Worpsweder Malervereinigung, der er 1894 nach seinem Studium an der Düsseldorfer Akademie beitrat. Bis zur Jahrhundertwende entwickelte sich Vogeler zu einem der bedeutendsten Repräsentanten des deutschen Jugendstils und fand, vor allem als Grafiker und Gestalter, nationale wie internationale Anerkennung.

Als die Wirkung des Jugendstils beim Publikum spürbar nachließ, suchte Vogeler neue künstlerische Orientierungen. Der Erste Weltkrieg, an dem er freiwillig teilnahm, setzte eine Wende in sein Leben. Zurückgekehrt und zu einem überzeugten Pazifisten und Sozialisten geworden, versuchte er, seiner Weltanschauung auch als Künstler gerecht zu werden. Sein Werk gewann expressionistische Züge, in denen sich seine politische Haltung äußerte. Ab 1923 reiste Vogeler regelmäßig nach Moskau. 1924 ließ er sich in Berlin nieder, bevor er 1931 ganz in die Sowjetunion übersiedelte (Quelle: www.grosse-kunstschau.de).

In Worpswede verbindet man den Namen Vogeler vor allem mit dem Barkenhoff, in dem das Heinrich-Vogeler-Museum und die Barkenhoff-Stiftung beheimatet ist; gleichermaßen mit dem Haus im

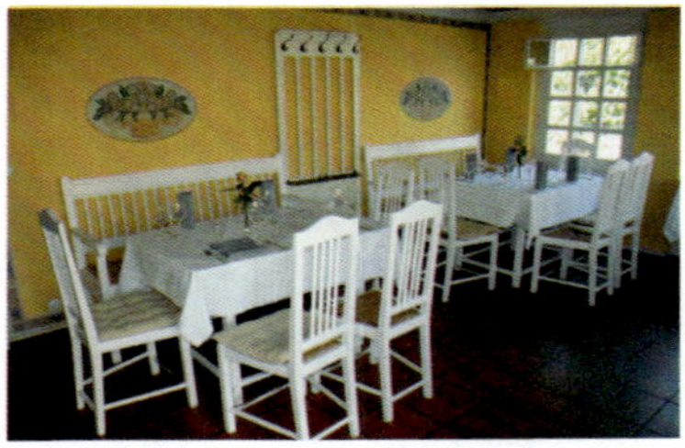

Ehemaliger Warteraum der 1. Klasse im Worpsweder Bahnhof, heute Restaurant

Schluh, wo die Familie des Künstlers bis heute lebt und arbeitet (www.vogeler-worpswede.de).

Außerdem erinnern heute der Worpsweder Bahnhof, das historische Künstlerzimmer im ehemaligen Hotel Stadt Bremen (heute Restaurant & Café Elyano – www.elyano.de), das Restaurant Zum Hemberg (www.zum-hemberg-worpswede.de) sowie die Vogeler-Villa (heute ein Haus der Senioren – www.vogeler-villa.de) in der Bergstraße an sein Schaffen. Direkt vor der Volksbank in der Bergstraße wurde im September 2010 die Heinrich-Vogeler-Büste des ukrainischen Künstlers Anatoli Bilyk eingeweiht. Bei dem Denkmal, das in der Gießerei von Lothar Rieke in Bronze gefertigt wurde, blickt der betagte Heinrich Vogeler dem Betrachter ernst entgegen. Zu Ehren des berühmten Künstlers gibt es am Weyerberg den Heinrich-Vogeler-Weg in Worpswede sowie den Vogelerweg in der nahegelegenen Hansestadt Bremen.

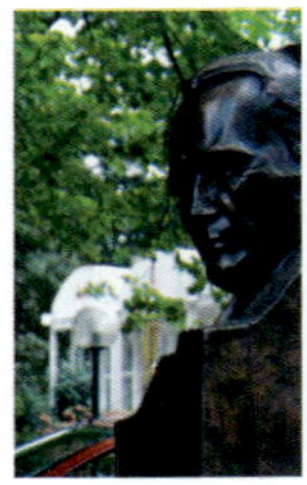

Vogeler-Büste von Anatoli Bilyk in der Bergstraße

Anlässlich des 150. Geburtstages (2022) wurde das Kino-Doku-Drama »Heinrich Vogeler - Aus dem Leben eines Träumers« mit Florian Lukas in der Titelrolle sowie Anna Maria Mühe als Martha Vogeler, Johann von Bülow als Rainer Maria Rilke und Naomi Achtern-

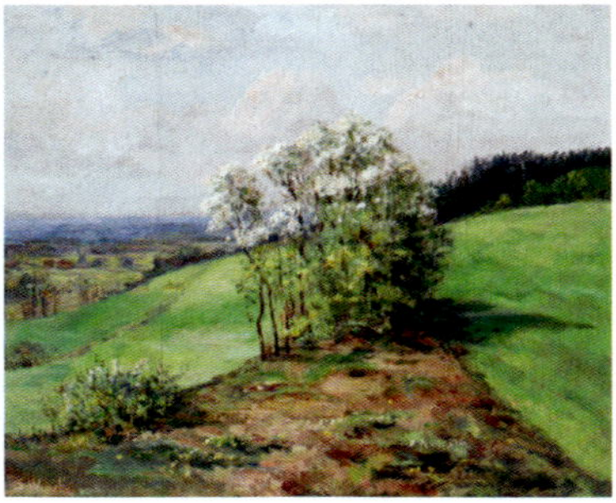

»Weyerberg«, Gemälde von Sophie Wencke (Privatbesitz)

busch in der Rolle von Paula Modersohn Becker an Originalschauplätzen in Worpswede und Paris gedreht.

Weitere Infos

www.heinrich-vogeler.de/termine/
www.heinrich-vogeler-gesellschaft.de
www.worpswede-fuehrung.de/aktuell/
www.worpswede-museen.de/

{W}encke, Sophie (1874–1963)
(*29.7.1874 in Bremerhaven; †23.6. 1963 in Worpswede) war die erste Tochter des Werftbesitzers Nicolaus Diedrich Wencke und Enkelin des Werftgründers Friedrich Wilhelm Wencke. Bereits im Alter von zehn Jahren hatte Sophie einen großen Auftritt auf der väterlichen Werft. Am 4.12.1884 taufte sie den ersten deutschen Fischdampfer für die Reederei Busse auf den Namen SAGITTA. Dieses Ereignis wirkte nachhaltig auf das junge Mädchen, dessen künstlerisches Talent schon früh erkannt und von den Eltern gefördert wurde. Unmittelbar nach ihrer Schulzeit begann sie 1891 mit der Ausbildung zur Kunstmalerin. Da Frauen der Zugang zu den Kunstakademien verwehrt war, nahm sie privaten Unterricht. Nach dem Studium bei bekannten Malern in Dresden und Berlin ließ sie sich ab Oktober 1898 in Worpswede nieder und wurde die Schülerin des damals bereits bekannten Worpsweder Malers Otto Modersohn.
Kurz vor ihrem Wechsel nach Worpswede hielt sie sich im Jahr 1898 in Bremerhaven auf und nahm am 6.4. am Stapellauf des Fracht- und Passagierdampfers ASSYRIA für die Hamburg-Amerika-Linie auf der Tecklenborg-Werft teil. Das damals größte an der Unterweser gebaute Schiff erregte auch bei der Familie Wencke Aufsehen, die den Stapellauf in mehreren Fotos dokumentierte. Wencke war von dem Ereignis ebenfalls fasziniert und malte es anschließend. Sowohl die Fotos als auch das danach entstandene Gemälde – es ist das bislang früheste bekannte Werk der damals erst 24-jährigen Künstlerin – befinden sich heute in der Sammlung des Historischen Museums Bremerhaven.
In ihrer Worpsweder Zeit entwickelte Wencke eine rege Ausstellungstätigkeit. Mit bekannten Kollegen aus der Malerkolonie wie Fritz Overbeck, Otto Modersohn oder Heinrich Vogeler stellte sie ihre Bilder in Bremen, Berlin, Leipzig, Köln und zahlreichen anderen Städten aus. 1910 bezog sie gemeinsam mit ihrer jüngeren Schwester Clara Wencke den Neubau eines eigenen Atelierhauses, in dem sich heute u.a. das Restaurant Central befindet, in Worpswede (Wencke-Haus). Wenckes Gemälde verkauften sich gut, außerdem erzielte sie Einnahmen durch den Vertrieb von Kunstpostkar-

ten und Kunstdrucken. In den nächsten Jahren folgten zahlreiche Einzelausstellungen in ganz Deutschland. Während Sophie Wencke die Worpsweder Landschaft mit Torfkähnen, Bauernhäusern und Birken zu zahlreichen Gemälden animierte, begann Clara mit dem Bemalen von Glas und Porzellan. Von 1916 – 19 hielten sich die beiden Schwestern in der bayerischen Porzellanstadt Selb auf. Sophie Wencke erarbeitete in dieser Zeit für die Firma Hutschenreuther zahlreiche Entwürfe für Porzellanmalerei mit Worpsweder Motiven. Das gemeinsame Atelier in Worpswede behielten die Schwestern auch nach Sophie Wenckes Heirat 1919 mit Postdirektor Wilhelm Meinken und dem damit verbundenen Umzug nach Hamburg weiterhin bei.
Wencke wurde in erster Linie als Worpsweder Landschaftsmalerin bekannt. Darüber hinaus begeisterte sie sich jedoch auch für andere Motive und erhielt öffentliche Aufträge, zum Beispiel von der Stadt Remscheid. Sie schuf auch den umfangreichen »Weser-Zyklus«, dessen Gemälde und Aquarelle Ortsansichten und Landschaften entlang der Weser zeigen und unternahm ausgedehnte Studienreisen, zum Beispiel nach Italien und Schottland. Ihre Heimatstadt Bremerhaven hat sie nicht nur immer wieder künstlerisch inspiriert, sondern sie hielt auch zeitlebens Kontakte zu Bremerhavener Werften und Reedereien. Bis ins hohe Alter blieb sie künstlerisch aktiv und dem impressionistischen Malstil verbunden (Quelle: www.historisches-museum-bremerhaven.de).

{W}esthoff, Clara – siehe Rilke-Westhoff, Clara

{W}ilke, Paul Ernst (1894–1971) (*7.11.1894 in Bremerhaven; †30.12. 1971 in Lilienthal) war ein deutscher Maler des Impressionismus, der ab 1913 an der Kunstschule Bielefeld mit dem Ziel studierte, Landschaftsmaler zu werden. Zum Dienst im Ersten Weltkrieg einberufen, wurde Paul Ernst Wilke im Mai 1915 schwer verwundet und 1916 aus dem Heeresdienst entlassen. Die Zeit, die er in einem Berliner Lazarett verbringen musste, nutzte er, um an der Berliner Kunstakademie seine Studien fortzusetzen. Mit Unterstützung der Stadt Bremerhaven besuchte er von 1916 – 18 die Bremer Kunstgewerbeschule bei Professor Ernst Müller-Scheeßel (1863 – 1936), der sich der norddeutschen Landschaft verpflichtet fühlte. In den darauffolgenden drei Jahren absolvierte Wilke sein Studium an der Hochschule für Bildende Künste in Berlin. 1921 kam er wieder in seine Heimatstadt Bremerhaven, wo er bis 1924 als freischaffender Maler arbeitete. In den folgenden Jahren lebte er in Bremen, Debstedt und Hamburg, kehrte aber immer wieder nach Bremerhaven zurück. Im Jahr 1939 ließ sich Wilke in Worpswede nieder, wo er ab 1954 mit seiner Familie in der Mackensen-Villa lebte. Die Hamme, der Torfstich und die verträumten Gehöfte waren seine Bildhinhalte. Bereits 1948 hatte der Künstler aus engster Verbundenheit zu seiner Heimatstadt am Alten Vorhafen in Bremerhaven ein Haus

gebaut, wo er in seinem Atelier lebte und bis zu seinem Tod arbeitete.
1922–31 war Wilke in erster Ehe mit Liese-Lotte Bunnenberg verheiratet. Sie nahm nach der Trennung den Künstlernamen Lale Andersen an und wurde mit ihrem Lied »Lili Marleen« weltberühmt. Danach war Wilke noch zweimal verheiratet. Seine letzte Ruhe fand er auf dem Worpsweder Friedhof neben der Zionskirche. Das Atelierhaus wurde durch den Einsatz des nach seinem Tode gegründeten Freundeskreises Paul Ernst Wilke e.V. (www.wilke-verein.de) bis heute erhalten und bietet Künstlern aus aller Welt die Möglichkeit, einen Malaufenthalt in Bremerhaven zu verbringen.

{W}ittler, Arrigo (1918–2004)

(*8.4.1918 in Heeren-Werve, heute Kamen; † 17.8.2004 in Worpswede) war ein deutscher Maler, der an der Akademie der Bildenden Künste München Malerei und Kunstgeschichte studierte und 1952 seinen ersten Erfolg mit dem Gewinn des Kunstpreises Jung-Westfalen feierte.
Mitte der fünfziger Jahre zog er nach Italien, wo er über 20 Jahre auf den Inseln Procida und Ischia eine zweite Heimat fand. Nach seiner Rückkehr nach Deutschland erreichte er seine ganz persönliche künstlerische Handschrift durch weitere Studien u.a. an der Universität Heidelberg, wo er Einblicke in die moderne Naturwissenschaft bekam. In der Folge malte Wittler Bilder, die sich mit der modernen Wissenschaft und der Vermaßung der Menschheit beschäftigten. Er fand dafür die nötige Ruhe und Muße in seinen Ateliers, die er u.a. in München, im Tannheimer Tal, in Worpswede, in Matrum bei Cloppenburg, in Niederhörne/Wesermarsch, im Bayerischen Wald, im Allgäu sowie auf Procida und später auf Ischia im Golf von Neapel hatte. Er war bis zu seinem Tod verheiratet mit der Malerin Adriane Wittler.

Weitere Informationen
www.arrigowittler.de

{Z}ipp, Ulrike

1960 in Bad Wildungen geboren, führte der Weg der Künstlerin über Darmstadt nach Bremen, wo sie an der Hochschule Bremen ein Weiterbildungsstudium im Bereich Gestaltung, Schwerpunkt Malerei, absolvierte. Ulli Zipp lebt und arbeitet in Worpswede. Die Stille in der Landschaft ist ein Thema, mit dem sich die Malerin in ihrem künstlerischen Schaffen immer wieder auseinandersetzt. Ihre teilweise abstrakten, surrealen Darstellungen, überwiegend in Acryl gearbeitet, möchten den Betrachter mit ihren Stimmungen, Farben, Details einladen, inne zu halten.

Ulrike Zipp, Malerei
Atelier B 14, Hans-am-Ende-Weg 28, www.uzipp.de

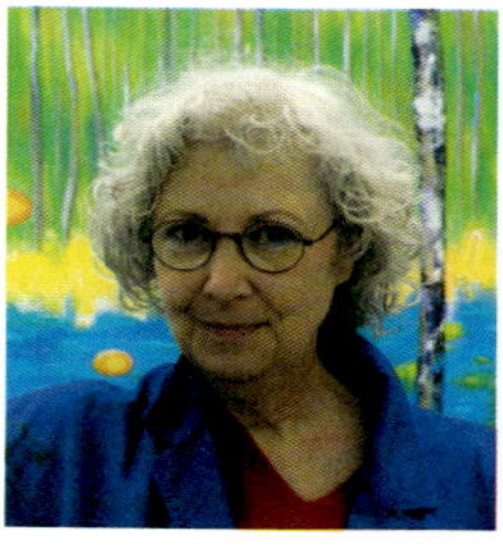

Malerin Ulrike Zipp in ihrem Atelier in der Bergstraße

Teil 3: { Ergänzende ausgewählte Literaturhinweise zu Worpswede }

Berchtig, Frauke, Künstlerkolonie Worpswede, Berlin 2015

Brenken, Anna, Worpswede und das Teufelsmoor, Hamburg 2003

Falkenberg, Linda (Hrsg.), Worpswede – Kunst und Kunsthandwerk der Künstlerkolonie heute, Bremen 2016

Groth, Peter, Martha Vogelers Haus im Schluh, Lilienthal 1995

Gudera, Alice – Holz, Donata – Nachtwey, Birgit – Schönbohm, Bärbel, … und sie malten doch! Lilienthal 2007

Hansmann, Doris, Künstlerkolonie Worpswede, München 2011

Hausmann, Manfred, Worpswede – Eine deutsche Künstlerkolonie um 1900, Fischerhude 1986

Hempel, Petra, Worpswede: Auf den Spuren der Künstler, Fischerhude 2019

Holz, Donata, Im Strom der Zeit – Geschichte der Malerei – Worpswede Fischerhude Lilienthal, Lilienthal 2006

Krause, Christine, Die Bilderwelt der Malerin Lisel Oppel, Bremen 2016

Krause, Christine, Die Malerin Lisel Oppel: Ein faszinierendes Leben in Worpswede und am Mittelmeer, Bremen 2010

Küster, Bernd, Das Barkenhoff-Buch, Lilienthal 1989

Kulp, Hans-Gerhard, Der Weyerberg und das Teufelsmoor – ein landschafts-ökologischer Führer, Lilienthal o.J.

Rilke, Rainer Maria, Worpswede – Fritz Mackensen, Otto Modersohn, Fritz Overbeck, Hans am Ende, Heinrich Vogeler, Frankfurt/M. 1987

Rössler, Horst, Den eersten sien Dot, den tweeten sien Not … Moorkolonisation im Elbe-Weser-Dreieck (1750-1890), Bachmann-Museum Bremervörde 2021

Scabell, Gudrun, Worpsweder Künstlerhäuser: Leben am Weyerberg, Bremen 2012

Schneede, Uwe M., Paula Modersohn-Becker: Die Malerin, die in die Moderne aufbrach, München 2021

Stelljes, Helmut, Ein Tag in Worpswede, Weimar 2019

Stelljes, Helmut, Worpswede entdecken und erleben – Menschen, Landschaft und Kunst, Lilienthal 1989

Stelljes, Helmut, Worpswede: Begegnungen – Gespräche – Porträts, Weimar 2018

Stelljes, Helmut, Worpswede, Worpswede, Du liegst mir im Sinn, Bremen 2007

Stock, Wolf-Dietmar, Worpswede – Einführung in Landschaft und Kunst, Fischerhude 2009

Teumer, Jürgen, Die Käseglocke in Worpswede – Ein Rundhaus mit Geschichte und Geschichten, »Freunde Worpswedes« (Hrsg.)

Teumer, Jürgen, Die Mühle auf dem Rattenberg, Episoden aus dem Leben der Worpsweder Windmühlen und ihrer Müller, »Freunde Worpswedes« (Hrsg.)

Teumer, Jürgen, Friedhof und Kirche in Worpswede. Ein Rundgang durch Gegenwart und Vergangenheit, Stade 2007

Teumer, Jürgen, Spaziergänge in Worpswede, Bremen 2019

Unger, Corona, Paula Modersohn-Becker: 13 Fragen an die Künstlerin – Abenteuer Kunst, München 2006

Wendt, Gunna, Clara und Paula: Zwei Freundinnen und Künstlerinnen, München 2007

Wortmann-Weltge, Sigrid, Die ersten Maler in Worpswede. Eine Biographie des Künstlerdorfes und der Maler Fritz Mackensen, Otto Modersohn, Fritz Overbeck, Hans am Ende, Heinrich Vogeler und Paula Modersohn-Becker, Worpswede 2003

EDEKA **Winkler**

Osterweder Str. 77
Worpswede

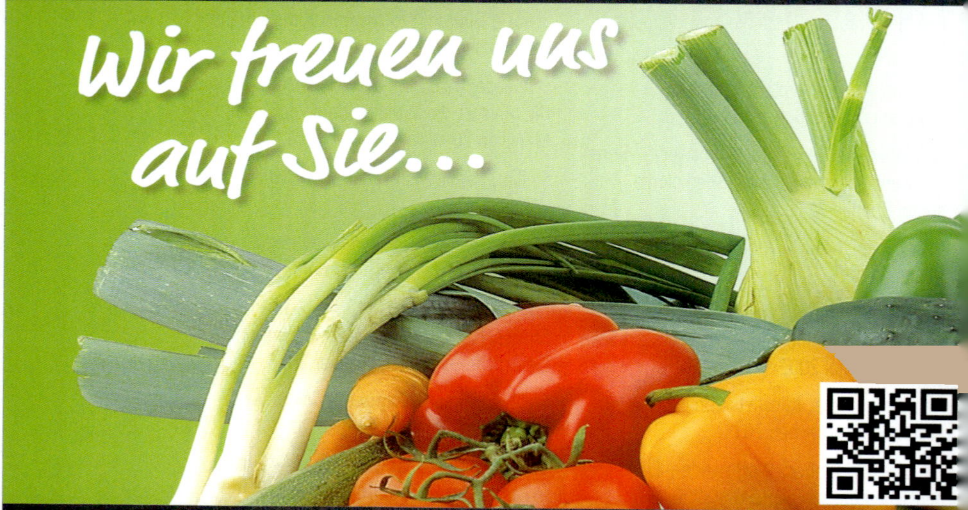

Öffnungszeiten: Mo.-Fr. 8-21 Uhr Sa. 7-21 Uhr So. 10-17 Uhr
www.edeka-worpswede.de

Idyllische Ferienwohnung Nähe Worpswede

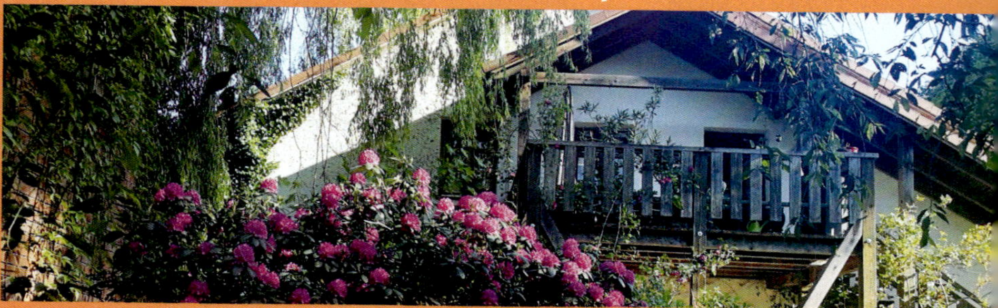

Die einzigartig ruhige Lage dieser in warmen Pflanzenfarben lasierten 2-Zimmer-Ferienwohnung (50 m², 1-4 Pe mit eigener Blockbohlensauna lässt einen den Alltagsstress schnell vergessen und lädt ein, bei klarem Himme und einem Glas Wein auf der Terrasse oder im Garten den Sternenhimmel zu beobachten, der Stille nachzuhoi oder sich in den umliegenden Wäldern und Naturpfaden zu Fuß oder per Fahrrad zu entspannen. Erholung pui

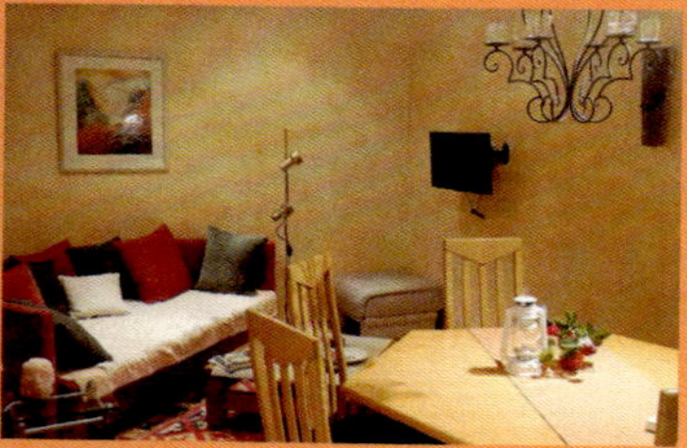

Weitere Informationen:
www.ferienwohnung-bei-worpswede.de

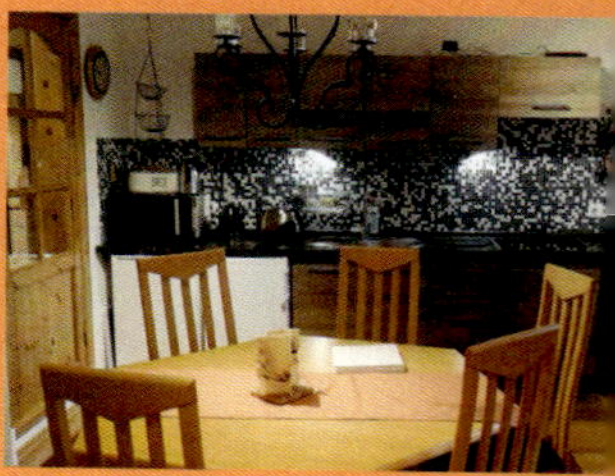

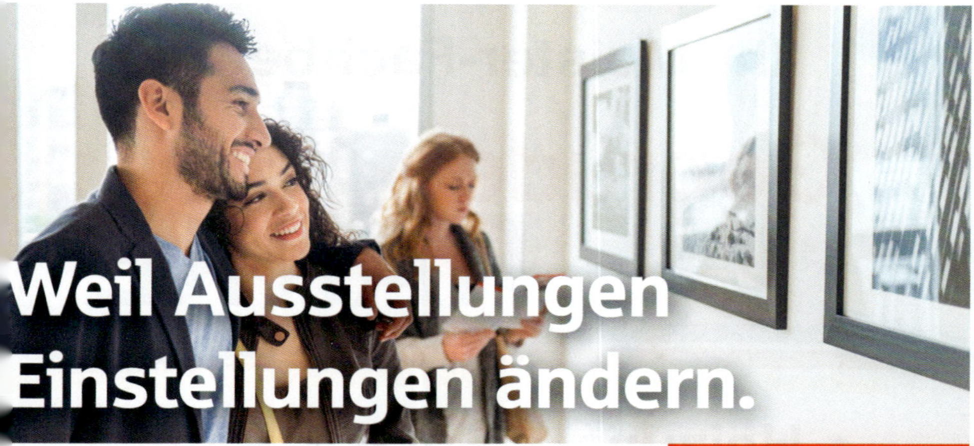

‹unst fördern heißt Menschen inspirieren.

)aher schafft die Sparkassen-Finanzgruppe den Rahmen für
3egegnungen. Von der Museumskooperation bis zum Kinder-
nalkurs: Wir bringen mehr Farbe in unsere Gesellschaft.

Veil´s um mehr als Geld geht.

Sparkasse
Rotenburg Osterholz

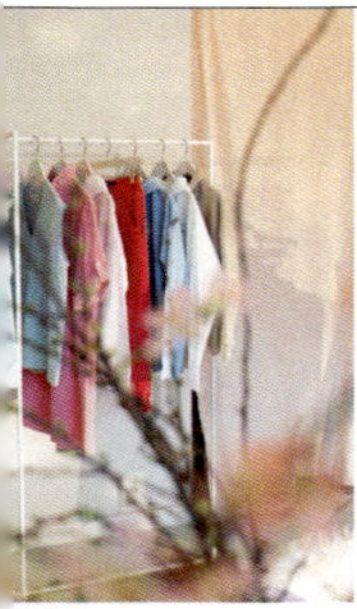

LADEN 82

Rockwinkeler
Heerstrasse 32B
28355 Bremen
Tel. 01749279391

www.laden82.shop

Laden_82

Öffnungszeiten
10 bis 18 Uhr

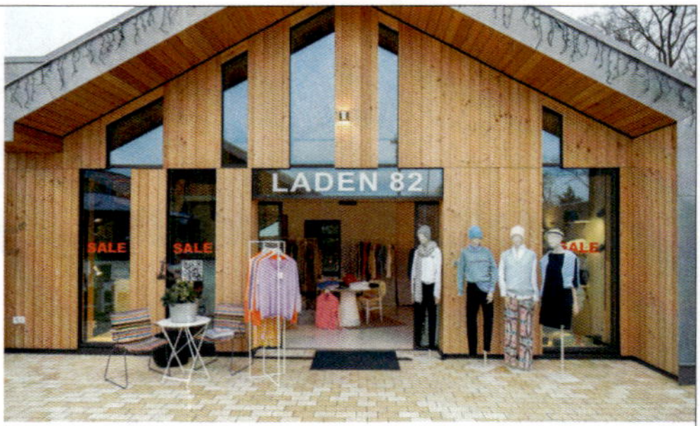

Λoin, moin,

vir wär's mit einem Ausflug ins beschauliche Bremen-Oberneuland, dem vielleicht chönsten Stadtteil Bremens?

assen Sie sich nach einem Spaziergang bei einem leckeren Getränk im Laden 82 on Inhaberin Patricia Meyer-Meister, die in Worpswede beheimatet ist, die neuesten Λodetrends für Damen zeigen.

ıb stylische Bluse, Pullover & Sweatshirts, T-Shirts, Hosen, Joggpants, Kleider & Röcke, chals & Tücher, Schmuck & Accessoires, Seide, Strick, Cashmere, Duftkerzen u.v.m. – ier finden Sie garantiert, was Frau heute trägt …

Ihr Meister-Fachbetrieb

Gebrüder
RANKE

• Heizung • Solar • Sanitär

Inh. Dennis Holz
27726 Worpswede · Im Rusch 23
Tel. 04792 / 28 18 • Fax 04792 / 10 31
e-mail: info@gebrueder-ranke.de • www.gebrueder-ranke.d

China-
Restaurant
SEEROSE
荷花园

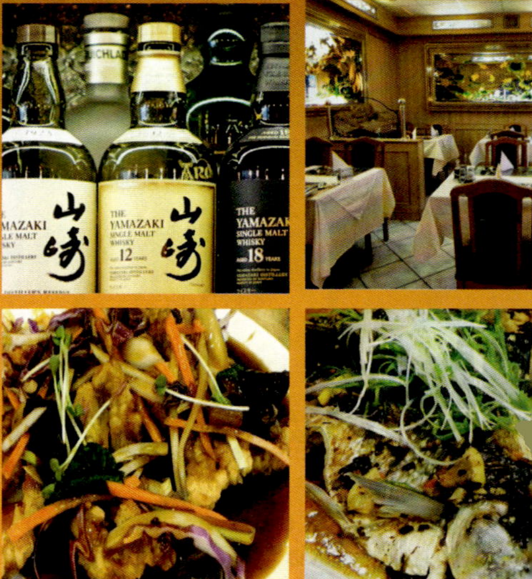

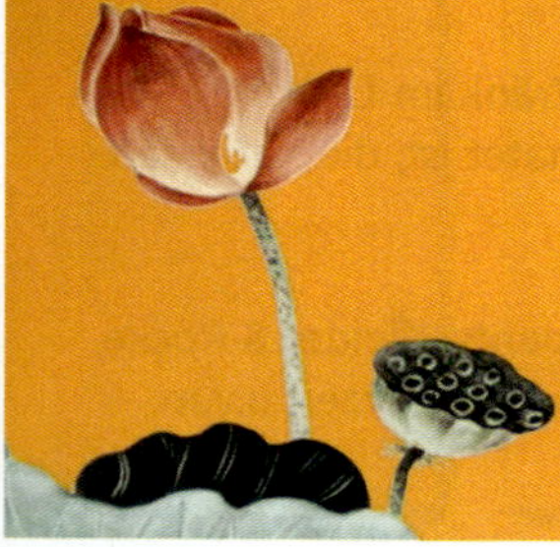

Bremer Landstraße 6 I 27726 Worpsv
Tel. 04792 9553818

Worpsweder Schlösschen

... von der Kunst, mit Schönem zu leben.

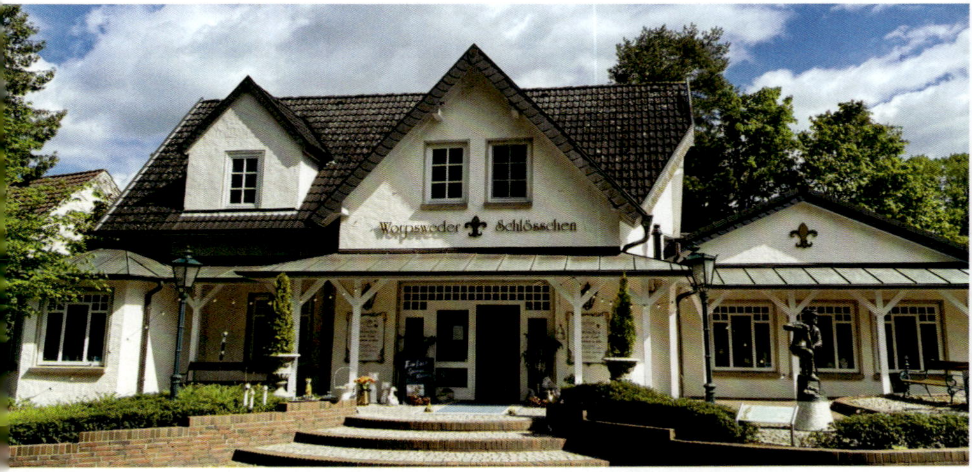

Dekorationen & Wohnaccessoires, regionale & überregionale Spezialitäten und viele bezaubernde Kleinigkeiten, die das Leben schöner & ein Haus erst zu einem Zuhause machen!

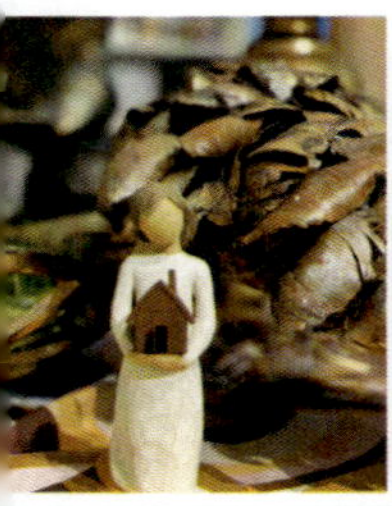
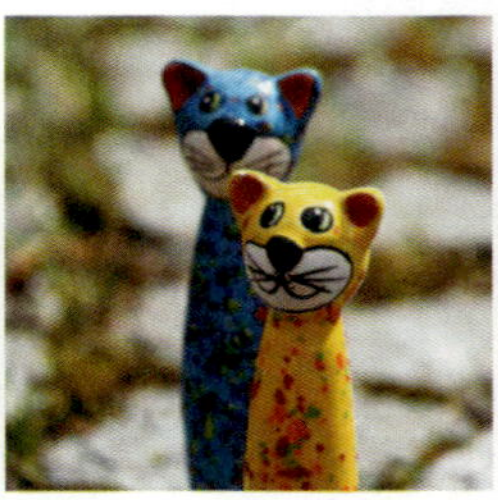
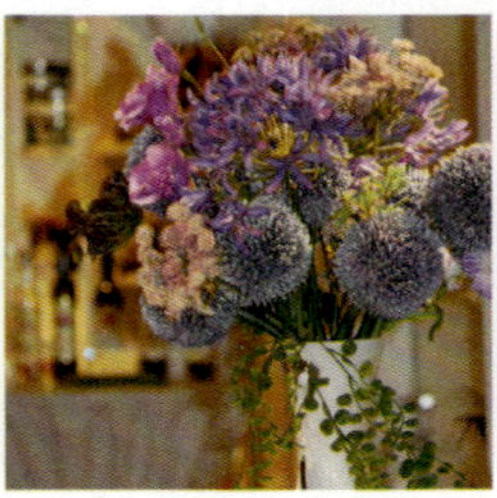
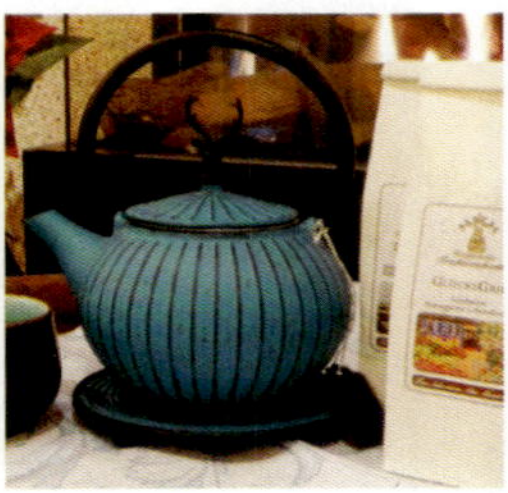

Hembergstr. 5 ⚜ 27726 Worpswede

Telefon 04792 987799-0

kontakt@worpsweder-schloesschen.de

www.worpsweder-schloesschen.de

Öffnungszeiten: 11 – 18 Uhr · Montag Ruhetag

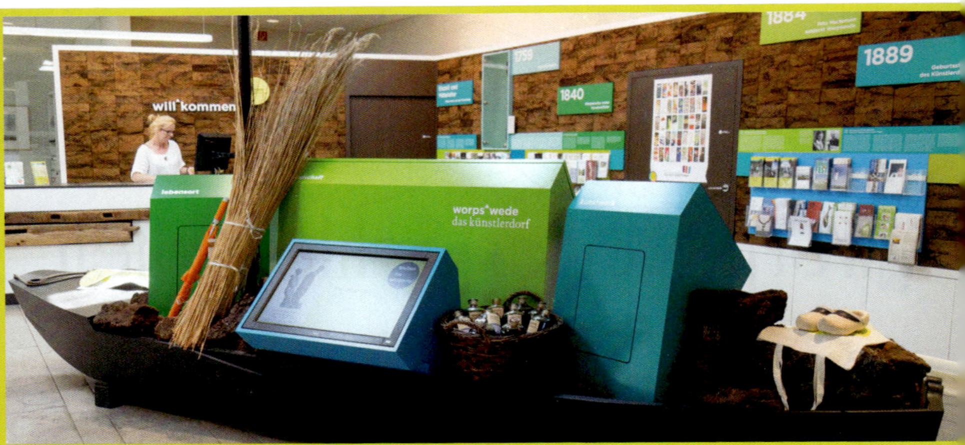

Tourist-Information für Worpswede und das Teufelsmoor

Prospekte und Informationsmaterial der Region, Radwanderkarten, Buchung von Unterkünften, Tickets für Museumsbesuche, Torfkahn, Moorexpress, Konzerte etc.
Bergstraße 13, 27726 Worpswede
Tel. 04792-93 58 20
info@worpswede-touristik.de, www.worpswede.de

Öffnungszeiten
April – Oktober:
Mo – Sa 10.00 – 17.00 Uhr
So 10.00 – 15.00 Uhr

November – März:
Mo – So 10.00 – 15.00 Uhr

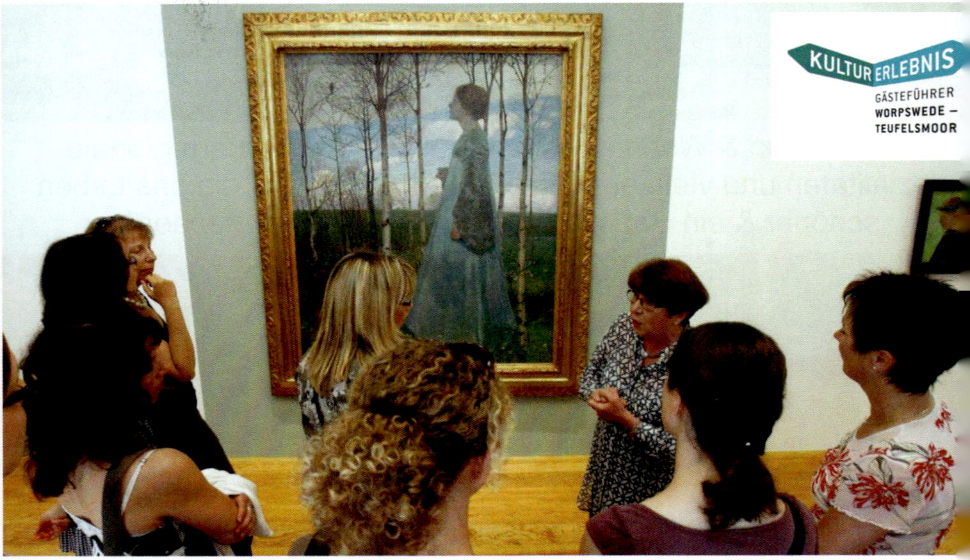

Gästeführer WORPSWEDE-TEUFELSMOOR e.V.
Museums- und Ortsführungen, Architekturexkursionen und literarische Führungen, Atelierbesuche, Begleitungen per Rad, zu Fuß oder per Bus, auf den Spuren von Heinrich Vogeler, Paula Modersohn-Becker, Jürgen Christian Findorff und anderen Persönlichkeiten

Mehr Infos unter www.worpswede-fuehr
Buchungen info@worpswede-fuehrung.
oder Telefon 04792/9878773

Kunstgenuss hoch vier!

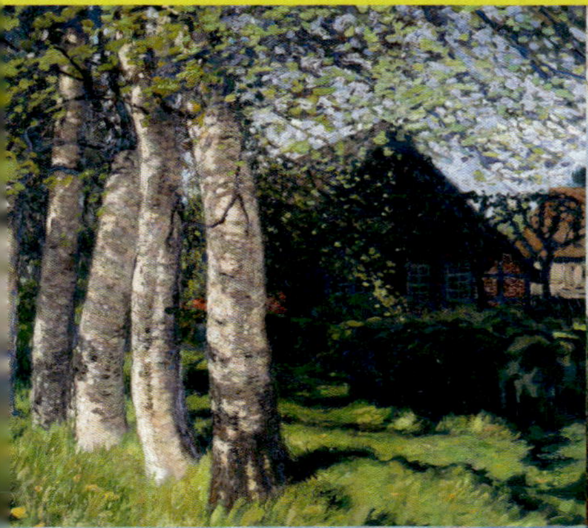
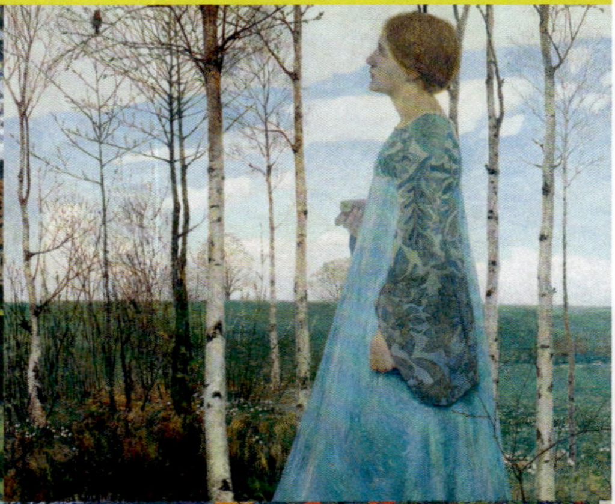
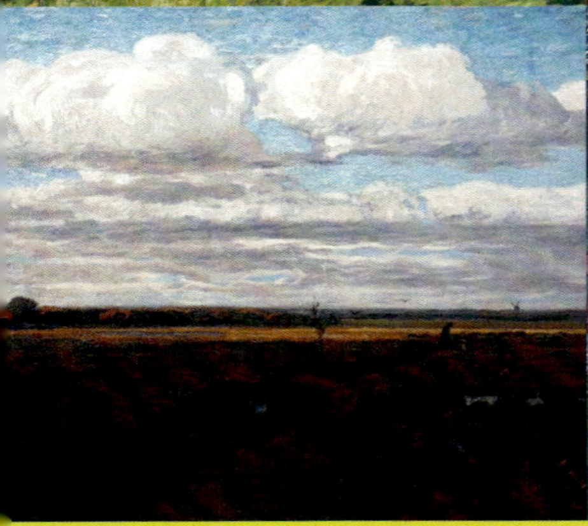
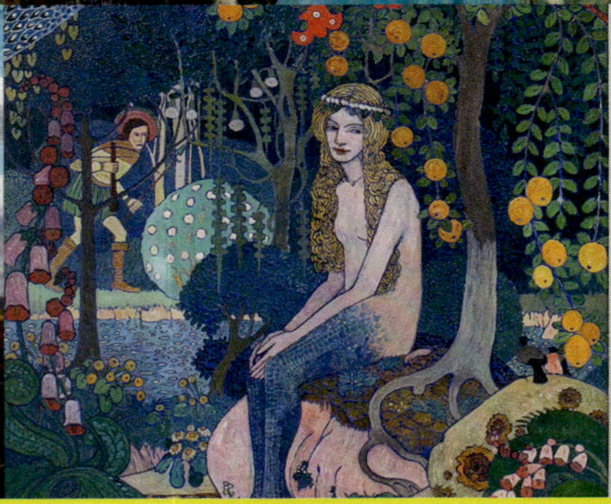

worps wede
die museen

Barkenhoff
Große Kunstschau
Haus im Schluh
Worpsweder Kunsthalle

www.worpswede-museen.de

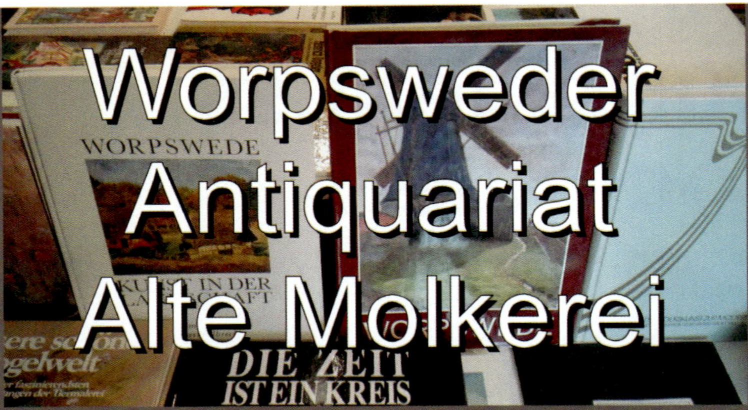

45.000 Bücher nicht nur über Worpswede,
laden zum Stöbern ein.
Alte Molkerei, Osterweder Str. 21
27726 Worpswede. Tel. 04792 7072
E-Mail: info@worpsweder-antiquariat.de
www.worpsweder-antiquariat.de

7 Domains = 1 Portal
24 Stunden regional suchen und gefunden werden.

Über 100.000 Besucher im Monat

www.worpswede24.de
www.osterholz24.de
www.lilienthal24.de
www.schwanewede24.de
www.grasberg24.de
www.ritterhude24.de
www.hambergen24.de

Ihre Werbung schon ab 72 Euro im Jahr (zzgl. MwSt.)
Bei Interesse bitte weitere Infos anfordern:
tourismus24@yahoo.de

Alles Clöer bei Ihnen?

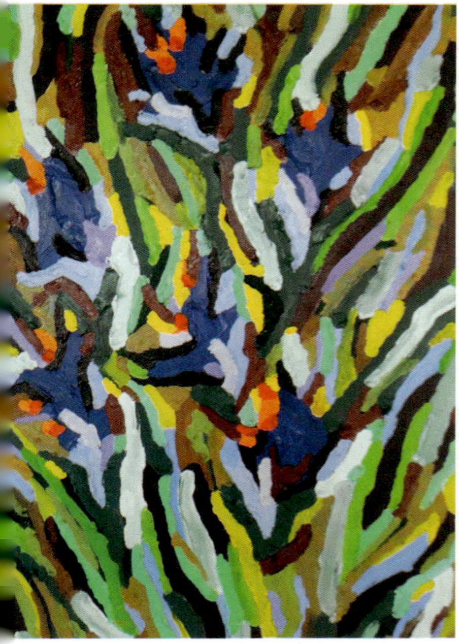

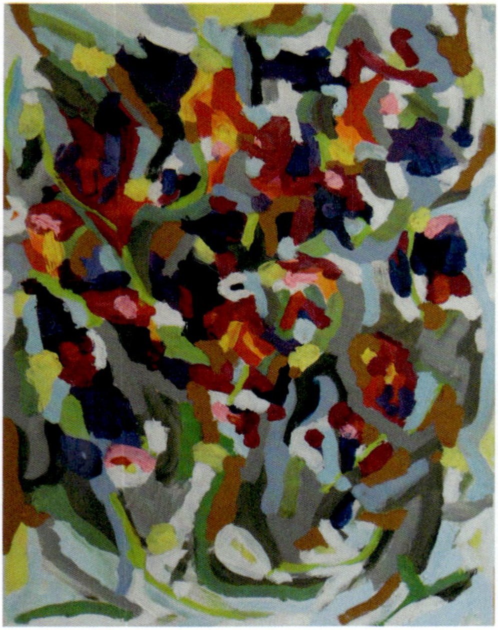

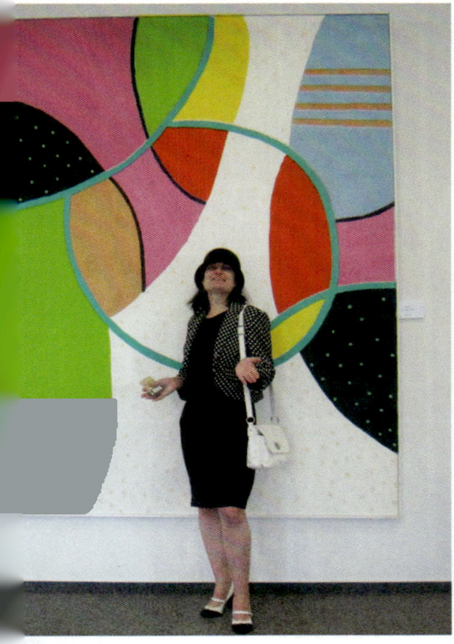

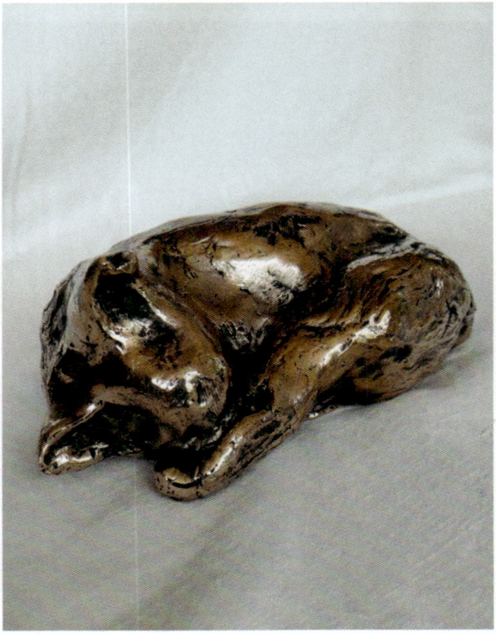

w.nicolecloeer.de nicole-cloeer@t-online.de

Annette Bußfeld

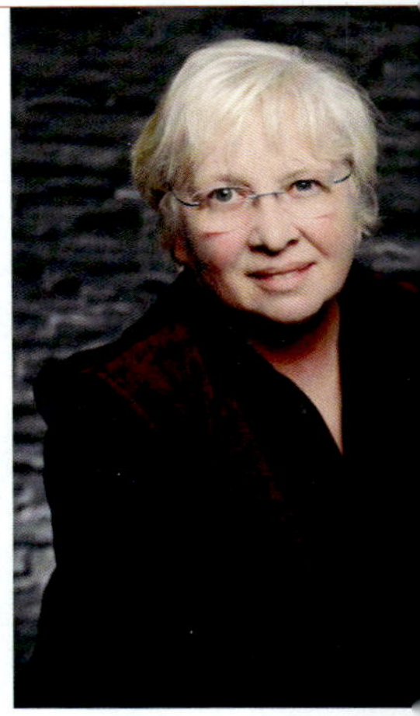

Von der Zeichnung zur Skulptur – so begann mein Weg vor 30 Jahren. Inspiriert und fasziniert von den ersten kunst-historischen Zeugnissen der Menschheit, entdeckte ich das Ausdrucksstarke und Eigenwillige im dreidimensionalen. Es hat mich bis heute nicht wieder losgelassen. Ich reise gern durch andere Länder, Kulturen und Zeiten. Ich experimentiere mit allem was für mein gegenwärtiges Thema erforderlich ist. Meine Arbeiten sind im Atelier vor Ort, in Ausstellungen zu sehen und zu verkaufen.
Ich unterrichte seit 20 Jahren an den verschiedensten Orten, an Fachhochschulen, Kunstschulen, in Künstlerhäusern, im In- und Ausland und im Atelier B in Worpswede.

Atelier B
27726 Worpswede | Neu-Bergedorfer Damm 34 I Niedersachsen
mobil: 0174 6598214
info@atelierbussfeld.de
www.skulpturpur.de

REMBERTI IMMOBILIEN
remberti-immobilien.de

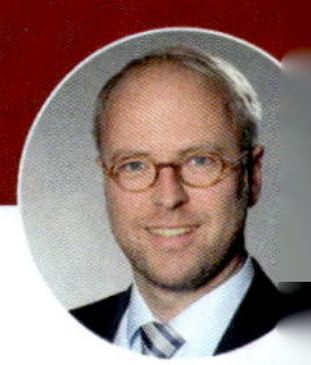

Dr. André Meier
Hembergstraße 2
27726 Worpswede

Worpswede 04792 9877456
Bremen 0421 33072583

Ronnefeldt

Friederike & Paula – der Tee und die Kunst

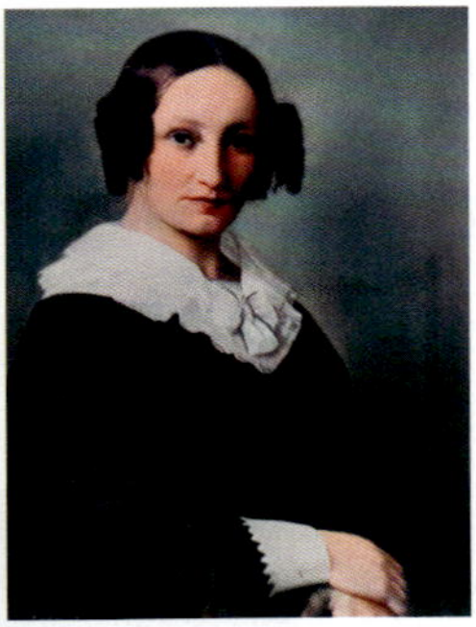

Ronnefeldt wurde 1823 in Frankfurt von Johann Tobias Ronnefeldt gegründet. Inzwischen hat sich das Unternehmen in der weltweiten Hotellerie und im deutschsprachigen Fachhandel zur internationalen Marke für exzellenten Tee entwickelt. Seit 1994 befindet sich der Sitz der Produktion in Worpswede/ St. Jürgen. Hier arbeiten etwa 100 Mitarbeiter und Mitarbeiterinnen mit einem der wertvollsten und ältesten Naturprodukte der Welt. Wie die Werke der bekannten Künstlerkolonie Worpswede haben auch die Tee-Exportschlager eine große Fangemeinde über die Grenzen von Deutschland hinaus. Im August 2021 erschien der Roman ›Die Teehändlerin‹ Band I der Ronnefeldt-Familiensaga beim Fischer-Verlag Frankfurt. Er schildert eindrucksvoll die Entstehung des Unternehmens im historischen Frankfurt mit Friederike Ronnefeldt, der Ehefrau des Gründers, als Protagonistin. Im Herbst 2021 wurde in der Kunsthalle Schirn in Frankfurt die Ausstellung mit Werken von Paula Modersohn-Becker eröffnet, nur wenige Meter vom Stammhaus der Familie Ronnefeldt entfernt. Die Malerin war eine der bedeutendsten Vertreterinnen des frühen Expressionismus. Friederike Ronnefeldt und Paula Modersohn-Becker waren geprägt von einem weltoffenen und weitsichtigen Geist und deshalb herausragende Vorbilder in ihrer Zeit. Schade, dass die beiden Frauen sich nie begegnet sind …

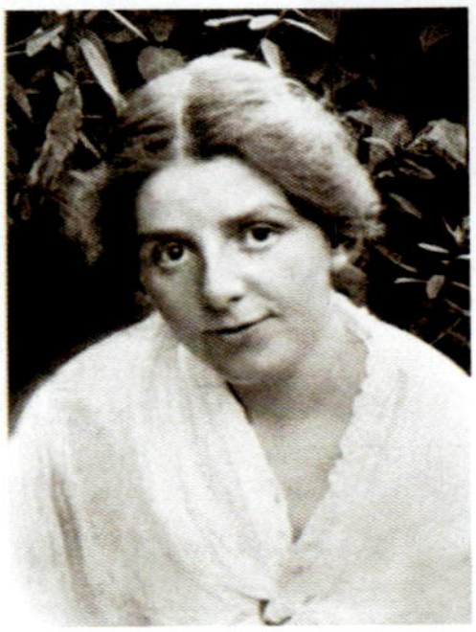

www.ronnefeldt.com

Praxis für Biographiearbeit, Sprechtraining und Lernförderung

Sich wieder lebendig und aktiv fühlen, Kraft schöpfen und sich verbunden fühlen mit sich und anderen. Klarheit finden und ausdrücken, die innere Stimme entdecken und in Ruhe, Sicherheit und Eindeutigkeit nach außen bringen.

Coaching (persönliche Krisenbewältigung)

~

Sprachtherapie & Theatertherapie

~

Lernförderung

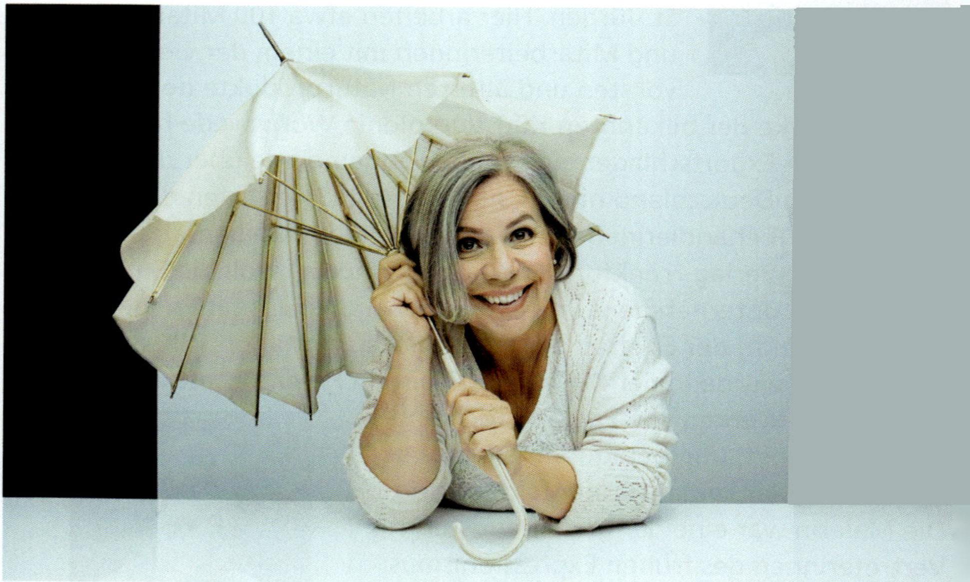

Für Kinder, Jugendliche und Erwachsene

Sabine Liedtke
Telefon: 04293 55 999 42
E-Mail: sabineliedtke@posteo.de
Webseite: www.sabineliedtke.de

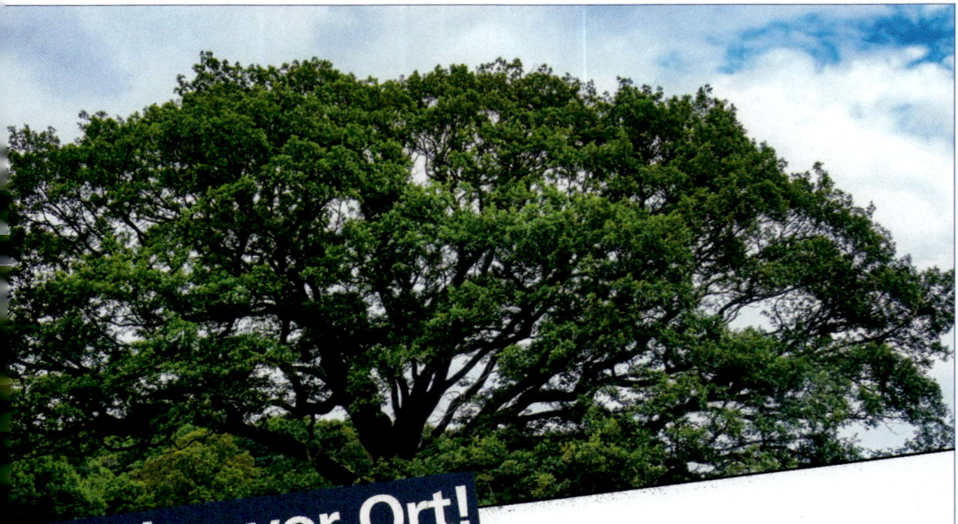

Für Sie - vor Ort!
Morgen kann kommen.
Wir machen den Weg frei.

Volksbank Worpswede eG
Für Sie - vor Ort!
voba-worpswede.de

RM LOGISTIK

messebau · messesysteme
events · transporte

hr Partner in Sachen Messebau und Transporte

Mit uns wird es schön...

MOOR EVENT

...schöner feiern

Schlußdorfer Straße 56 · 27726 Worpswede · 04791 - 57 9 47 · moor-event@gmx.de

Das Haus im Schluh

- mehr als ein Museum

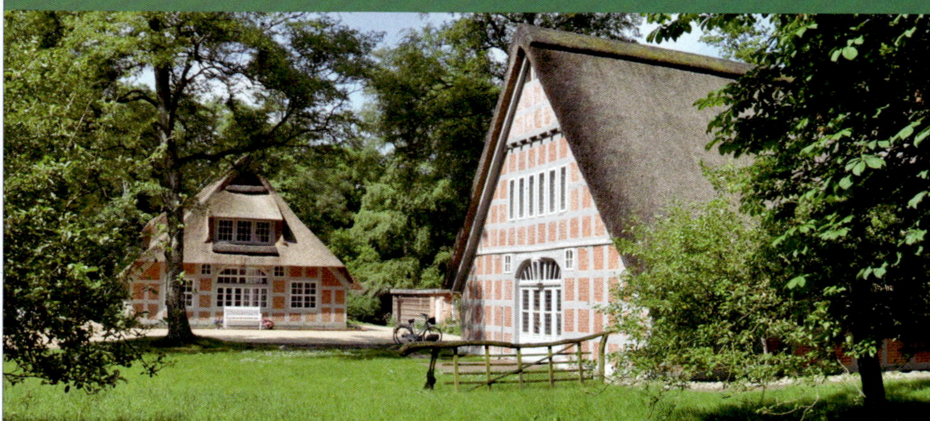

In diesen romantischen Reetdachhäusern können Sie Ferien machen. Genießen Sie di
unnachahmliche Atmosphäre und Ruhe des von Martha Vogeler geschaffenen Ortes.
hier aus Worpswede und seine Umgebung zu erkunden, ist ein ganz besonderes Erleb
Hausgäste haben freien Eintritt in das Museum

mehr Infos unter www.vogeler-worpswede.de

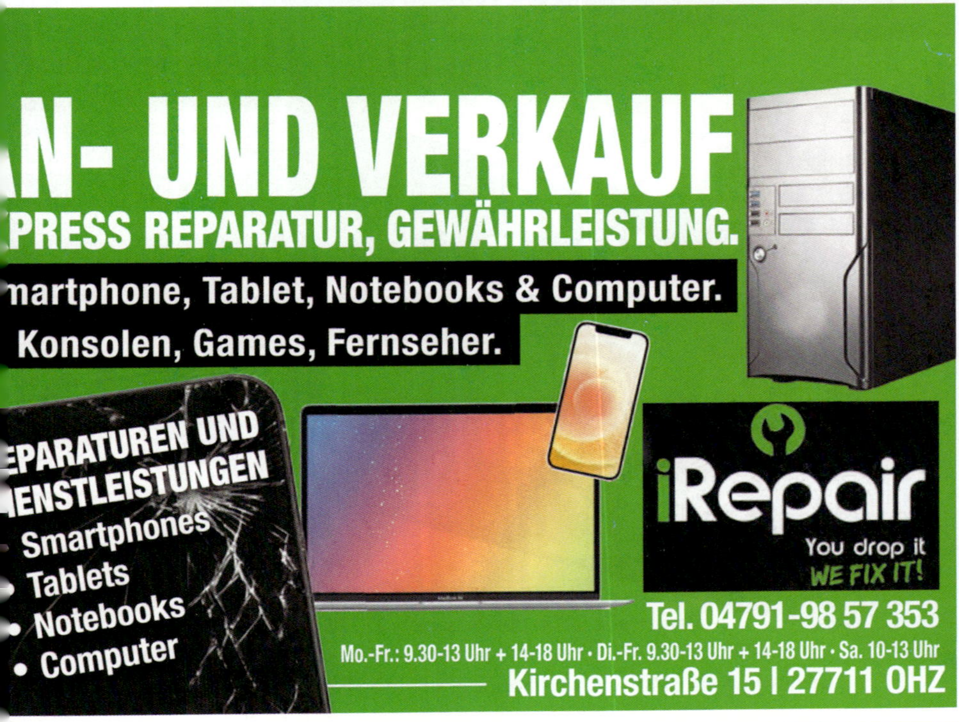
AN- UND VERKAUF
PRESS REPARATUR, GEWÄHRLEISTUNG.
martphone, Tablet, Notebooks & Computer.
Konsolen, Games, Fernseher.
EPARATUREN UND
IENSTLEISTUNGEN
• Smartphones
• Tablets
• Notebooks
• Computer
iRepair
You drop it
WE FIX IT!
Tel. 04791-98 57 353
Mo.-Fr.: 9.30-13 Uhr + 14-18 Uhr • Di.-Fr. 9.30-13 Uhr + 14-18 Uhr • Sa. 10-13 Uhr
Kirchenstraße 15 | 27711 OHZ

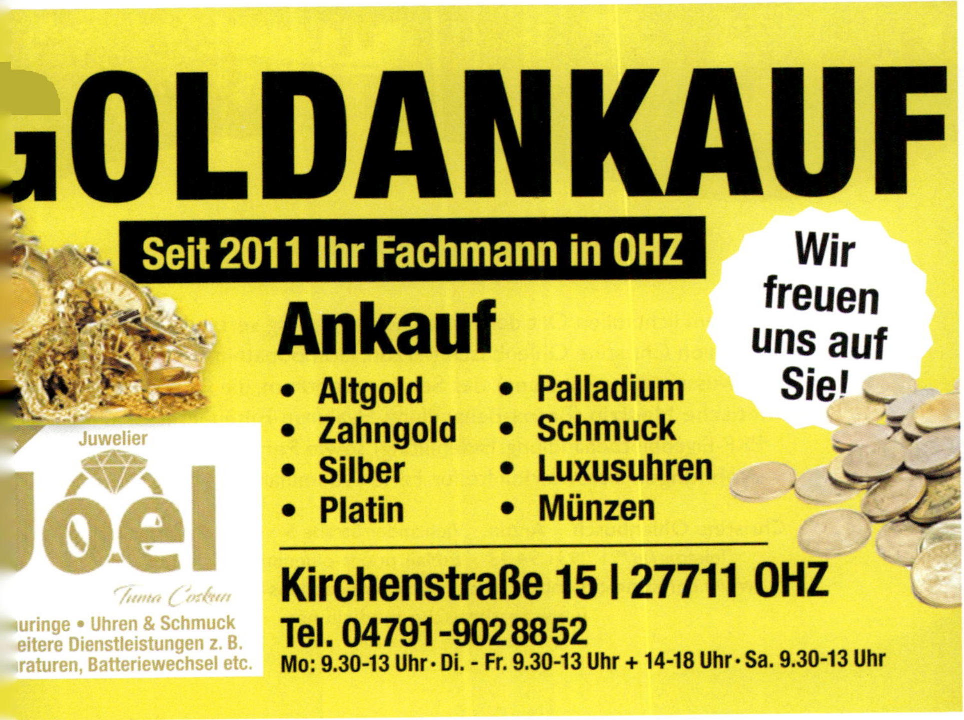
GOLDANKAUF
Seit 2011 Ihr Fachmann in OHZ
Wir freuen uns auf Sie!
Ankauf
• Altgold
• Zahngold
• Silber
• Platin
• Palladium
• Schmuck
• Luxusuhren
• Münzen
Kirchenstraße 15 | 27711 OHZ
Tel. 04791-902 88 52
Mo: 9.30-13 Uhr • Di. - Fr. 9.30-13 Uhr + 14-18 Uhr • Sa. 9.30-13 Uhr
Juwelier
Joel
Tuma Coskun
uringe • Uhren & Schmuck
eitere Dienstleistungen z. B.
raturen, Batteriewechsel etc.

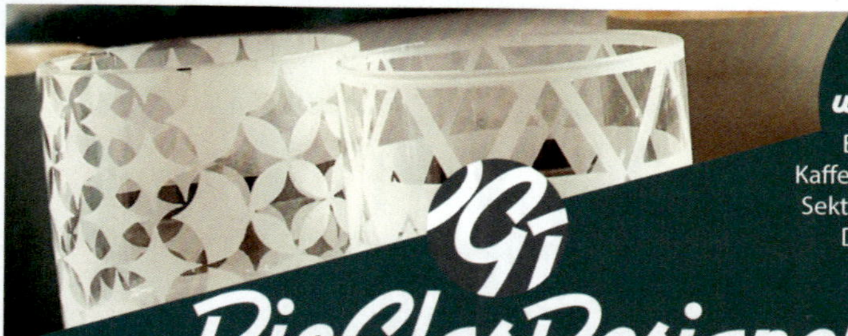

Glasdesign ist
unsere Leidenschaf

Bier, Weizenbier, Whisky, Grappa
Kaffee & Tee, Longdrink, Rot- & Weiß
Sekt, Dekanter sowie Vasen, Windlic
Dekogläser, Tür- & Firmenschild
& Sonderanfertigungen

DieGlasDesigner

SCHÖNES ZUM SAMMELN UND VERSCHENKEN WORPSWEDE

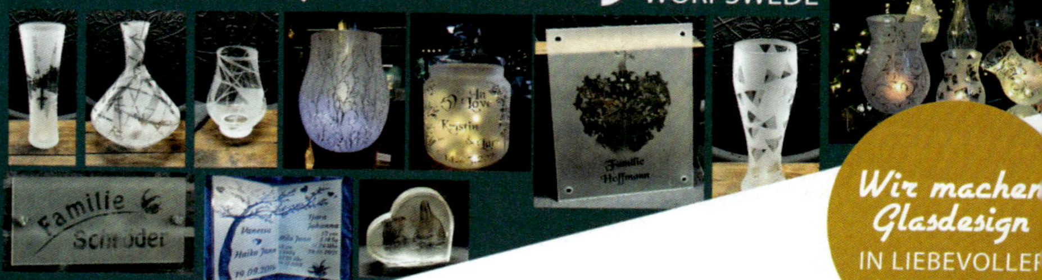

Wir machen
Glasdesign
IN LIEBEVOLLEF
HANDARBEIT

Inh. Ingeborg Rutenberg
Bergstraße 32 (in der Passage) • 27726 Worpswede
Tel.: 04792 - 98 79 375 • info@dieglasdesigner.de • www.dieglasdesigner.de
Öffnungszeiten: Mittwoch bis Sonntag sowie an Feiertagen von 11 bis 18 Uhr

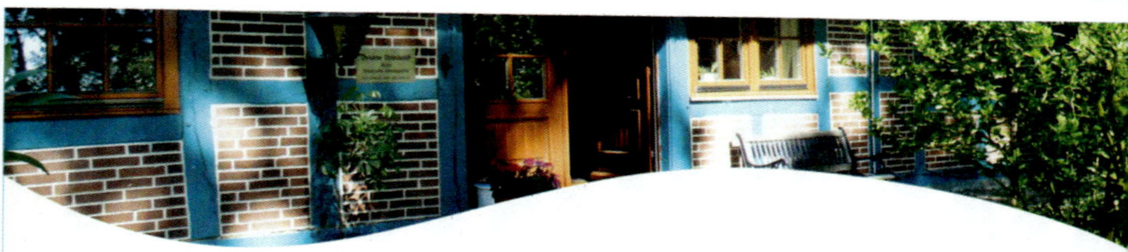

Heil-Haus-Ohlenbusch

Kraftort inmitten der Natur

HEIL
HAUS
OHLENBUSCH

An diesem lichtvollen Ort der Kraft und Begegnung verbinden sich die **Praxis** von Christine Ohlenbusch (Ärztin, Homöopathin, Lehrerin für Bewusstseinserweiterung), das **Seminarzentrum**, die **Praxis für Ästhetische Medizin** (Botox-Behandlung, Hyaluron-Faltenunterspritzung, PRP-Eigenblutbehandlung, Fadenlifting) sowie **Ferienhäuser und -wohnungen** als Unterkünfte für Ferien-, Seminar- und Kurgäste.

Christine Ohlenbusch · Ärztin · Viehlander Straße 5 · 27726 Worpswede
Telefon: 04791 / 931 94 33 · E-Mail: praxis-ohlenbusch@web.de
www.christine-ohlenbusch.de · www.seminarhaus-ohlenbusch.de
www.aesthetische-medizin.net

Fischerhude: Wasser-Himmel-Wolken-Wiesen-Natur-Landschaft-Kunst

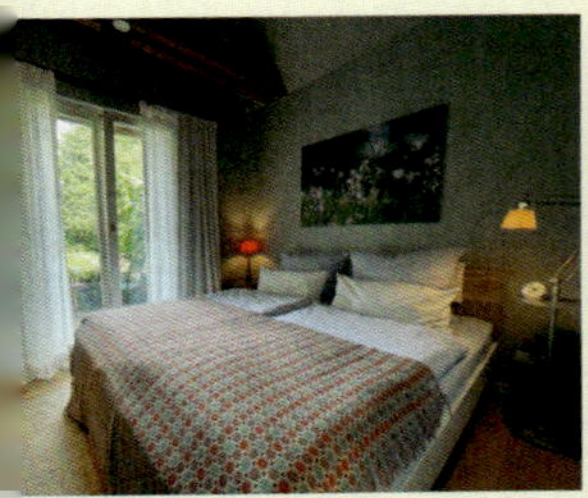
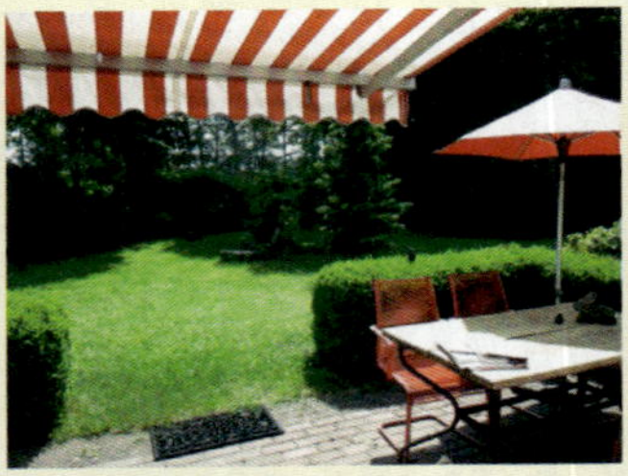
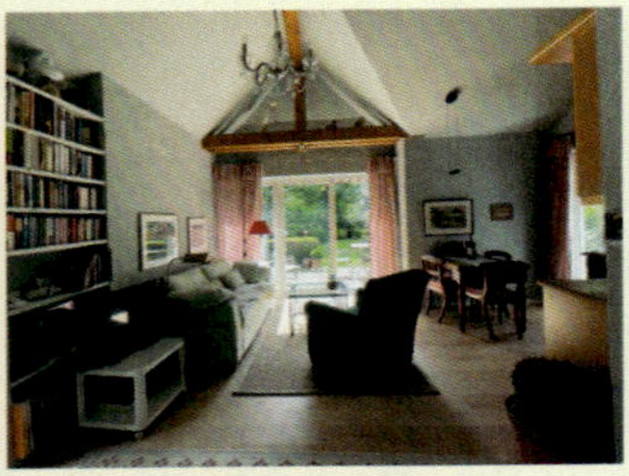
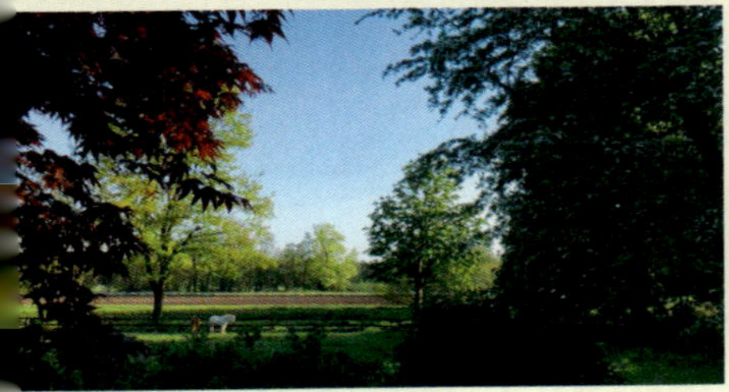
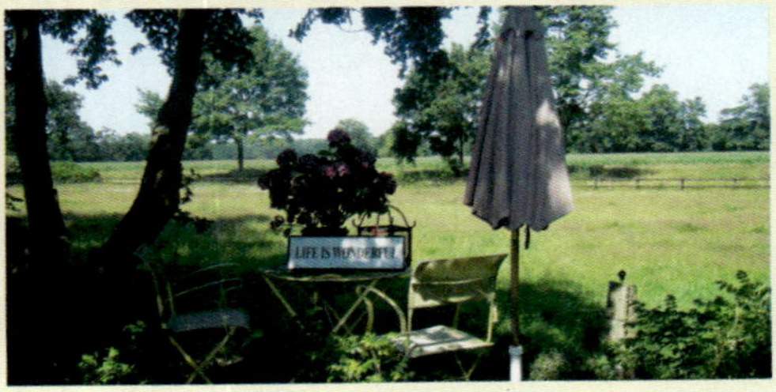

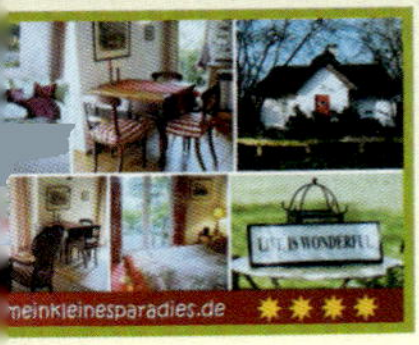

Ganz am Ende der Straße Bredenau, kurz vor dem *Otto Modersohn-Museum* finden Sie ein kleines, gemütliches Strohdachhaus mit roten Fensterläden umgeben von grünen Wiesen und umstanden von großen, uralten Eichen.

Vermietung von Sa-Sa. Tel. 0173/9391903

Wümmetrecker

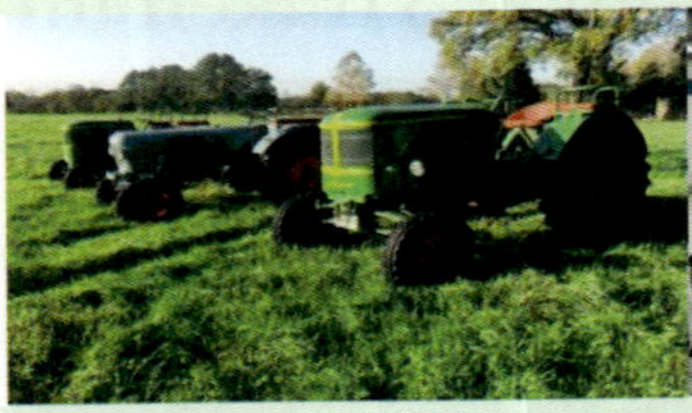
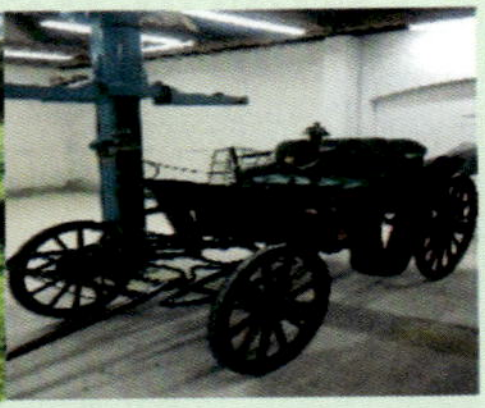

ırzurlaub auf dem Dieselross
rmietung von historischen Traktoren für Selbstfahrer
u: Hochzeiten mit Kutsche und Trecker

· vermieten liebevoll restaurierte Oldtimer Traktoren für bstfahrer. Langsamkeit erfahren und dabei gleichzeitig die itläufigen Wiesenlandschaften der Wümmeniederung genießen. einem solchen Fahrzeug genießt man ganz in Ruhe den Ausblick ɛr eine nahezu unberührte Landschaft. „Treckern" ist eine ondere Form des Wanderns, bei dem alle ihren Spaß haben. ten Sie einen Oldtimertrecker um die Wümmeregion zu erkunden.

Fischer & Andreas Rathjen GbR
fon: 0171 2744032; service@wuemmetrecker.de; www.wuemmetrecker.de

Stagge

ACH
WIE SCHÖN
IST ES
BEI STAGGE...

& MOOR

essen · trinken · schöner feiern

Marktstraße 13 · 27111 Osterholz-Scharmbeck · ☎ 04791 57 9 47

Stilvoll Essen & Trinken im Restaurant & Café

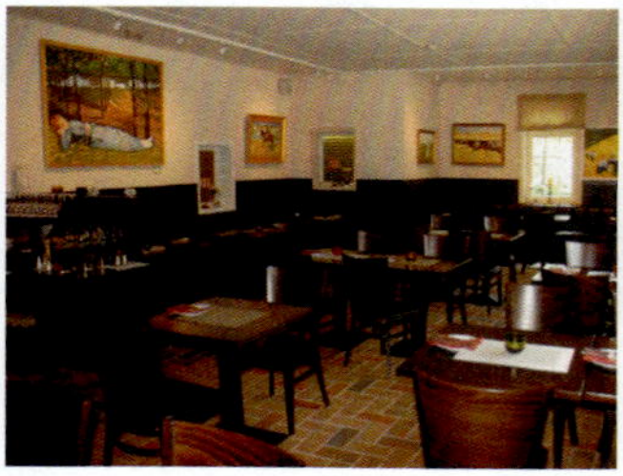

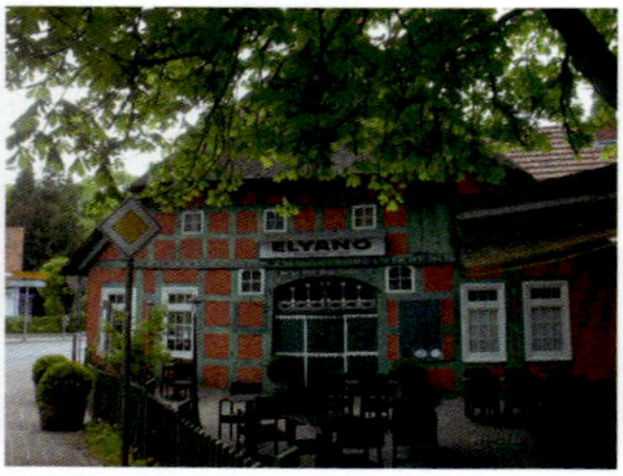

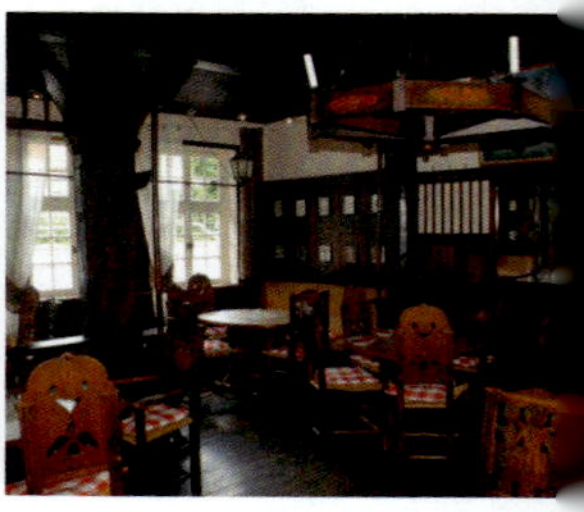

In unserem historischen Künstlerzimmer im ehemaligen Hotel »Stadt Bremen«, in dem die ersten Worpsweder wohnten, wandeln Sie auf
Spuren des bekannten Malers Heinrich Vogeler (1872-1942)

ELYANO

RESTAURANT • CAFÈ

Findorffstraße 21
27726 Worpswede
Tel. 04792 9567414 und 04792 9567415

EUGEOT

Autohaus **Viohl**

Inh. Marko Dieckmann

- PEUGEOT-SERVICE-VERTRAGSPARTNER MIT VERMITTLUNGSRECHT
- GEBRAUCHTWAGEN AN- UND VERKAUF
- TANKSTELLEN-SERVICE UND WAGENPFLEGE
- FAHRZEUGVERMESSUNG

SERVICE ALLER MARKEN – Über 50 Jahre Ihr Partner in und um Worpswede

Worpswede, Telefon 0 47 92/12 41
www.autohaus-dieckmann.de

PEUGEOT

Worpsweder Fahrdienst

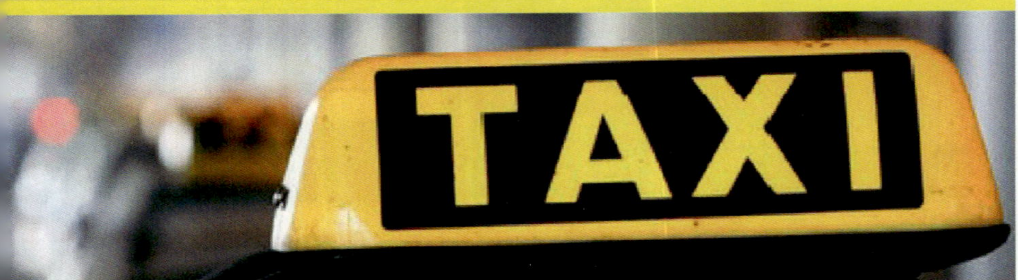

ankenfahrten - Kurierdienst - Großraumtaxi

04792 - 95 51 95

Polster- und Sattlerwerkstatt Lilienthal
Moorhauser Landstr. 23a
28865 Lilienthal

15 Jahre Garantie auf alle Dienstleistungen
100 % Kunden-Zufriedenheit

- lagermäßig über 1000 Leder / Kunstleder
- lagermäßig über 10.000 Stoffe

Wir beziehen und reparieren Polster aller Art
- Über 10.000 Stoffe zur Auswahl
- Polster überziehen
- Aufpolstern
- Schnürung
- Haftung
- Reparatur
- Leder
- Holz (Schreinerarbeiten)
- Polsterreinigung

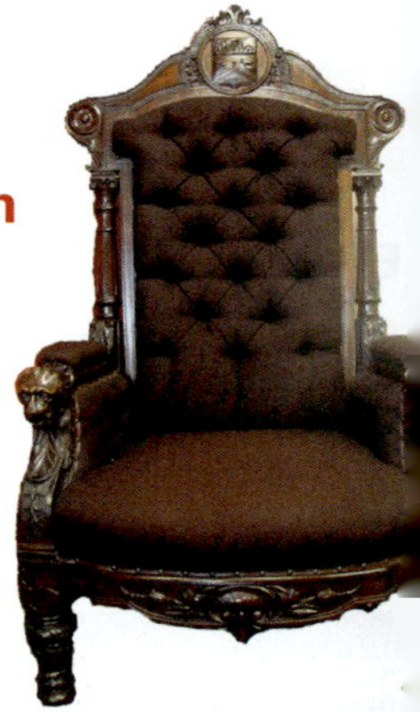

Montag bis Samst
10–18 Uhr
(nach Absprache
Tel. 04298/27693

Kostenvoranschlag kostenlos direkt bei Ihnen zu Hause und unverbindlich bis 100 km.

www.polster-und-sattlerwerkstatt-lilienthal.de

Sagenhafte Bücher aus der Edition Falkenberg

ISBN 978-3-95494-255-8

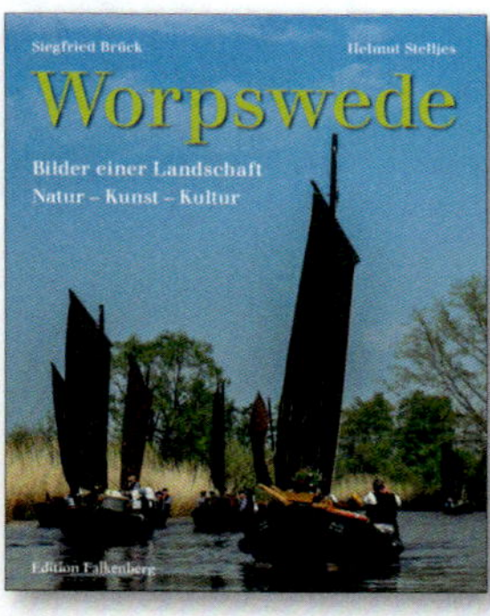

ISBN 978-3-95494-276-3

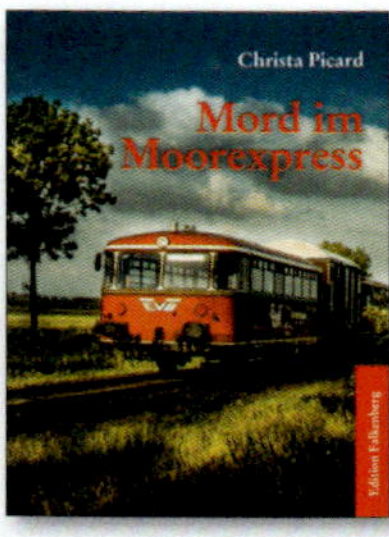

ISBN 978-3-95494-176-6

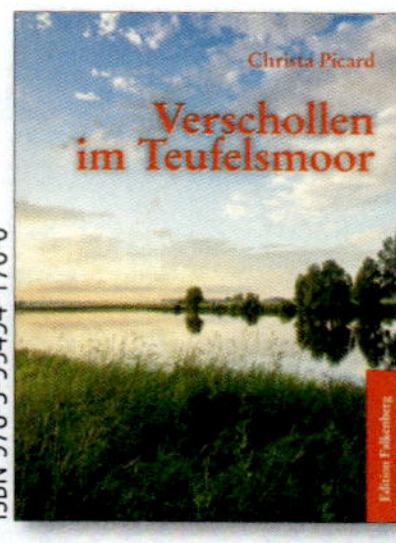

ISBN 978-3-95494-199-5

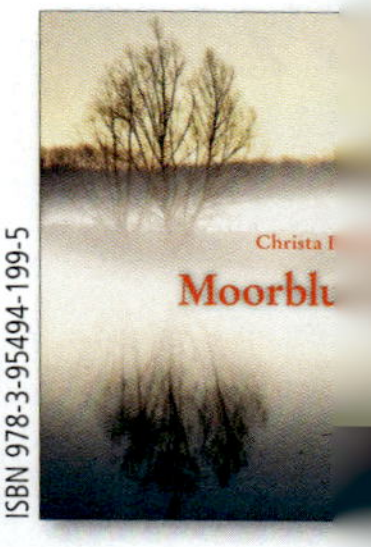

ISBN 978-3-95494-256-5

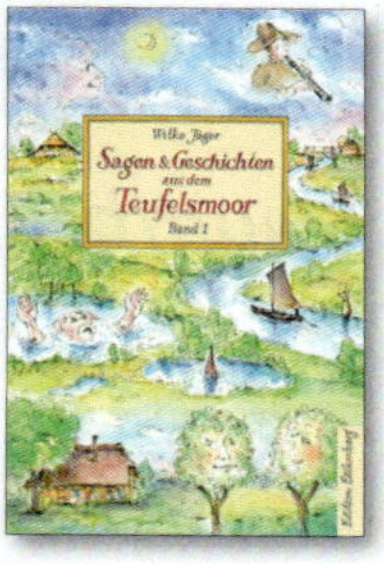

ISBN 978-3-95494-257-2

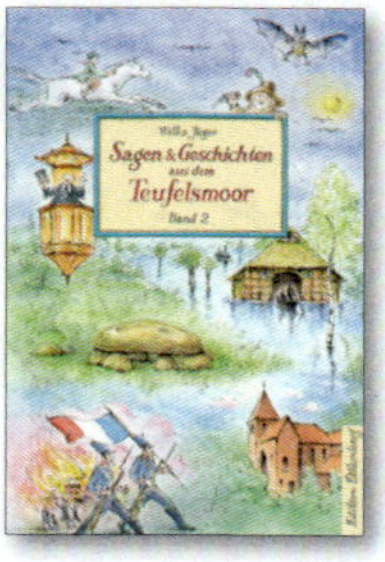

Wilko Jäger
Sagen & Geschichten aus dem Teufelsmoor
Band 1+2

Im Buchhandel erhältlich oder direkt bestellen:
order@edition-falkenberg.de

ISBN 978-3-95494-112-4

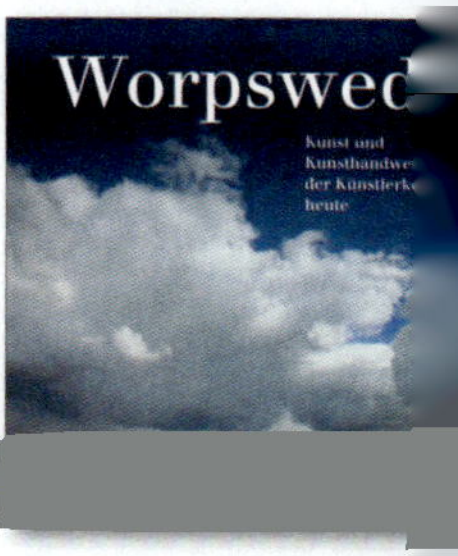

miribo®

innovative
anregende
Gestaltung

Beratung
Design
Fotografie
Interior

Osterweder Str. 46b
27726 Worpswede
04792 - 95 44 921
miribo.com

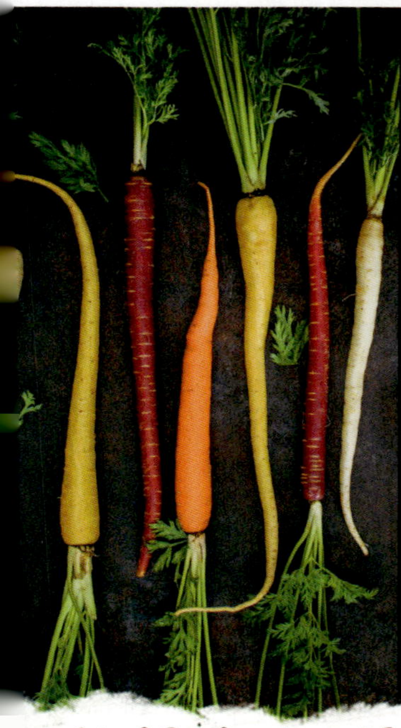

MOORRÜBE

MARKTHALLE FÜR KUNST UND BIO LEBENSMITTEL

- *Bistro*
- *Einkauf*
- *Marktplatz*
- *Genuss*
- *Begegnung*
- *Spielecke*

Montag-Freitag	**07.30 - 18.30 Uhr**
Samstag	**07.30 - 15.00 Uhr**

www.moorruebe.de 04792-9878998

Vielfalt im Kopf und auf dem Acker!

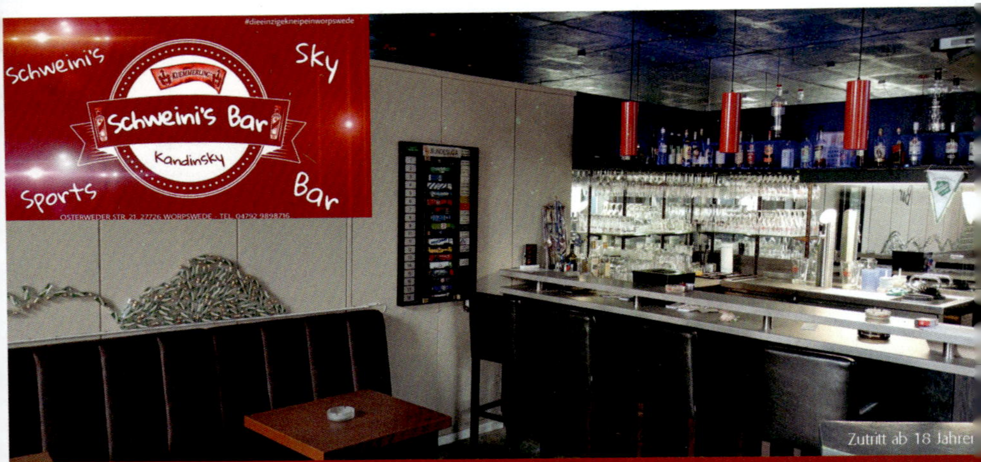

Raucher-Kneipe „Schweinis Bar"

Bei uns lassen sich nicht nur alle Fußballspiele (1. und 2. Bundesliga, UEFA Champions League) auf dem TV-Bildschirm verfolgen, sondern neben frisch gezapftem Bier, verschiedenen Longdrinks auch exotische Cocktails in netter Atmosphäre genießen. Außerdem können Sie bei Darts oder Poolbillard aktiv entspannen.

Osterweder Str. 21 in Worpswede (Tel. 0176/57795127) **www.schweinis-bar.**

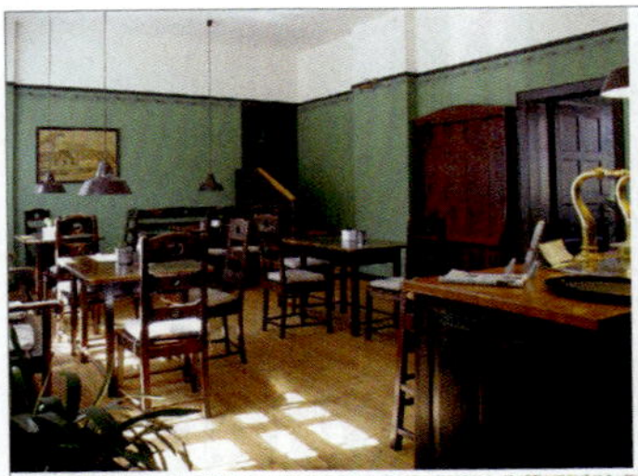
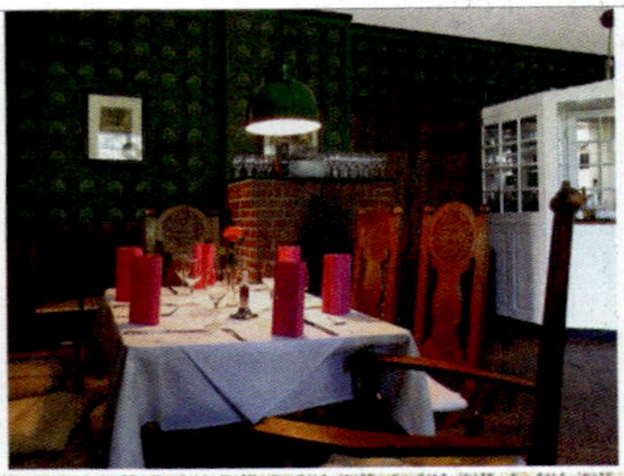
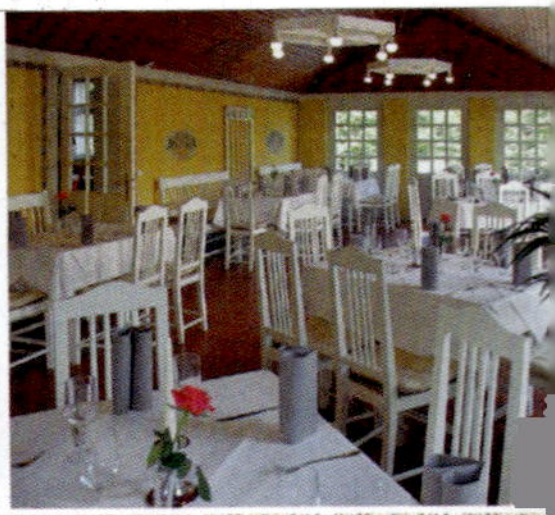

WORPSWEDER BAHNHOF

Restaurant ~ Cafe ~ Sommergarten

Stilvoll speisen & feiern im historischen Ambiente

Bahnhofstraße 17 | 27726 Worpswede | Tel. 0 47 92 - 98 78 333 | www.bahnhof-worpswed

ammehütte Neu Helgoland

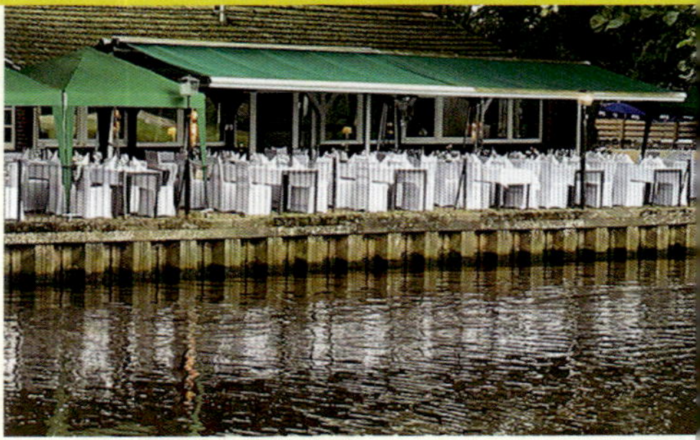

amme Gastro UG
ammeweg 29
'726 Worpswede
elefon 04792-7606
ww.hammehuette.de
fo@hammehuette.de
e aktuellen Öffnungszeiten entnehmen
bitte der Homepage.

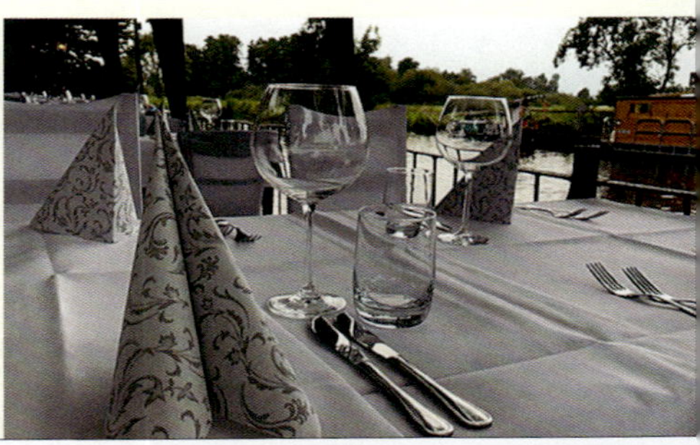

ir bieten unseren Gästen regionale,
utsche Küche, die wir saisonal erweitern.
ckerer Kuchen und fantastische Torten
n unserem Konditor.
enießen Sie auf unserer Terrasse
n einzigartigen Ausblick auf die
mmeniederung.
rne richten wir für Sie Ihre Feier aus.

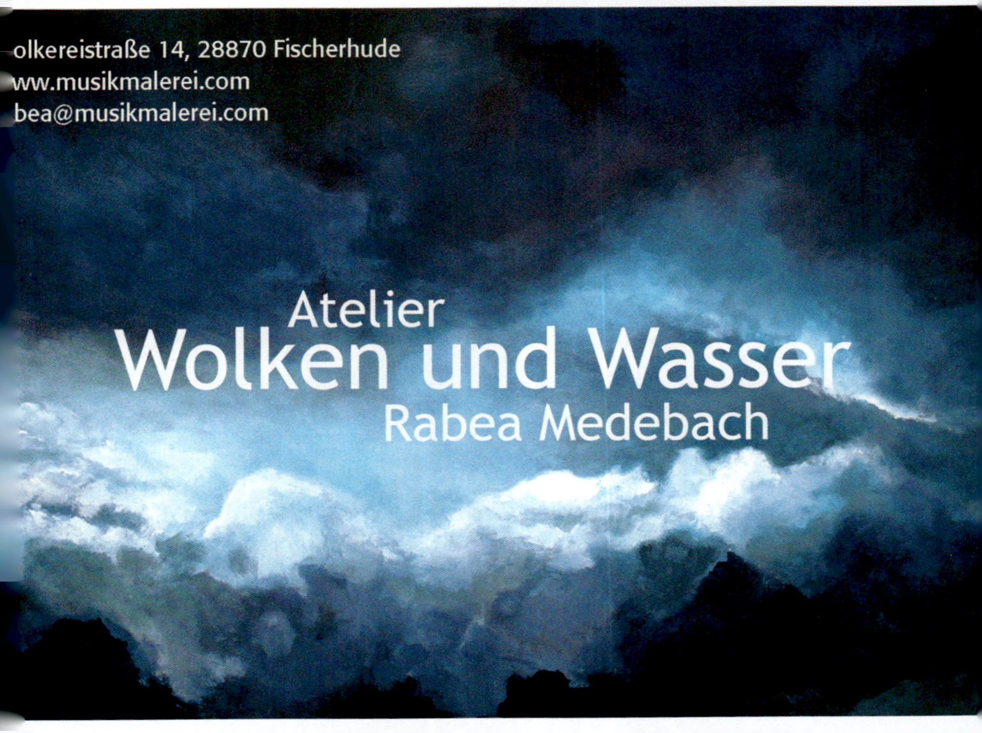

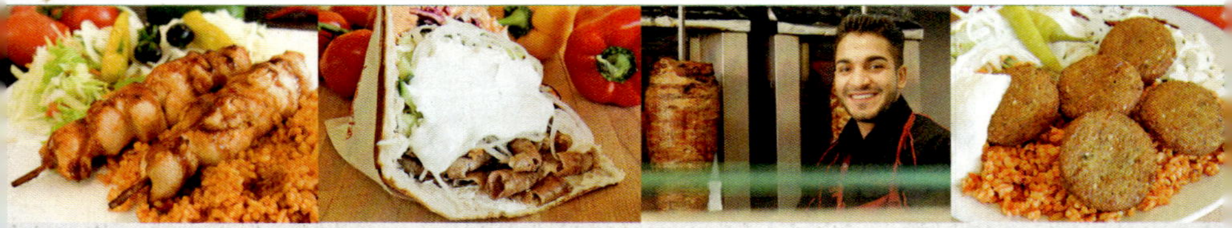

EDESSA
SCHNELLRESTAURANT

Frische & Genuss

Hembergstraße 2
27726 Worpswed
Tel. 04792/9988

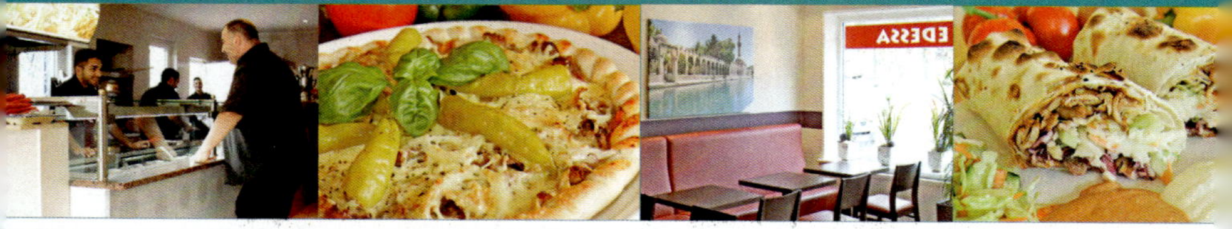

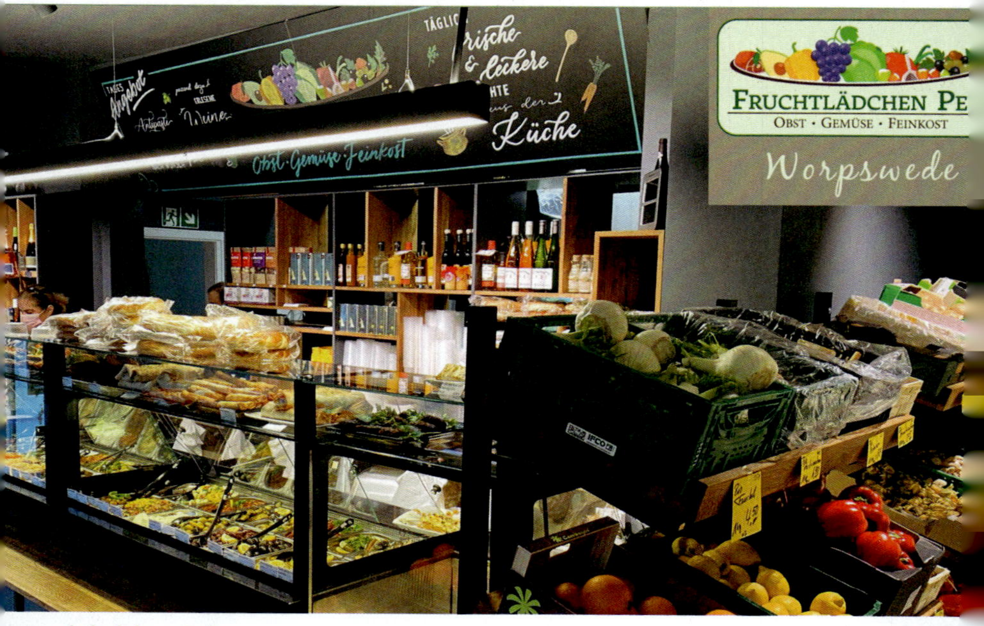

Fruchtlädchen Pein
Findorffstraße 11, 27726 Worpswede

Mo–Fr 8:30 bis 19 Uhr, Sa 8:30 bis 14:30 U

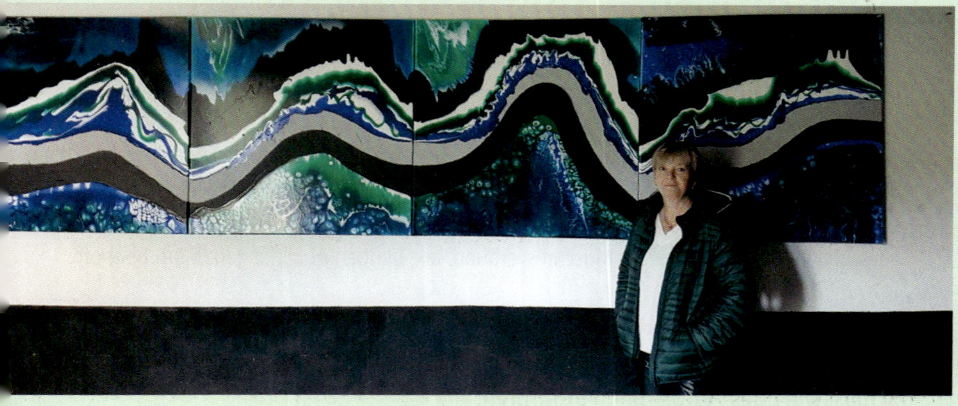

n ganz Gallien...?

Nein!

Am Rande des weltberühmten Worpswede liegt das weltoffene Neu Sankt Jürgen. Als Flensburger Autodidaktin erfreue ich mich seit 2018, zusammen mit kunstbegeis-erten Einheimischen und vielen interessier-en Besuchern, an meinen farbintensiven nd ausdrucksstarken Acrylbildern.

n meiner hauseigenen Galerie kann man in uhe und Gelassenheit in meine Kunstwelt intauchen, vom Garten aus die kilometer-nge Aussicht genießen oder in einem Mal-urs in Kontakt mit Farben und sich selbst ommen.

esucher sind jederzeit herzlich willkommen.

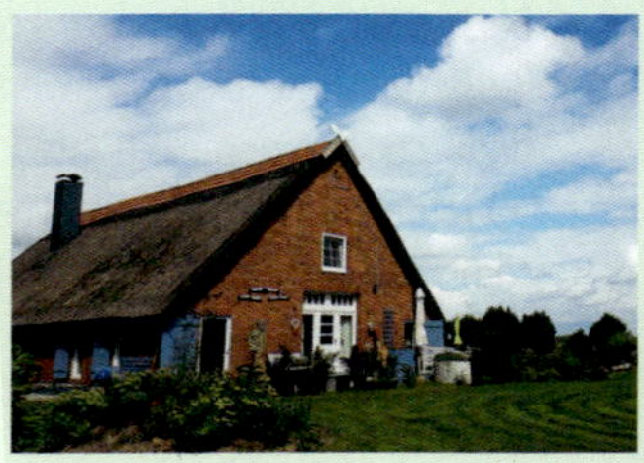

Atelier ACRYLYKKE
Bettina Dämmig
Am Schiffgraben 12
27726 Worpswede

Mobil: 0177/8230965
info@atelier-acrylykke.de
www.atelier-acrylykke.de

Telefonische Voranmeldung aus beruflichen Gründen erbeten.

Bildnachweis:
Corinna Berndt: 96o; Heinz Cymontkowski: 97o; Raake Flensburg: 98; Focke Strangmann/Worpsweder Museumsverbund: 62 oben links, 62 mitte rechts, 65, 66, 68; Hans am Ende/Haus im Schluh: 37; Künstlerhäuser Worpswede e.V.: 49; Jürgen Kampa: 97, 104; Otto-Modersohn-Museum /Fischerhude: 109, 110; Wolfgang Unger: 103; Mark Wessel-Winter: 96u
Titelabbildung: © Worpsweder Museumsverbund; alle übrigen Abbildungen: Björn Bischoff

Kartografie: © Gemeinde Worpswede / Worpsweder Museumsverbund

Schlusswort des Autors und Fotografen:
Ich hoffe, dass ich dem Leser mit diesem alphabetisch von A-Z sortierten Buch – eine Komplett-Übersicht finden Sie übrigens unter **www.worpswede24.de** und in der **Worpswede24-App** – einen informativen Überblick über das Künstlerdorf Worpswede, seine vielen Sehenswürdigkeiten, Maler und Künstler von früher bis in die Gegenwart geben konnte. Um den Rahmen dieses Buches nicht zu sprengen, konnten natürlich nicht alle Künstler, die unter Umständen eine große Bedeutung für Worpswede haben, genannt werden. Ich würde mich freuen, wenn ich Sie dadurch inspirieren konnte, »das Dorf in der Mitte Europas«, in dem ich seit nunmehr über 30 Jahren lebe, auch einmal persönlich zu erkunden und kennenzulernen. Für Anregungen, Verbesserungsvorschläge, Kritik und Hinweise auf Fehler in diesem Buch bin ich Ihnen sehr dankbar – Sie erreichen mich per Mail unter **tourismus24@yahoo.de**.

Dieser Reiseführer wurde nach bestem Wissen zusammengestellt. Im Sinne des Produkthaftungsgesetzes weisen Autor und Verlag darauf hin, dass inhaltliche Fehler und Änderungen nach Drucklegung dennoch nicht auszuschließen sind. Aus diesem Grund übernehmen Verlag und Autor keine Verantwortung und Haftung, alle Angaben erfolgen ohne Gewähr. Hinweise, Änderungs- und Verbesserungsvorschläge seitens der Leser nimmt der Verlag gern entgegen.

2., aktualisierte Auflage 2022
Copyright © Edition Falkenberg, Bremen (2017)
ISBN 978-3-95494-113-1
Herstellung: Edition Falkenberg

Alle Rechte vorbehalten. Kein Teil des Werkes darf in irgendeiner Form (durch Fotografie, Mikrofilm oder irgendein anderes Verfahren) ohne schriftliche Erlaubnis des Verlages reproduziert oder unter Verwendung elektronischer Systeme verarbeitet, vervielfältigt oder verbreitet werden.

www.edition-falkenberg.de

Worpswede A – Z

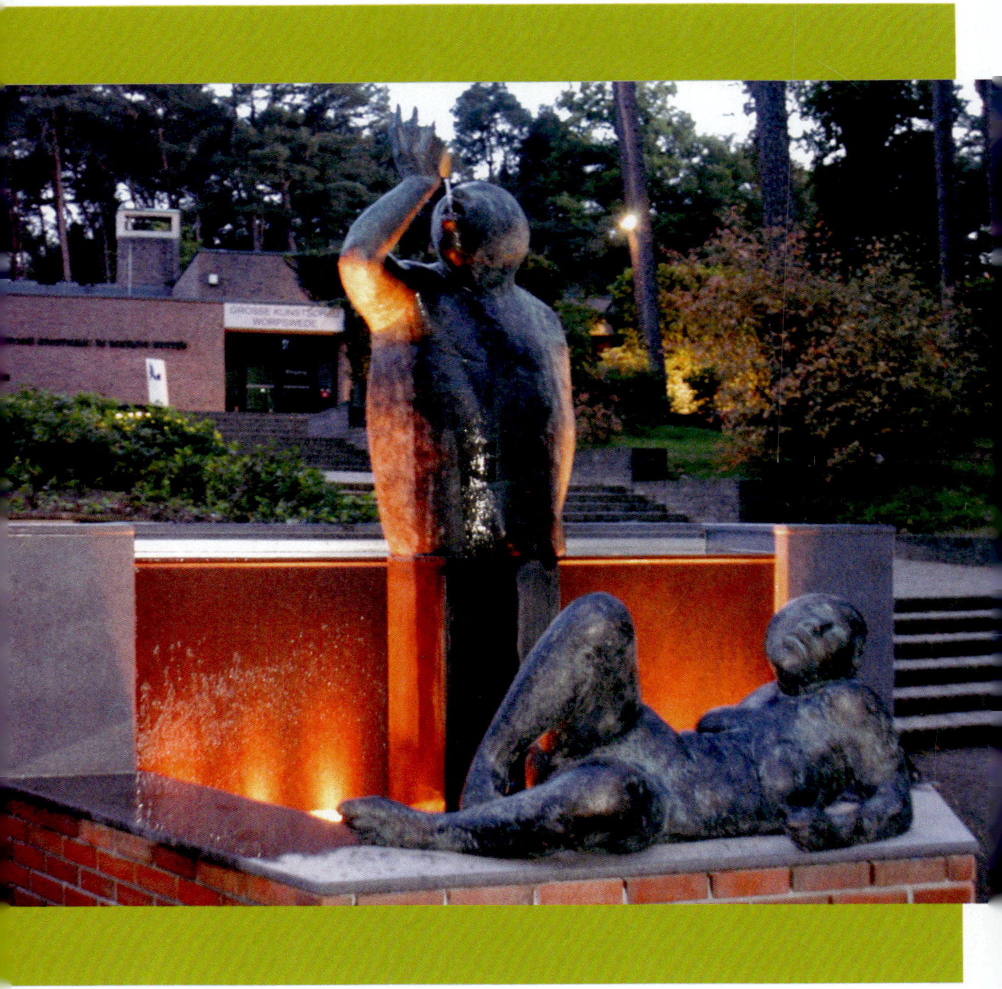

Der beleuchtete Bacchusbrunnen vor der Großen Kunstschau